JAMES RICKARDS
DIE NEUE GROSSE DEPRESSION

WAS SIE JETZT WISSEN MÜSSEN, UM NACH DER
PANDEMIE ZU DEN GEWINNERN ZU GEHÖREN

JAMES RICKARDS

DIE NEUE GROSSE DEPRESSION

WAS SIE JETZT WISSEN MÜSSEN, UM NACH DER
PANDEMIE ZU DEN GEWINNERN ZU GEHÖREN

FBV

Bibliografische Information der Deutschen Nationalbibliothek:
Die Deutsche Nationalbibliothek verzeichnet diese Publikation in der Deutschen Nationalbib-
liografie. Detaillierte bibliografische Daten sind im Internet über http://dnb.d-nb.de abrufbar.

Für Fragen und Anregungen:
info@finanzbuchverlag.de

1. Auflage 2021

© 2021 by FinanzBuch Verlag, ein Imprint der Münchner Verlagsgruppe GmbH,
Türkenstraße 89
80799 München
Tel.: 089 651285-0
Fax: 089 652096

Die englische Originalausgabe erschien 2021 bei Portfolio unter dem Titel *The New Great Depression*.
© 2020 by James Rickards.
All rights reserved including the right of reproduction in whole or in part in any form.
This edition published by arrangement with Portfolio, an imprint of Penguin Publishing Group, a
division of Penguin Random House LLC.

Übersetzung: Karsten Petersen
Redaktion: Werner Wahls
Umschlaggestaltung: in Anlehnung an das Cover der Originalausgabe Marc-Torben Fischer, München
Umschlagabbildung: © Daniel Lagin
Satz: Daniel Förster, Belgern
Druck: GGP Media GmbH, Pößneck
Printed in Germany

ISBN Print 978-3-95972-420-3
ISBN E-Book (PDF) 978-3-96092-782-2
ISBN E-Book (EPUB, Mobi) 978-3-96092-783-9

Weitere Informationen zum Verlag finden Sie unter

www.finanzbuchverlag.de
Beachten Sie auch unsere weiteren Verlage unter www.m-vg.de

INHALT

Für alle Menschen, die unter dem neuen Virus litten,
für jene, die noch immer darunter leiden, und für deren
Familien. Und für alle, die unter der neuen Großen
Depression leiden.

Und im Gedenken an Sara Kelsey –
»too young to die«.

*Und ich sah ein andres Zeichen am Himmel, das war groß
und wunderbar: sieben Engel, die hatten die letzten sieben
Plagen; denn mit ihnen ist vollendet der Zorn Gottes.*

Offenbarung 15, 1 (Lutherbibel)

Vorwort
zur deutschen Ausgabe

Ich bin dankbar für diese Gelegenheit, ein Vorwort für die Leser der deutschen Ausgabe meines Buches zu schreiben. Zurzeit erleidet die Welt die größte Pandemie seit 1918 und den größten wirtschaftlichen Kollaps seit 1929 *zur gleichen Zeit.* Dieses Zusammentreffen von zwei Jahrhundertereignissen hat das öffentliche Gesundheitswesen, das Wirtschaftswachstum und die politische Arbeit von Regierungen unter beispiellosen Druck gesetzt. Deutschland, als viertgrößte Volkswirtschaft der Welt (nach den Vereinigten Staaten, China und Japan) und eine der führenden Nationen der Europäischen Union, deren wirtschaftliches Produktionsvolumen nur von den Vereinigten Staaten übertroffen wird, ist zwangsläufig eines der Länder, die sowohl von der Pandemie als auch von der neuen Depression am stärksten betroffen sind. Die in diesem Buch ausgesprochene Kritik an den Kosten von wirtschaftlichen Lockdowns und den Grenzen der fiskal- und geldpolitischen Möglichkeiten, die Wirtschaft anzukurbeln, ist für die deutschsprachige Leserschaft so relevant wie überall sonst auf der Welt.

Trotz tragischer Verluste ist Deutschland im Vergleich zu anderen Ländern und unter Berücksichtigung der jeweiligen Bevölkerungsgrößen relativ gut mit der Pandemie fertiggeworden. Bis zum 1. September 2020 hatte Deutschland über 243 000 bestätigte Covid-19-Erkrankungen registriert und 9300 Todesfälle zu beklagen. Im Vergleich zu 9200 Todesfällen in Kanada, dessen Bevölkerung nicht

einmal halb so groß ist wie die deutsche, und über 183 000 Todesfällen in den Vereinigten Staaten, mit einer viermal so großen Bevölkerung, ist das ein gutes Ergebnis. Ganz unabhängig davon, ob
diese bessere Bewältigung der Krankheit auf bessere medizinische
Behandlung, eine höhere Bereitschaft der Bevölkerung, die staatlich
verordneten Seuchenschutzmaßnahmen umzusetzen, oder einfach
auf Herdenimmunität zurückzuführen ist – Deutschland hat den viralen Sturm mit wesentlich besseren Ergebnissen abgewettert als andere große und bevölkerungsreiche Länder.

Doch hinsichtlich der Wirtschaft sieht es anders aus. Im Großen
und Ganzen ist eine Volkswirtschaft auf Konsum, Investitionen, Staatsausgaben oder Exportüberschüsse angewiesen (in der einen oder anderen Kombination), um Wachstum anzutreiben. Die US-Wirtschaft
wird hauptsächlich durch Konsum angetrieben, die chinesische vor allem durch Investitionen. Die deutsche Wirtschaft ist dagegen (ebenso
wie Japan und Südkorea) in hohem Maße von Exportüberschüssen abhängig. In einer Pandemie und weltweiten Depression hat sich diese
Abhängigkeit als Deutschlands Achillesferse erwiesen.

Deutschland ist eines der weltweit führenden Exportländer für
Autos, Industrieanlagen, Elektronik und Telekommunikationsge-
räte. Durch den von der Pandemie herbeigeführten wirtschaftlichen
Schock ist zur gleichen Zeit und weltweit sowohl das Angebot als
auch die Nachfrage eingebrochen. Das Angebot brach ein, weil Fabriken geschlossen und Transportnetzwerke stillgelegt wurden, um die
Ausbreitung des Virus zu verhindern. Die Nachfrage kam zum Erliegen, weil die Verbraucher in den Vereinigten Staaten und anderen
konsumgetriebenen Wirtschaftsnationen aufgrund diverser staatlich
verordneter Quarantänemaßnahmen und Reiseeinschränkungen zu
Hause bleiben mussten und angesichts einer zu erwartenden Entlassungswelle vorsichtshalber mehr Geld zurücklegten.

Das Ergebnis war eine einzigartige Störung der globalen Lieferketten, die seit dem Ende des Kalten Krieges sorgsam aufgebaut worden

waren. Und als Fabriken wieder bereit waren, den Betrieb aufzunehmen, bekamen sie keinen Input. Selbst als Konsumenten wieder bereit waren, mehr Geld auszugeben, waren die Regale häufig leer. Es schien beinahe so, als sei die gesamte globale Wirtschaft wie durch Ausknipsen eines Lichtschalters zum Erliegen gekommen.

Als eines der weltweit führenden Exportländer, das auf Nachfrage von ausländischen Verbrauchern angewiesen ist, wurde Deutschland schwer in Mitleidenschaft gezogen. Im zweiten Quartal 2020 fiel das deutsche BIP im Vergleich zum Vorjahr um 11,3 Prozent, die größte jemals verzeichnete wirtschaftliche Kontraktion. Aus Sicht des öffentlichen Gesundheitswesens wurde Deutschland gut mit der Pandemie fertig, doch an der wirtschaftlichen Front erlitt es schwere Schäden. Diese Entwicklung führt das Hauptthema dieses Buches vor Augen: Die Pandemie und die Depression hängen eng miteinander zusammen. Es ist unmöglich, die Auswirkungen der einen zu beurteilen, ohne die andere in Betracht zu ziehen. Es werden andere Bücher über die Pandemie geschrieben werden, und es werden andere Bücher über die wirtschaftliche Kontraktion geschrieben werden, doch dieses ist das erste und vielleicht einzige Buch, das ausführlich auf beide Themen eingeht und die Querverbindungen aufzeigt.

Natürlich hat nicht die Pandemie die Depression verursacht, es war unsere *Reaktion* darauf. Die staatlichen Reaktionen auf den Coronavirus-Ausbruch standen in keinem Verhältnis zur Gefährdung. Natürlich sind gewisse Maßnahmen wie Social Distancing, häufiges Händewaschen und Gesichtsmasken durchaus sinnvoll und können dazu beitragen, die Ausbreitung des Virus zu verlangsamen. Auch die vorübergehende Absage von Sportereignissen, Konzerten und anderen Großereignissen ist vernünftig. Solche Maßnahmen kosten relativ wenig im Hinblick auf Produktionsausfälle.

Nicht sinnvoll war dagegen ein kompletter Shutdown von Fabriken, Schulen, kleinen und mittleren Unternehmen sowie ganzen Städten. Das war eine außerordentlich kostspielige Strategie, mit der wenig erreicht wurde, um die Ausbreitung der Krankheit zu verlangsamen. Entsprechende Daten aus diversen Ländern wie Schweden, Südkorea, Großbritannien, den Vereinigten Staaten und Deutschland zeigen, dass die Krankheit etwa acht bis zehn Wochen ihren Lauf nimmt, mit einem mehr oder weniger konstanten Verhältnis von Todes- zu Krankheitsfällen – und zwar *unabhängig davon, ob im betreffenden Land ein Lockdown verhängt wurde oder nicht.*

Die meisten Lockdown-Maßnahmen waren kostspielig und zeigten kaum Wirkung. Darüber hinaus ignorierten die Lockdown-Befürworter dessen versteckte Kosten, etwa die Zunahme von Suizid, Alkoholmissbrauch, häuslicher Gewalt, Wut, Ängsten und seelischen Depressionen aufgrund von fehlenden zwischenmenschlichen Kontakten. Diese Kosten werden sich jahre- oder gar jahrzehntelang auswirken, selbst wenn das Virus schon längst wieder verschwunden ist.

Deshalb werden in diesem Buch nicht nur die schädlichen Folgen für die körperliche und wirtschaftliche Gesundheit, sondern auch für die psychische Gesundheit der Menschen untersucht. Die durch Lockdowns und Quarantäne bewirkte Isolierung fordert einen hohen psychischen Preis von denen, die zu Hause gefangen sind. Solche psychischen Schäden wirken sich nicht nur auf die Menschen aus, die unter der Krankheit leiden, sondern auch auf solche, die nicht infiziert wurden, aber dennoch die Quarantäne ertragen mussten. Verlorene soziale Möglichkeiten können nicht so leicht wiedergewonnen werden. Viele Menschen, die aus Restaurants, Kinos und Konzerten ausgesperrt wurden, werden nicht so schnell wieder an solche Örtlichkeiten zurückkehren, wenn sie wieder geöffnet sind. Die Anpassungen des Verhaltens an die Pandemie werden womöglich auf unbestimmte Zeit anhalten und schädliche Auswirkungen auf die Wirtschaft nach sich ziehen. Es wäre nicht übertrieben zu sagen, dass die Wut und die Frustrationen, die sich während der Quarantäne aufstauten, eine der Ursachen für die Demonstrationen und Aufstände waren, die sich heute im Namen sozialer Gerechtigkeit und ideologischer Programme in vielen Regionen der Welt Bahn brechen.

Vor allem sollten die Leser in Deutschland und anderen Ländern der Welt sich bewusst machen, dass wir nicht nur eine typische Rezession erleben. Tatsächlich ist die technische Rezession – definiert als zwei aufeinanderfolgende Quartale mit schrumpfendem BIP – in den meisten Ländern schon wieder vorbei. Wir befinden uns vielmehr in einer Depression, die als schwaches oder schleppendes Wachstum unterhalb des Langzeittrends definiert ist. Diese Depression wird mehrere Generationen in Mitleidenschaft ziehen. Studien über die wirtschaftlichen Nachwirkungen der 15 schlimmsten Pandemien in den vergangenen 650 Jahren (angefangen mit der Pest, dem »Schwarzen Tod«, die im 14. Jahrhundert Europa verwüstete) zeigen, dass eine wirtschaftliche Normalisierung 30 bis 40 Jahre dauern kann. Die Nachwirkungen dieser Pandemie und der neuen Großen Depression werden uns bis 2050 und darüber hinaus zu schaffen machen.

Doch die Geschichte hat auch positive Aspekte. Tatsächlich können selbst in schlimmen Zeiten Vermögen bewahrt und neue große Vermögen gemacht werden. Während der Hyperinflation von 1921 bis 1923, in der Zeit der Weimarer Republik, nahm ein deutscher Industrieller namens Hugo Stinnes hohe Kredite in Reichsmark auf, um in Sachwerte wie Kohle, Stahl und Transport-Infrastruktur zu investieren. Als die Hyperinflation ausgestanden war, zahlte er die Kredite in wertlosen Reichsmark zurück und behielt die Sachwerte, die ihren realen Wert bewahrt hatten. So wurde er zum reichsten Mann Deutschlands – sein Spitzname war »der Inflationskönig«.

Vielleicht werden wir am Ende nicht alle so reich werden wie Hugo Stinnes, doch sein Beispiel zeigt, dass selbst unter den schlechtesten wirtschaftlichen Bedingungen großer Wohlstand angesammelt werden kann. Dieses Buch zeigt Ihnen, wie Sie das schaffen können, selbst in einer neuen globalen Depression. Ich hoffe, dass

Sie dieses Buch nützlich finden werden und dass es Ihnen ebenso viel Freude machen wird, es zu lesen, wie es mich erfreut hat, es dem deutschen Publikum zu präsentieren.

James G. Rickards

Einführung

Aus historischer Sicht haben Pandemien die Menschheit stets gezwungen, mit der Vergangenheit zu brechen und ein neues Weltbild zu entwickeln. Das gilt auch für diese Pandemie – sie ist ein Portal, ein Übergang von einer Welt zu einer anderen.

Arundhati Roy, »The pandemic is a portal«, 3. April 2020[1]

Es wird schwierig werden, zur Normalität zurückzukehren – zumal uns jetzt ständig gesagt wird, wir könnten nicht zur Normalität zurückkehren.

Lionel Shriver[2]

Das Thema dieses Buches ist ein Virus, das eine weltweite Wirtschaftskrise verursacht hat, eine neue Große Depression. Oder genauer gesagt, wie unsere *Reaktion* auf ein Virus eine weltweite Depression verursacht hat. Ein Virus kann Erkrankungen und eine Pandemie verursachen, aber keinen wirtschaftlichen Kollaps; das müssen wir schon selbst machen.

Als das Ausmaß der viralen Attacke klar wurde, haben wir zahlreiche Entscheidungen getroffen. Diese Entscheidungen orientierten sich an wissenschaftlichen und ökonomischen Erkenntnissen, und in manchen Fällen beruhten sie auf Fehlinformationen. Da es

17

ein neuartiges Virus war und unter Wissenschaftlern* keine Einigkeit bestand, waren die von der Wissenschaft angebotenen Optionen konfus und voller Widersprüche. Dass vor allem die von Ökonomen vorgeschlagenen Lösungsansätze konfus und widersprüchlich waren, versteht sich von selbst. Dennoch müssen wir den meisten Wissenschaftlern und Ökonomen zugutehalten, dass sie nach bestem Wissen und Gewissen gehandelt haben; sie standen aufgrund der raschen Ausbreitung der Krankheit und ihrer Letalität unter einem extremen Druck. Sie gaben ihr Bestes, und es ist keineswegs klar, ob andere Experten unter den gegebenen Umständen besser abgeschnitten hätten. (Die Letalität ist das Verhältnis der Todesfälle zur Erkrankungsfallzahl, das heißt die Wahrscheinlichkeit, an der Krankheit zu sterben.)

Wie in jeder Krise gab es auch dieses Mal Helden. Krankenschwestern, Ärzte und Krankenhauspersonal wurden von der Vielzahl neuer Infektionen regelrecht überfahren und mussten zudem mit akutem Mangel an Schutzausrüstung, Behandlungsgeräten und einfachen Medikamenten fertigwerden. Viele von ihnen arbeiteten bis an die Grenzen ihrer Belastbarkeit. Einige infizierten sich, leider starben manche von ihnen. Viele Menschen kümmerten sich um Angehörige, die durch das Virus erkrankt waren, wenn im Krankenhaus kein Platz mehr frei oder ein Aufenthalt dort nutzlos war. Desinfektionsteams schrubbten Gebäude und Straßen von innen und außen, um das Virus zu bekämpfen. Ehrenamtliche Helfer brachten Essen für Menschen, die unter Quarantäne standen oder anderweitig isoliert waren. Religiöse Gruppen bauten auf brachliegenden Feldern Zeltlazarette auf. Auch das US Army Corps of Engineers, die Nationalgarde und andere militärische Einheiten bauten in großen öffentlichen Gebäuden wie etwa dem Javits Convention Center in New York City fast

---

* Anm. d. Übers.: Um den Lesefluss nicht zu stören, wird in diesem Buch der Einfachheit halber bei der Bezeichnung von Personen und Personengruppen stets die männliche Form verwendet. Selbstverständlich ist dabei die weibliche Form (»Heldin«, »Bürgerin« und so weiter) gleichrangig miteinbezogen.

über Nacht Notlazarette auf. Zoll- und Grenzschutzbeamte fungierten als medizinische Kontrolleure für Reisende, die ins Land kamen. Die US Navy kommandierte zwei Lazarettschiffe ab, die *USNS Mercy* nach Los Angeles und die *USNS Comfort* nach New York City, um zusätzliche Intensivpflege- und OP-Kapazitäten bereitzustellen und das überforderte Gesundheitssystem zu entlasten. In vielen anderen Staaten der Welt wurden ähnliche Maßnahmen in die Wege geleitet, vor allem in besonders schwer betroffenen Ländern wie Italien, Spanien, Brasilien und Großbritannien. Es gibt noch unzählige andere unbesungene Helden; sie alle verdienen unseren Dank und unsere Gebete.

Doch das Leiden der Opfer des Virus und der selbstlose Einsatz der Pflegekräfte sollten uns nicht blind machen für eine andere Ursache von Not und Elend: die neue Große Depression. Diverse angesichts der Pandemie getroffene politische Entscheidungen haben den größten wirtschaftlichen Kollaps der US-Geschichte verursacht. Und dieser Kollaps beschränkt sich nicht nur auf die Vereinigten Staaten. Die Pandemie begann in China. In den Vereinigten Staaten ist die größte Zahl an Menschen betroffen, wenn man den Daten aus China Glauben schenken kann, was zumindest zweifelhaft ist. Die USA und China sind die beiden größten Volkswirtschaften der Welt, sie produzieren insgesamt 40 Prozent der globalen Wirtschaftsleistung. Wenn wir die Europäische Union (EU), in der insgesamt über 120 000 mit dem Virus zusammenhängende Todesfälle zu beklagen sind (Stand August 2020), als ein einziges Wirtschaftssystem betrachten und die USA und China hinzurechnen, beträgt der Anteil der globalen Produktion, der einem pandemiebedingten Shutdown unterworfen wurde, über 60 Prozent.

Vergleiche zu der globalen Finanzkrise von 2008, dem Platzen der Dotcom-Blase im Jahr 2000 und der Börsenpanik von 1998 gehen an der Sache vorbei. Diese Krisen waren zwar verheerend für die betroffenen Menschen, doch im Vergleich zu dem, womit wir es jetzt zu tun haben, waren sie geradezu trivial. Die erste Weltwirtschaftskrise, die *Great Depression* von 1929 bis 1940, stellt einen passenderen Vergleichsmaßstab dar, doch selbst diese Katastrophe erreichte nicht das Ausmaß dessen, was 2020 bereits geschehen ist und was noch auf uns zukommen wird. Der Absturz der Aktienmärkte um 89,2 Prozent während der Weltwirtschaftskrise vollzog sich in mehreren, über vier Jahre verteilten Phasen (1929 bis 1932). Der Verlust von 45 Millionen US-Arbeitsplätzen in der neuen Großen Depression hat sich in gut vier Monaten abgespielt – und es werden noch mehr Jobs verloren gehen.

Dieses Buch wurde aus der Perspektive der Ökonomik geschrieben, nicht aus der Sicht der Virologie. Doch die Themen der beiden Disziplinen sind miteinander verwoben. Ein Buch über die neue Große Depression zu schreiben, ohne auf das Virus (SARS-CoV-2[3]) einzugehen, wäre ungefähr so, als wollte man über die Zerstörungen und den Verlust an Menschenleben in New Orleans im Jahr 2005 schreiben, ohne Hurrikan Katrina zu erwähnen. Das Virus ist der Hurrikan. Die Depression ist die Zerstörung, die es anrichtet. Wir gehen auf beide ein, um die ganze Geschichte zu erzählen.

Was ist ein Virus? Die Wissenschaftler sind nicht ganz sicher. Sie wissen eine Menge *über* Viren, doch selbst nach einem Jahrhundert ganz erstaunlicher wissenschaftlicher Fortschritte sind Mediziner sich nicht darüber einig, was ein Virus eigentlich ist.[4] Der Historiker und Autor John M. Barry hat in seinem 2018 erschienenen Buch *The Great Influenza* beschrieben, wie rätselhaft Viren sind:

Viren nehmen keine Nahrung und keinen Sauerstoff auf. In Viren laufen keine Prozesse ab, die man als Stoffwechsel bezeichnen könnte. Sie produzieren keine Ausscheidungen. Sie haben keinen Sex. Sie erzeugen keine Nebenprodukte, weder zufällig noch absichtlich. Sie können sich nicht einmal von sich aus vermehren. Sie sind weniger als ein vollwertiges Lebewesen, aber mehr als ein reaktionsträger Klumpen chemischer Stoffe.[5]

Erstaunlicherweise sind Virologen nicht einmal sicher, ob ein Virus überhaupt ein Lebewesen ist. Einige von ihnen vertreten die Auffassung, ein Virus sei eine primitive Lebensform, aus der sich andere, komplexere Lebensformen entwickelt hätten. Andere meinen dagegen, ein Virus sei das Ergebnis einer *Devolution* statt einer Evolution – das würde bedeuten, dass Viren einen Vorgänger hatten, eine höhere Lebensform, die einfacher wurde oder zu dem degenerierte, was wir heute beobachten können. Eine andere These besagt, dass Viren ihr Dasein als Teil einer lebenden Zelle begannen, der sich abtrennte und bestimmte Eigenschaften entwickelte, ohne jedoch ein voll ausgebildetes Lebewesen zu sein. Die Ungewissheit, ob ein Virus überhaupt lebt, ist nur der Beginn des Kampfs der Menschheit gegen diesen mikroskopisch winzigen Feind.

Immerhin wissen wir, dass Viren Meister der Replikation sind. Doch das tun sie nicht von selbst. Vielmehr dringen Viren in eine lebende Zelle ein, übernehmen die Energie und DNA der Wirtszelle, verankern ihre eigenen Gene (codiert in RNA, einer weniger komplizierten Form von DNA) und befehlen dann im Endeffekt der Wirtszelle, das Virus tausendfach zu reproduzieren. Über kurz oder lang platzt die Zellwand, die replizierten Viren werden freigesetzt, und dann wiederholt sich dieser Prozess in viel größerem Umfang – ein viraler Schwarm hat begonnen.

Ein Virus ist nicht mehr als eine eiförmige Hülle, die genetischen Code enthält. Der Schlüssel zur Replikation ist das, was sich auf der Oberfläche der Hülle befindet. Das Grippevirus hat zwei Arten von Protuberanzen (Vorsprüngen). Die erste ist ein Speer, der aus Hämagglutinin besteht (»H«). Die zweite hat die Form eines stacheligen Strauchs und besteht aus Neuraminidase (»N«). Die Hämagglutinin-Speere verankern sich an der Target-Zelle »wie mit Enterhaken, die von Piraten auf ein Schiff geworfen werden«, so Barry, und starten die genetische Invasion. Die Neuraminidase wirkt wie ein Rammbock, der die Sialinsäure auf der Oberfläche der Target-Zelle zersetzt.

Wenn die replizierten Viren aus der Target-Zelle herausplatzen, würden sie normalerweise an der Säurehülle kleben bleiben. Aber durch die Neuraminidase wird diese zerstört, die neuen Viren kommen frei und können andere, gesunde Zellen angreifen.

Die Abkürzungen »H« und »N« sind selbst beiläufigen Beobachtern von Grippeausbrüchen bekannt. Virologen haben 18 Elementarformen von Hämagglutinin identifiziert und neun für Neuraminidase. Die sogenannte Spanische Grippe von 1918 war vom Typ H1N1. Die Hongkong-Grippe von 1968 war vom Typ H3N2, der auch heute noch im Umlauf ist. Die genaue HN-Struktur von SARS-CoV-2 ist nicht bekannt; sie ist der Gegenstand intensiver Forschungen zu Struktur und Verhalten des Virus. Diese Forschungsarbeit wird behindert durch die allem Anschein nach rapide Mutation des Virus schon in dieser frühen Phase der Pandemie.

Was ist eine Depression? Ökonomen haben ebenso große Schwierigkeiten, diese Frage zu beantworten, wie Virologen, denen man die Frage stellt, ob ein Virus lebt. Zumindest suchen die Virologen noch nach Antworten; dagegen haben die Ökonomen das Konzept einer »Depression« aufgegeben und das Wort aus ihrem Lexikon verbannt. Dieses Verhalten ist typisch für Ökonomen, die den Kopf in den Sand stecken, wenn sie mit realen Problemen konfrontiert sind. Aber es gibt sie nun mal, die Depressionen, wir befinden uns ja gerade mitten in einer. Und wie Viren verändern und entwickeln sie sich, lauern darauf, gesunde Volkswirtschaften zu befallen – einem Virus gleich, das eine gesunde Zelle angreift. Die US-Wirtschaft leidet nicht öfter unter einer Depression als die Menschheit unter einer Pandemie. Doch wenn das geschieht, können die Folgen verheerend sein. So wie Wissenschaftler nach Impfstoffen suchen, sind Ökonomen auf der Suche nach politischen Lösungen, um hohe Arbeitslosigkeit, Produktionsausfälle und den Einbruch des weltweiten Handels zu bekämpfen. Wissenschaftler haben am Anfang nicht alle Antworten, doch sie haben bewährte Methoden, um Antworten zu finden. Im Gegensatz zu Ökonomen. Das ist der Grund, warum die neue Große Depression länger als die Pandemie andauern und länger anhaltende negative Auswirkungen haben wird.

Ökonomen ziehen den Begriff »Rezession« vor. Eine Rezession wird normalerweise definiert als zwei aufeinanderfolgende Quartale mit zurückgehendem Bruttoinlandsprodukt (BIP) und steigender Arbeitslosigkeit. Die offizielle Definition, wie sie vom National Bureau of Economic Research (NBER) – der maßgeblichen Instanz für wirtschaftliche Rezessionen und Aufschwünge – angewendet wird, ist etwas komplizierter, doch »zwei Quartale negatives Wachstum« ist eine gute Faustregel. Ökonomen übernehmen diese Definition des NBER für eine Rezession, weil sie objektiv und quantifizierbar ist und daher in mathematische Gleichungen eingesetzt werden kann.

Eine Depression entzieht sich solchen objektiven Kriterien. Sie ist ungenauer definiert und hat eine folgenschwere psychische Komponente, die sich nicht quantifizieren lässt. Eine Depression lässt sich nicht ohne Weiteres in Gleichungen einsetzen. Depressionen sind so selten, dass sie in den meisten Wirtschaftsdaten-Zeitreihen keine Rolle spielen, die in den Regressionen und Korrelationen zur Anwendung kommen, dem Lebenselixier der an der Wall Street üblichen Pseudoökonomie.

Selbst viele von denen, die den Begriff »Depression« verwenden, interpretieren ihn falsch. Entsprechend der Definition der Rezession wird häufig angenommen, eine Depression bestehe aus fünf oder mehr Quartalen des Abschwungs – mit anderen Worten, eine Depression sei lediglich eine länger andauernde Rezession. Das ist nicht richtig. Die erste Große Depression, die 1929 begann, umfasste zwei technische Rezessionen. Die erste dieser Rezessionen dauerte von August 1929 bis März 1933 an; in dieser Zeit ging das BIP um 26,7 Prozent zurück. Die zweite Rezession dauerte von Mai 1937 bis Juni 1938 an und brachte einen Rückgang des BIP um 18,2 Prozent. Von 1933 bis 1936 wurde hingegen starkes Wachstum verzeichnet; 1933 stiegen die

Aktienkurse um 63,7 Prozent, 1934 waren es 5,4 Prozent, 1935 immerhin 38,5 Prozent und 1936 immer noch 24,8 Prozent, bevor 1937 die zweite Rezession zuschlug und der Aktienmarkt um 32,8 Prozent fiel. Dennoch wird der gesamte Zeitraum von 1929 bis 1940 zutreffend als Große Depression bezeichnet. Das Wachstum von 1933 bis 1936 reichte nicht aus, um den Rückgang der Aktienkurse von 1929 bis 1932 auszugleichen; tatsächlich erreichte der Aktienmarkt erst 1954 wieder das Kursniveau von 1929, ganze 25 Jahre später. Die Arbeitslosenquote ging zwar nach ihrem Maximum im Jahr 1933 wieder zurück, verharrte aber bis 1941 oberhalb von 14 Prozent. Anders ausgedrückt: Die Wirtschaft erholte sich nach 1933 wieder, war aber vorher auf ein so niedriges Niveau von Beschäftigung, Produktion und Aktienkursen gefallen, dass die wirtschaftlichen Aktivitäten selbst nach der Erholung immer noch sehr schleppend verliefen.

Ein ähnliches Muster zeigte sich von 1873 bis 1897, eine Zeit, die Wirtschaftshistoriker als *The Long Depression* bezeichnen. Diese 24 Jahre anhaltende Depression umfasste sechs technische Rezessionen unterschiedlicher Dauer sowie drei Börsenpaniken (1873, 1893 und 1896). Zwischen diesen von Produktionsrückgängen und Finanzmarktcrashs geprägten Phasen kam es zu beachtlichem realem Wachstum und enormen technischen Innovationen. Diese lange Depression wurde akzentuiert durch Pleiten wie die von Jay Cooke & Company, der ersten US-Investmentbank, die im Sezessionskrieg die Nordstaaten-Union finanziert hatte. Der Grund, warum diese Periode als *The Long Depression* bezeichnet wird, ist nicht in erster Linie auf Produktionsrückgänge zurückzuführen, sondern auf die hartnäckig anhaltende Deflation, die Unternehmen und landwirtschaftliche Betriebe zu schaffen machte, weil sie den realen Wert ihrer Schulden erhöhte – ein Thema, auf das wir im vierten Kapitel näher eingehen werden. Falls Sie 24 Jahre für eine sehr lange Depression halten, denken Sie nur einmal an Japan, das sich seit 30 Jahren in einer Depression befindet, die 1990 begann.

Das bringt uns zur eigentlichen Bedeutung des Wortes »Depression«. Damit ist kein stetiger Rückgang der Produktion gemeint, sondern vielmehr ein gedämpftes Wachstum, das unterhalb des Langzeittrends verharrt. Wenn ein Wirtschaftssystem in der Lage ist, mit 3 Prozent pro Jahr zu wachsen, doch für einen längeren Zeitraum nur mit 2 Prozent wächst, befindet es sich in einer Depression. Auch in einer Depression kann Wachstum stattfinden, ganz so, wie es während einer Expansion zu Produktionsrückgängen kommen kann. Das entscheidende Kriterium ist nicht die Wirtschaftsleistung pro Quartal, sondern der Langzeittrend im Vergleich zum Potenzial.

Die beste Definition einer Depression stammt von John Maynard Keynes: »Ein chronischer Zustand unternormaler Tätigkeit, ohne irgendeine ausgesprochene Tendenz zur Wiederbelebung oder zum vollständigen Zusammenbruch.«[6]

Im historischen Zusammenhang und nach Keynes' praktischer Definition befinden wir uns heute in einer neuen Depression, die wesentlich weitreichender ist als eine bloße technische Rezession. Produktions- und Beschäftigungszahlen spielen zwar eine Rolle, doch das veränderte Verhalten der Menschen ist wichtiger. Wenn das Wachstum zurückkehrt, was es bald tun wird, dann werden die Zugewinne auf einem so niedrigen Niveau aufbauen, dass die Produktionszahlen aus der Zeit vor der Pandemie jahrelang nicht erreicht werden können. Die Arbeitslosigkeit wird allmählich zurückgehen, doch ausgehend von einem so hohen Niveau, dass nach wie vor viele Millionen Arbeitnehmer auf Jahre hinaus ein schweres Leben haben werden. Doch abgesehen von den Zahlen wird es auch zu fundamentalen und generationenübergreifenden Verhaltensänderungen kommen: Die Menschen werden weniger Geld ausgeben und mehr sparen, trotz der vom Weißen Haus ausgegebenen Parole, sie sollten Kredite aufnehmen und konsumieren »wie in der guten alten Zeit«. Diese Zeit ist vorbei.

Viren sind rätselhaft, obwohl sie von der Wissenschaft gründlich erforscht wurden, während Depressionen real sind, aber von der Zunft der Ökonomen ignoriert werden. In diesem Buch werden wir untersuchen, wie das Rätsel der Viren entstand und wie unsere Reaktion darauf eine globale Depression verursachte. Wir können dem Virus nicht die Schuld für die Depression in die Schuhe schieben; wir können nur uns selbst die Schuld geben für unsere Reaktion auf das Virus. Diese Reaktion ist die eigentliche Ursache der Depression, und ihre Folgen werden uns auch dann noch zu schaffen machen, wenn das Virus längst eingedämmt ist.

Ein Wort zum Thema Wissenschaft. Manche Epidemiologen und Immunologen fordern, dass Wirtschaftsanalysten sich aus medizinischen Fragen heraushalten sollten. Die Wissenschaft von Viren, Influenza (Grippe), Impfstoffen und Pandemien ist sehr anspruchsvoll, erfordert ein jahrelanges spezialisiertes Studium, um sie zu beherrschen, und erfordert klinische Versuchsreihen und Laborexperimente, um sie qualifiziert zu praktizieren. Das versteht sich von selbst.

Gleichwohl haben Immunologen wie etwa Anthony Fauci, der Berater von US-Präsident Trump, keine solche Zurückhaltung an den Tag gelegt, wenn es um praktische Fragen der Wirtschaftspolitik geht. Sie behaupten, sie würden lediglich evidenzbasierte Empfehlungen aussprechen und die Wirtschaftspolitik anderen überlassen. Das ist nicht richtig. Wenn Immunologen fordern, die größte Volkswirtschaft der Welt in einem Lockdown herunterzufahren, um die Ausbreitung des SARS-CoV-2-Virus zu bremsen, setzen sie die tiefgreifendste wirtschaftspolitische Kursänderung der Geschichte durch. Das passt nicht zusammen. Immunologen können nicht einerseits die Wirtschaft der USA und der Welt fundamental verändern, womöglich auf Jahrzehnte hinaus, und andererseits zugleich darauf bestehen, dass Wirtschaftspolitiker sich aus immunologischen Fragen heraushalten müssten.

Im historischen Rückblick wird der Lockdown der US-Wirtschaft ab 2020 als der größte politische Fehler aller Zeiten betrachtet werden. Die Vermögens- und Einkommensverluste durch den Lockdown werden sich auf viele Billionen Dollar belaufen. Jeglicher Nutzen in Form von geretteten Menschenleben und verhinderten Schäden wird als verfehlt gelten, da es ebenso wirkungsvolle politische Optionen gab, die aber nicht erprobt wurden. Es gibt keine Hinweise darauf, dass Epidemiologen die Todesfälle durch Medikamente und Drogen, Alkohol, Suizid und Verzweiflung berücksichtigt hätten, als sie politische Maßnahmen empfahlen, die 45 Millionen Amerikaner* ihren Job kosteten.

In den Jahren 1968 und 1969 grassierte der H3N2-Stamm des Influenza-A-Virus weltweit. Er wurde damals als Hongkong-Grippe bekannt und forderte weltweit über eine Million Menschenleben, davon über 100 000 in den Vereinigten Staaten.[7] Es war die drittschlimmste Grippe-Pandemie der Geschichte, die in der Anzahl der Todesopfer nur von der Asiatischen Grippe (1957 bis 1958) und der Spanischen Grippe (1918 bis 1920) übertroffen wurde. Zu ihren prominentesten Opfern zählen der frühere CIA-Direktor Allen Dulles und die Hollywood-Legende Tallulah Bankhead. Präsident Lyndon B. Johnson infizierte sich mit der Hongkong-Grippe, überlebte sie aber. Der Apollo-Astronaut Frank Borman erkrankte während einer Weltraummission an der Grippe. Es war eine massive Pandemie mit tragischen Verlusten an Menschenleben, *doch es gab keinen Lockdown.* Das Leben in den Vereinigten Staaten ging weiter wie eh und je. Immunologen arbeiteten an einem Impfstoff (der im August 1969 gefunden wurde), und die Bevölkerung verließ sich auf die Wissenschaftler. Davon abgesehen ging das Leben weiter. Das legendäre Woodstock-Festival

---

* Anm. d. Übers.: Mit »Amerika«, »Amerikaner« und »amerikanisch« sind in diesem Buch jeweils die »Vereinigten Staaten von Amerika«, der »US-Bürger« und »US-amerikanisch« gemeint. Um den Lesefluss nicht zu stören, wurde dieser Sprachgebrauch auch in der deutschen Übersetzung beibehalten.

fand während dieser Pandemie statt; in Woodstock gab es kein Social Distancing.

Das soll keineswegs heißen, dass heute keine Seuchenschutzmaßnahmen umgesetzt werden sollten, ganz im Gegenteil. Dennoch
müssen Immunologen, die eine 21-Billionen-Dollar-Wirtschaft still-
legen wollen, damit rechnen, dass andere Analysten das anders sehen. Ich habe im Zuge der Recherchen für dieses Buch Dutzende von
Peer-Review-Artikeln über Epidemiologie und Ökonomik gelesen;
beide Disziplinen sind für einen gebildeten Laien, der sich ein bisschen Mühe gibt, die Wissenschaft zu verstehen, durchaus zugäng-
lich. Ich bin zwar kein Epidemiologe, lasse mich aber auch von wissenschaftlichen Papieren nicht einschüchtern. Vielleicht haben mich
zwei akademische Abschlüsse an der Johns Hopkins University gegen Angst vor Wissenschaft immunisiert, soweit es um Naturwissen-
schaften geht. Und natürlich kenne ich mich in den Domänen von
Gesellschaftspolitik und ökonomischer Analyse ganz gut aus.

In Kapitel eins werden die fundiertesten wissenschaftlichen Erkenntnisse über den Ursprung des SARS-CoV-2-Virus und der Co-
vid-19-Pandemie dargestellt. Kapitel zwei umreißt die Kosten und das
Chaos, die der globale wirtschaftliche Shutdown verursacht. Kapitel
drei beschreibt die neue Große Depression im Detail, sowohl aus
quantitativer Sicht als auch aus der Perspektive von Menschen, die
in dem Abschwung gefangen sind. Eine Erholung wird bald einsetzen, doch sie wird lange dauern und mühsam werden, und sie wird
besonders hart für die US-Geringverdiener, die am schwersten betroffen sind. In Kapitel vier wird erklärt, warum 5 Billionen Dollar an
neuem Zentralbankgeld der Federal Reserve und 5 Billionen Dollar
an neuen Staatsschulden, die vom Kongress beschlossen wurden, die
wirtschaftliche Depression nicht werden überwinden können. Frisch
gedrucktes Geld und hohe Staatsausgaben können vielleicht helfen,
die Wirtschaft am Leben zu erhalten, doch diese Maßnahmen sollten nicht verwechselt werden mit »Stimuli« (staatlichen Anreizen

zur Ankurbelung der Wirtschaft). Die Staatsverschuldung der USA hat schon jetzt den Punkt überschritten, an dem solche Maßnahmen überhaupt noch wirken können, abgesehen von einer kaum bekannten Strategie. Kapitel fünf zeigt, dass weder die Pandemie noch eine wirtschaftliche Depression die schlimmsten zu erwartenden Entwicklungen sind: Jeden Tag kommt es in jeder Ecke des Landes zu sozialen Unruhen. Der Lack der Zivilisation ist dünn wie Seidenpapier, und dieses Papier ist jetzt gerissen. In Kapitel sechs werden konkrete Anlagestrategien präsentiert, mit denen der Investor in einer post-pandemischen Welt seine Vermögenswerte bewahren kann. Zu guter Letzt wird in den Schlussbemerkungen die einzige wirtschaftspolitische Strategie beschrieben, die die Wirtschaft retten kann. Diese Strategie wird von Politikern nicht verstanden und von Ökonomen verabscheut, obwohl sie im 20. Jahrhundert von zwei US-Präsidenten umgesetzt wurde und in beiden Fällen gut funktionierte. Wenn die Regierung diesem Plan nicht folgen will, um die Wirtschaft zu retten, können Sie ihn für sich selbst umsetzen, um Ihren Wohlstand zu bewahren und in einer post-pandemischen Welt zu prosperieren. Hoffentlich wird dieser Plan allmählich die Unterstützung gewinnen, die er verdient, sodass sowohl die Wirtschaft als auch Ihr Portfolio gedeihen können.

Machen wir uns auf die Reise durch diese verwüstete Landschaft und suchen wir uns am Ende unseren Weg in eine bessere Welt.

EIN NEUES VIRUS KOMMT AUS CHINA IN EINE STADT IN IHRER NÄHE

Alle wahren Wissenschaftler existieren an der Grenze des menschlichen Wissens. Selbst die unambitioniertesten unter ihnen begegnen dem Unbekannten, wenn auch nur einen Schritt jenseits des Bekannten. Und die besten von ihnen dringen tief in eine Wildnis vor, in der sie fast überhaupt nichts wissen.

John M. Barry, *The Great Influenza* (2005)[1]

Die Welt wartet darauf, dass ein aus Wuhan stammendes Virus wieder verschwindet. Doch das wird vielleicht nie geschehen.

Das Virus wird durch normale Mutationen weniger aggressiv werden. Vielleicht werden einige Bevölkerungen eine Gruppenimmunität entwickeln, wenn sie dem Virus lange genug ausgesetzt sind. Womöglich können durch neue Medikamente und Therapien die schlimmsten Folgen gemildert und Menschenleben gerettet werden. Doch obwohl ein Impfstoff vielleicht nicht unmöglich ist, kann es noch eine Weile dauern, bis es so weit ist. Bisher konnte keines der sechs bekannten Human-Coronaviren durch einen Impfstoff unter

Kontrolle gebracht werden. Die Wundermittel, über die in den Medien berichtet wird, können gegen andere Krankheiten wie Grippe immunisieren, die opportunistisch Patienten heimsuchen, die schon durch dieses Virus geschwächt sind. Andere Medikamente, die zurzeit entwickelt werden, können vielleicht Komplikationen aufgrund einer Infektion mit dem Virus behandeln, menschliches Leid lindern und Leben retten. Solche Medikamente sind wertvoll und werden der Menschheit helfen, mit dem Virus fertigzuwerden, doch sie können keine Heilung bewirken. Vielleicht wird es nie eine Heilung geben, sondern nur einen *Modus Vivendi* mit einem unsichtbaren Angreifer.

Das Virus SARS-CoV-2 ist im allgemeinen Sprachgebrauch als Coronavirus bekannt. Die Krankheit, die von dem Virus verursacht wird, heißt Covid-19. Die Erkrankung selbst ist rätselhaft: Mal präsentiert sie sich als eine gewöhnliche Erkältung, mit Husten, leicht erhöhter Temperatur, Kopfschmerzen und laufender Nase, mal zeigt eine infizierte Person gar keine Symptome; das Virus kommt und geht, ohne ein Zeichen, dass es jemals da gewesen sei, abgesehen von einer unsichtbaren Spur von Antikörpern, die vielleicht später durch einen Test erkannt werden.

Doch in manchen Fällen zeigt sich das Virus in seiner aggressiven und potenziell tödlichen Form. Der Patient bekommt Atembeschwerden, die Folge einer Lungenentzündung. Winzige Luftbläschen in den Lungen füllen sich mit Flüssigkeit, die es der Lunge unmöglich machen kann, Sauerstoff ins Blut zu übertragen. Letzten Endes ertrinkt der Patient dann in seinen eigenen Körperflüssigkeiten – ein Zustand, der als Lungenödem (oder Wasserlunge) bezeichnet wird. Manche Patienten berichten von starken Lungenschmerzen und sagen, es fühle sich an, als würden sie Glasscherben schlucken. Viele Opfer leiden unter hohem Fieber.

Von diesem Punkt an kommt es schnell zu diversen Komplikationen. Sobald die Sauerstoffzufuhr zu stark beeinträchtigt ist, kann es zu Organversagen kommen. Nierenversagen, Herzanfälle, Blutgerinnsel, hoher Blutdruck und Sepsis, eine Art Blutvergiftung, können auftreten. Da der Patient bereits stark geschwächt ist, kommt es zu weiteren Infektionen, wenn andere Viren und Bakterien opportunistisch angreifen, was zu einer schweren Grippe und einer sowohl bakteriellen als auch viralen Lungenentzündung führen kann. Manche dieser Komplikationen können jede für sich behandelt werden, aber es gibt keine allumfassende Therapie, die Heilung verspricht.

In den schlimmsten Fällen können, aus bislang unbekannten Gründen, in fast allen Organen und Systemen des Körpers Komplikationen auftreten. Manche Opfer erleiden Hirnschäden und Störungen des Nervensystems, was zu kognitiven Fehlfunktionen oder Halluzinationen führen kann. Häufig gehen Geruchs- und Geschmackssinn verloren. Auch über Schlaganfälle und Darmentzündungen wird berichtet. Das hohe Fieber, die akute Atemnot, mehrere Infektionen und die Schnelligkeit, mit der diese zusammenwirken, führen bei einem signifikanten Prozentsatz der akuten Fälle zum Tod des Patienten.

Angesichts der resultierenden Flut von Informationen, die in manchen Fällen fachkundig sind, in anderen fahrlässig, ist es wichtig, zwei Punkte deutlich zu machen: Covid-19 ist weder eine Grippe noch eine Lungenentzündung. Das sind andere Krankheiten, die Covid-19-Opfer allerdings heimsuchen und tödlich verlaufen können, zumal in Verbindung mit anderen, von Covid-19 verursachten Komplikationen. Covid-19 selbst ist eine seltsame neue Krankheit. In ihrer reinen Form und ohne Komplikationen manifestiert sie sich ähnlich wie eine akute Höhenkrankheit, wie ich sie selbst beim Bergsteigen erlebt habe. Für den Bergsteiger ist das beste Gegenmittel ein möglichst rascher Abstieg, obwohl in extremen Fällen ein tragbarer Überdrucksack (ein sogenannter Gamow-Sack) oder eine Rettung per Hubschrauber notwendig sein können. Dabei kommt es nur darauf an, möglichst schnell mehr Sauerstoff zu geben. Auch für ein Covid-19-Opfer ist reiner Sauerstoff, der über eine Kanüle oder eine Beatmungsmaske zugeführt wird, eine der wirkungsvollsten Therapien.

So wurde der britische Premier Boris Johnson während seiner akuten Covid-19-Attacke, die sich Anfang April 2020 über zwei Wochen hinzog, mit reinem Sauerstoff behandelt. Johnson erzählte Reportern später, es sei »kaum zu glauben, dass mein Gesundheitszustand sich in wenigen Tagen dermaßen verschlechtert hat«.[2] Johnsons Ärzte trafen die richtige Entscheidung – die Alternative wäre der Einsatz eines Beatmungsgeräts und ein künstliches Koma gewesen. Inzwischen gibt es überzeugende Belege dafür, dass durch den zu häufigen Einsatz von Beatmungsgeräten für Covid-19-Patienten mehr Schaden als Nutzen entstand, da viele von ihnen nicht überlebten.[3] Die meisten Patienten brauchen keine mechanische Lunge, sie brauchen Sauerstoff.

Die Rätselhaftigkeit von Covid-19 wurde in einem Artikel des *Wall Street Journal* eingefangen, in dem es in erster Linie um die ungewöhnlich hohe Zahl von Komplikationen ging, die bei Patienten auftraten, und um die Reaktion von erfahrenen Medizinern auf ein völlig neues Krankheitsbild:[4]

Die ungewöhnlichen Auswirkungen des Virus gehen über alles hinaus, was laut Aussagen von Ärzten normalerweise bei anderen Virusinfektionen zu beobachten ist. »Es scheint so viele Organe und Systeme in Mitleidenschaft zu ziehen«, so Maya Rao, eine Nierenspezialistin [...] in New York, die Covid-19-Patienten mit akutem Nierenversagen behandelt. »Wir verstehen nicht, wer daran erkrankt.« [...]

»Manchmal sieht man bei sehr schweren Infektionen ähnliche Symptome«, sagt Magdy Selim, ein Neurologe [...] in Boston, der Covid-19-Patienten behandelt, die einen Schlaganfall erlitten haben. »Aber nicht die gesamte Symptomatik bei einem einzigen Patienten. Dies sind schwer kranke Patienten.«

Von Dezember 2019 bis März 2020, also in nur wenigen Monaten, wuchs Covid-19 sich von einer regionalen Epidemie zu einer globalen Pandemie aus. Bis Anfang Juni 2020 waren weltweit über 500 000 Menschen an der Krankheit gestorben, und jeden Tag wurden es mehr.

Bevor wir uns den wirtschaftlichen Auswirkungen der Pandemie – dem Hauptthema dieses Buches – zuwenden, ist es wichtig, den Ursprung und die Ausbreitung des SARS-CoV-2-Virus nachzuverfolgen. Zum Glück gibt es zu diesem Thema reichlich Hinweise. Die Ausbreitung des Virus hat geopolitische Implikationen, die ebenso wichtig werden können wie andere epochale Ereignisse, etwa das Ende des Kalten Kriegs im Jahr 1991 oder die Weltwirtschaftskrise von 1929 bis 1940. Es ist unmöglich, die gesellschaftlichen Auswirkungen des Virus zu verstehen, ohne seine Ausbreitung selbst verstanden zu haben.

Chinas Fahrlässigkeit (oder Schlimmeres) führte dazu, dass ein lokaler Ausbruch sich zu einer globalen Pandemie auswuchs. Die Vereinigten Staaten litten darunter am meisten und zahlten den höchsten Preis, in Form von verlorenen Menschenleben und Vermögenswerten. Heute sind alle Länder der Welt intensiv damit beschäftigt, das Virus einzudämmen oder die wirtschaftlichen Trümmer wegzuräumen – oder beides. Doch hinsichtlich der Verantwortlichkeit für die Pandemie sind zwischen den beiden wirtschaftlichen Supermächten der Welt, den USA und China, noch einige Fragen offen.

In H. G. Wells' 1898 erschienenem Science-Fiction-Klassiker *Der Krieg der Welten* attackieren Marsmenschen die Erde und richten mit Hitzestrahlen und Kampfrobotern schwere Verwüstungen an. Die Marsmenschen sind erbarmungslos, töten jeden Menschen in Sicht und nehmen einige gefangen, um ihnen Blut abzusaugen, weil sie sich davon ernähren. Am Ende werden die Marsmenschen besiegt – aber nicht durch menschliche Armeen, sondern durch Bakterien, gegen die die Marsmenschen keine Immunität besitzen. In Wells'

Version der Geschichte bringt eine mysteriöse Mikrobe der Menschheit den Frieden und rettet sie.

Heute ist es genau umgekehrt. Ein mysteriöses Virus bringt Tod und Verderben über die Menschheit und womöglich einen Krieg, falls die Beziehungen zwischen China und den USA sich wegen einer beschädigten und demoralisierten US-Wirtschaft noch weiter verschlechtern. Um dieses virale Rätsel zu lösen, fangen wir mit dem Ausbreitungsweg des Virus an und fragen uns dann, welche Wege die Weltwirtschaft in seinem Kielwasser einschlagen könnte.

AUS WUHAN IN DIE WELT

Die Pandemie begann in Wuhan, einer Stadt mit elf Millionen Einwohnern in der Provinz Hubei in Zentralchina, auf halber Strecke zwischen Schanghai und Chongqing. Wuhan liegt am Jangtsekiang, dem längsten Fluss Asiens. Er fließt vom tibetischen Hochland nach Schanghai und weiter ins Ostchinesische Meer. Er ist der wichtigste Wasserweg Chinas und ein bedeutender Bestandteil der chinesischen Han-Kultur; Wuhan hat in dieser Kultur seit Jahrtausenden eine tragende Rolle gespielt.

Die meisten Amerikaner, die schon einmal Wuhan besucht haben, sind entweder Geschäftsreisende oder Touristen, die nach einer Drei-Schluchten-Bootsfahrt in Wuhan wieder an Land gehen. Die Drei Schluchten sind ein schmaler Abschnitt des Jangtse, eine tief eingeschnittene Talenge mit gefährlichen Strömungen. Die Landschaft hat spektakuläre Ausblicke zu bieten, die freilich noch beeindruckender waren, bevor westlich von Wuhan die Drei-Schluchten-Talsperre (eröffnet 2003) gebaut wurde. Mithilfe der Talsperre wurde der Wasserspiegel des Flusses in den Schluchten um etwa 100 Meter angehoben, wodurch historische Stätten überflutet wurden. Ich habe Wuhan 1993 mit dem erklärten Ziel besucht, mir die

Schluchten in ihrem prä-diluvialen Zustand anzusehen. Ich reiste flussaufwärts nach Chongqing, anstatt die übliche Tour flussabwärts zu machen, weil die Bootsfahrt entgegen der Stromrichtung länger dauert und so mehr Zeit bleibt, um die Reise zu genießen. Bevor ich in Wuhan ins Boot stieg, schlenderte ich durch die Gassen der Stadt, auf der Suche nach den besten Teigtaschen; so war ich nicht auf die berüchtigte Verpflegung auf dem Boot angewiesen. Bald hatte ich meine Teigtaschen gefunden, zubereitet von einer alten Frau, direkt aus dem Wok und mit chinesischen Chilis als Beilage. Ich habe sie nicht gefragt, was in den Teigtaschen sei; heute wäre ich nicht mehr so risikofreudig.

Zwar gibt es in Wuhan nach wie vor traditionelle Industriebetriebe, doch die Stadt hat sich auch zu einem führenden Technologiezentrum mit etlichen Tausend Hightech-Firmen und über 350 Forschungseinrichtungen entwickelt. Dazu zählen auch drei führende Biologie-Forschungslabors, etwa das Institut für Virologie Wuhan, das nach dem Biosafety Level 4 (BSL-4) zertifiziert ist, der höchsten Schutzstufe für den Umgang mit potenziell gefährlichen Biostoffen, auch Krankheitserregern. Seit Januar 2020 steht das Institut unter der Aufsicht von Chen Wei, ihres Zeichens Generalmajorin der Volksbefreiungsarmee und ranghöchste Mikrobiologin des chinesischen Militärs.[5]

Der erste offiziell dokumentierte Covid-19-Fall wird heute auf den 17. November 2019 datiert, laut einem Bericht der *South China Morning Post*, basierend auf amtlichen Daten der chinesischen Regierung.[6] Der Patient war ein 55 Jahre alter Mann, der unweit von Wuhan in der Provinz Hubei lebte. Er muss nicht unbedingt der »Patient null« gewesen sein; um diese Person zu finden, müssen die sozialen Kontakte des am 17. November registrierten Falls zurückverfolgt werden. Es gibt gewisse Hinweise darauf, dass schon vor dem 17. November andere Fälle aufgetreten waren; diese Ermittlung ist noch nicht abgeschlossen.

Dann breitete sich die Krankheit im November auf neun bestätigte Fälle aus – vier Männer und fünf Frauen –, und bis 31. Dezember 2019 wurden 266 bestätigte Fälle registriert. Epidemien breiten sich exponentiell aus; sie fangen mit einigen wenigen Fällen an, greifen dann langsam um sich, bis sie sich plötzlich explosionsartig ausbreiten, wenn die Exponentialfunktion greift. So war es auch bei Covid-19.

Ende Januar 2020 lag die Gesamtzahl der bestätigten Fälle in China immer noch unter 10 000.[7] Bis Ende Februar war diese Zahl auf fast 80 000 Fälle gestiegen. Zu diesem Zeitpunkt war es nicht mehr nur Chinas Epidemie; über 5000 Fälle waren außerhalb Chinas registriert worden, über 1000 davon allein in Italien. Der Übergang von einer regionalen Epidemie zu einer globalen Pandemie hatte begonnen.

So explosionsartig das Wachstum der Fallzahlen laut amtlichen Angaben in China auch gewesen sein mag, so war es doch mit an Sicherheit grenzender Wahrscheinlichkeit sehr viel höher – eine Täuschung der Öffentlichkeit durch die Regierung. Die tatsächliche Ausbreitung der Krankheit in Wuhan und China war wesentlich schlimmer. Eine Studie des American Enterprise Institute, die sich auf belastbare Reisedaten und plausible Annahmen über die Infektionsraten stützt, kommt zu dem Schluss, dass die Zahl der Covid-19-Fälle zu diesem Zeitpunkt wohl bereits bei 2,9 Millionen lag und etwa 200 000 Chinesen an der Krankheit gestorben waren.[8] Eine Fülle von anekdotischen und empirischen Belegen stützt diese Schätzungen.

In den zwei Wochen vom 23. März bis 4. April 2020 wurden in Wuhan laut Augenzeugenberichten jeden Tag über 500 Urnen mit der Asche von gestorbenen Angehörigen ihren Familien übergeben. Diese Zahl lässt vermuten, dass in dieser relativ kurzen Zeit allein in Wuhan 7000 Todesfälle zu beklagen waren, obwohl laut offiziellen Angaben der chinesischen Regierung im ganzen Land von November 2019 bis Juni 2020 nur 4600 Menschen an Covid-19 gestorben waren.[9] Sowohl Augenzeugen vor Ort als auch US-Geheimdienstquellen berichteten, dass die Krematorien in Wuhan im März und April rund um die Uhr in Betrieb waren und bis zu 45 500 Leichname eingeäschert wurden. Die Wahrheit wird wohl nie ans Tageslicht kommen, da China kein Interesse daran hat.

Klar ist jedoch, dass während der kritischen Phasen der Pandemie im Januar und Februar Millionen Menschen aus Wuhan verreisten und Hunderttausende von Peking und Schanghai aus in alle Welt reisten. China exportierte das Virus. Zwar traten die ersten frühen Fälle in der Großstadt Seattle an der US-Pazifikküste auf, doch zum nächsten Covid-19-Hotspot der Welt wurde Italien.

Der Ausbruch in Italien wurde von chinesischen Bürgern ausgelöst, die für die Modewoche vom 18. bis 24. Februar nach Mailand gereist waren. Diese Chinesen waren nicht nur aktive Teilnehmer der Modewoche, sondern sie besitzen auch einen beträchtlichen Teil der Modeindustrie Norditaliens. Bis 22. Februar, also kurz vor Ende der Modewoche, waren in Italien nur 62 bestätigte Fälle registriert worden. Angesichts der Inkubationszeit von ein bis zwei Wochen, in der frisch infizierte Personen keine Symptome zeigen, wäre zu erwarten gewesen, dass die Zahl der registrierten Fälle um den 1. März herum explosionsartig anstieg. Und genau das geschah auch. Die Zahl der bestätigten Fälle in Italien stieg von 1694 am 1. März auf 7375 Fälle am 8. März, auf 24 747 am 15. März und auf 59 138 Fälle am 22. März. Jede Woche verdoppelten sich die Fallzahlen, manchmal verdreifachten sie sich. Anfang Juli wurden in Italien über 240 000 bestätigte Krankheitsfälle registriert. Und entsprechend schnell stieg die Zahl der Verstorbenen auf über 35 000, die weltweit vierthöchste Zahl von Todesfällen in einem einzigen Land, nach den USA, Brasilien und Großbritannien.

Die italienische Tragödie wurde noch verschlimmert durch eine relativ alte Bevölkerung und ein überlastetes Gesundheitssystem. Italien reagierte (wie andere Länder auch) anfangs nur langsam auf die Pandemie, ergriff dann aber drastische Maßnahmen mit einem zunächst nur regionalen und dann landesweiten Lockdown. Bis 1. April war es dem Land gelungen, »die Kurve abzuflachen«; zu diesem Zeitpunkt fiel die Zahl der Neuinfektionen pro Tag auf unter 5000 Fälle, Anfang Mai waren es noch 2000, am 1. Juni nur noch 1000. Bei einem Land mit über 60 Millionen Einwohnern war das ein enormer Erfolg, doch die Italiener hatten – in Form von verlorenen Menschenleben und menschlichem Leid – einen enorm hohen Preis bezahlt.

Italien war eine Warnung für den Rest der Welt, und zwar unter anderem, weil die bis dahin vorliegenden chinesischen Daten manipuliert waren und den politischen Entscheidungsträgern nicht als Orientierung dienen konnten. Dagegen waren die Daten aus Italien echt, und sie erzählten eine grauenhafte Geschichte von Ansteckung und exponentieller Ausbreitung. Das ist der Grund, warum andere Industrieländer erst so spät Schutzmaßnahmen ergriffen. Die chinesischen Daten waren zwar fehlerhaft, suggerierten aber, dass eine Eindämmung der Krankheit möglich sei. Die italienischen Daten zeigten dagegen, dass die Epidemie in China nicht unter Kontrolle sein konnte und dass sie sich in anderen dicht bevölkerten Gebieten explosionsartig ausbreiten würde. Es war die sich entfaltende Katastrophe in Italien, die schließlich die USA und Europa in höchste Alarmbereitschaft versetzte – doch es war zu spät. Bis Anfang März hatte das Virus sich über die ganze Welt verbreitet, und in schneller Folge traf der explosionsartige Anstieg der Fallzahlen Spanien, Frankreich, Deutschland und die USA. Der 15. März 2020 markiert den Punkt, an dem die Kurve der weltweiten Fallzahlen nach oben schoss und eine klassische »Hockeyschläger«-Form bildete. Am 15. März lag die globale Fallzahl bei 167 000; bis zum 31. März, nur gut zwei Wochen später, war sie auf 858 000 Fälle hochgeschnellt. Bis zum 1. Juli 2020 waren über neun Millionen bestätigte Fälle gemeldet worden. Einzelne Städte und Länder versuchten, die Kurve abzuflachen, doch die globale Kurve war kein bisschen flacher geworden.

Wie wird es mit dem Virus weitergehen? Das ist ein ungelöstes Rätsel. Die Wissenschaftler sind nach wie vor mit vollem Einsatz dabei, Virus und Krankheit zu erforschen. Das Genom des Virus ist bekannt, doch seine Zusammensetzung im Hinblick auf H-N-Strukturen und andere Eigenschaften sind nach wie vor Gegenstand der Forschung. Selbst das veröffentlichte Genom deckt nicht alle Mutationen ab, die in schneller Folge auftreten.

Auch im Hinblick auf das Verhalten des Virus und das Krankheitsbild, das Covid-19 bei Patienten hervorruft, sind noch viele Fragen offen. SARS-CoV-2 ist ein Coronavirus-Subtyp, doch Coronaviren unterscheiden sich deutlich von Grippeviren. Dennoch haben beide Virustypen gewisse Eigenschaften gemein. Es ist außerordentlich aufschlussreich, frühere Pandemien zu studieren, um das Rätsel von Covid-19 aufzuklären.

Seit Beginn des 18. Jahrhunderts hat es acht große Grippe-Pandemien gegeben.[10] Vier davon sind nach 1900 aufgetreten: die Spanische Grippe (1918 bis 1919), die Asiatische Grippe (1957), die Hongkong-Grippe (1968) und die Schweinegrippe (2009). Die Verläufe dieser Pandemien und die Ähnlichkeiten zu Covid-19 sind lehrreich.

Sowohl diese vier Grippeviren als auch SARS-CoV-2 waren neuartige Viren, gegen die der Mensch kaum Immunität entwickelt hatte. Obwohl nicht alle Menschen sich infizierten oder schwer erkrankten, war grundsätzlich die gesamte Weltbevölkerung empfänglich. Sowohl SARS-CoV-2 als auch die Grippeviren sind hochgradig ansteckend und breiten sich rapide aus. Das bedeutet, dass die Viren sich weltweit verbreiten konnten, bevor Seuchenschutzmaßnahmen wie Quarantäne umgesetzt wurden. All diese Viren verbreiten sich über Aerosole (schwebende Tröpfchen) und andere in der Luft schwebende Teilchen, die austreten, wenn ein Träger des Virus niest, hustet oder auch nur ganz normal atmet, und dringen auf diesem Weg in die Atemwege neuer Opfer ein. Auch andere Übertragungswege sind möglich, wenn zum Beispiel ein Träger des Virus einen Türgriff berührt, der anschließend von anderen berührt wird.

Es gibt Unterschiede zwischen SARS-CoV-2 und den Grippeviren, und sie machen Erstere ansteckender und potenziell tödlicher. Die Inkubationszeit, in der eine infizierte Person andere mit der Krankheit anstecken kann, ohne selbst Symptome zu zeigen, liegt bei Grippe im Bereich von zwei bis vier Tagen, bei SARS-CoV-2 dagegen bei 2 bis 14 Tagen, was nichts anderes bedeutet, als dass SARS-CoV-2 sich weiter verbreiten kann, bevor die Gesundheitsbehörden alarmiert sind und für eine bestimmte Region Schutzmaßnahmen ergreifen können. Das Center for Infectious Disease Research and Policy (CIDRAP, »Forschungszentrum für ansteckende Krankheiten und Seuchenschutz«) der University of Minnesota hat Ende April 2020 darauf hingewiesen, dass diese längere Inkubationszeit auch dazu geführt haben könnte, dass Regierungen in einer Zeit untätig blieben, in der eigentlich rigorose Seuchenschutzmaßnahmen geboten waren.[11]

Ein weiterer Faktor, der die Gefahr einer Verbreitung von Covid-19 durch Ansteckung erhöht, besteht darin, dass das Virus sehr leicht übertragbar ist. Die Übertragbarkeit eines Virus wird mit der Reproduktionszahl R_0 gemessen, der durchschnittlichen Anzahl der von einer infizierten Person ausgehenden Neuinfektionen, unter der Annahme, dass die gesamte Bevölkerung empfänglich ist. Wenn $R_0 > 1$ ist, steckt jede infizierte Person mehr als einen Menschen an, und die Krankheit verbreitet sich exponentiell. Wenn $R_0 < 1$ ist, steckt jede infizierte Person weniger als einen Menschen an, und die Pandemie ist auf dem Rückzug.

Eine in der medizinischen Fachzeitschrift *Lancet* veröffentlichte Studie kommt zu der Schätzung, dass R_0 für das SARS-CoV-2-Virus in China im Bereich von 2,0 bis 2,5 liege.[12] Andere Studien kommen zu dem Schluss, dass der Faktor höher sein könnte, abhängig von der Bevölkerungsdichte der betroffenen Gruppen und der Rolle sogenannter »Superspreader«. Dagegen hatten die großen Grippe-pandemien in den vergangenen 100 Jahren ein $R_0 < 2,0$.

Wenn die Inkubationszeit, die Größe der asymptomatischen Population, die Übertragbarkeit (R_0) und andere Faktoren berücksichtigt werden, scheint SARS-CoV-2 sich schneller und folgenschwerer auszubreiten als die Viren, die für die schlimmsten Grippepandemien seit 1900 verantwortlich waren. Das bedeutet nicht, dass das SARS-CoV-2-Virus letaler wäre als die damaligen Grippeviren; das H1N1-Grippevirus der Spanischen Grippe 1918 forderte manchen Schätzungen zufolge über 100 Millionen Menschenleben. Es bedeutet aber, dass SARS-CoV-2 widerstandsfähiger sein könnte und sich in menschlichen Populationen womöglich länger halten kann als Grippeviren. Und es lässt auch die Möglichkeit offen, dass es 2021 zu einer zweiten Welle kommt, die noch letaler sein könnte als die erste zwischen Dezember 2019 und Juni 2020.

Angesichts der Verläufe der vier genannten Grippepandemien und den Ähnlichkeiten zwischen den Viren, die sie verursachten, und SARS-CoV-2 scheinen die folgenden drei Szenarien für den Verlauf von Covid-19 in den kommenden Monaten am wahrscheinlichsten zu sein:[13]

Nach *Szenario 1* kommt es zu mehreren Wellen, bei denen die Fallzahlen erst zunehmen und dann wieder abnehmen. Die gute Nachricht dabei ist, dass jede Welle etwas kleiner ausfallen würde als die vorherige (durch zunehmende Herdenimmunität), während das Virus allmählich verschwindet (und zwar unter anderem, weil die noch verbleibende Zahl der empfänglichen Menschen zurückgeht). Die schlechte Nachricht ist, dass sich dieses Muster bis Ende 2021 oder Anfang 2022 fortsetzen könnte. Letztlich müssten wir lernen, mit Covid-19 zu leben, selbst wenn bei jeder Welle die Schutzmaßnahmen hoch- und dann wieder heruntergefahren würden.

In *Szenario 2* kommt es ebenfalls zu mehreren Wellen. Der Unterschied ist jedoch, dass die zweite Welle (die Anfang 2021 käme) sehr viel letaler verlaufen würde als die erste Welle Anfang 2020, und zwar aufgrund einer möglichen Mutation oder Rekombination von Genmaterial des Virus. Dieser Verlauf war bei der Spanischen Grippe 1918 zu beobachten, bei der Asiatischen Grippe 1957 und bei der Schweinegrippe 2009. Bei allen drei Pandemien begann eine moderate, aber letale Welle im Frühjahr und ebbte im Frühsommer wieder ab. Dann begann jeweils im Herbst eine größere und extrem todbringende Infektionswelle.

Szenario 3 ist der optimistischste Fall – nach diesem Szenario haben wir das Schlimmste schon hinter uns. Es wird weitere Wellen geben, doch sie werden immer kleiner werden, bis hin zu dem Punkt, dass sie gar keine richtige Welle mehr darstellen, sondern lediglich eine leichte Zunahme der Infektionen im Vergleich zum Vormonat oder -quartal. In den Modellen des CIDRAP wird dieser Verlauf als »slow burn« (»Schwelbrand«) bezeichnet.

Ganz unabhängig davon, zu welchem Verlauf es tatsächlich kommen wird, können alle drei Szenarien gemildert werden durch offensichtliche Vorsichtsmaßnahmen wie Social Distancing, Mund-Nasen-Schutz, häufiges Händewaschen, Einschränken der Teilnehmerzahl von Zusammenkünften und freiwillige Selbstisolierung besonders gefährdeter Menschen, vor allem solchen, die über 65 Jahre alt sind oder die unter Atembeschwerden, Diabetes oder einer Immunschwäche leiden. Weder Szenario 1 noch Szenario 3 machen extreme Lockdown-Maßnahmen notwendig, wie sie die US-Wirtschaft (und andere Volkswirtschaften) in der Zeit von März bis Juni 2020 erlebt hat.

Die Gefahr ist, dass wir Szenario 2 erleben – denn dann wäre unser Kampf in der ersten Jahreshälfte 2020 nur eine Vorahnung eines noch schlimmeren Horrors, der auf uns zukäme. In diesem Fall wäre zu erwarten, dass es erneut zu jenen extremen Lockdown-Maßnahmen käme, wie sie gerade erst gelockert wurden.

Die Tatsache, dass drei der vier großen Grippepandemien seit 1918 nach Szenario 2 mit einer zweiten, noch letaleren Welle verlaufen sind, sowie die Ähnlichkeiten zwischen Covid-19 und diesen Grippepandemien malen leider das Schreckgespenst einer zweiten, noch todbringenderen Infektionswelle an die Wand. Die Länge der Ruhephasen zwischen zwei Wellen schwankt zwischen vier und sechs Monaten. Der Umstand, dass die erste Welle im August 2020 am Abebben ist, lässt vermuten, dass die zweite Welle um den Januar 2021 herum zuschlagen könnte. Die frühen Wintermonate in der nördlichen Hemisphäre sind normalerweise die Hochsaison für andere Grippestämme. Zwar ist Covid-19 keine Grippe, doch die Folgen können die Immunabwehr des Körpers dermaßen schwächen, dass Grippeviren und verschiedene Formen von Lungenentzündung den Körper des Opfers von sich aus angreifen und massive Schäden anrichten können, bis hin zum Tod. Es bleibt nur zu hoffen, dass es nicht zu diesem Szenario kommen wird. Dennoch ist eine zweite Welle eine reale Gefahr, und es ist noch viel zu früh, diese Möglichkeit leichtfertig abzutun.

Was den Verlauf von Infektionswellen angeht, scheint es so, dass bei Covid-19 vom Ausbruch über das Maximum bis zum Abebben acht bis zehn Wochen vergehen, unabhängig vom Ausmaß der Schutzmaßnahmen. Das passt zu dem in New York City beobachteten Verlauf, der Region mit den weitaus meisten Todesfällen pro Kopf der Bevölkerung. Bis 15. Juli 2020 waren dort 22 000 Todesfälle zu beklagen, fast 20 Prozent der Covid-19-Opfer in den Vereinigten Staaten. In New York City begann die Anzahl der Todesfälle pro Tag Anfang März 2020 rapide zu steigen, erreichte Mitte April ein Maximum und nahm dann bis Mitte Mai deutlich ab. Das passt beinahe perfekt zu dem Verlaufsmuster von acht bis zehn Wochen Länge. Es gibt überzeugende statistische Belege aus Fallstudien, die diese Hypothese stützen.[14]

Wenn diese Hypothese richtig ist, dann gilt sie für jede Welle. Jede weitere Welle würde sich wohl ebenfalls über acht bis zehn Wochen hinziehen. Um die globalen Aussichten realistisch beurteilen zu können, müssen wir auch wissen, dass zwar jede Welle sich in einer bestimmten Region abspielt (die eine große Fläche umfassen kann, etwa den Nordosten der USA oder ganz Großbritannien), aber nicht in allen Regionen zur selben Zeit beginnt. Der erste Ausbruch fand offenkundig in Wuhan statt, doch er war bereits weitgehend eingedämmt, als ein intensiver Ausbruch weite Teile von New York City und den Vorstädten in New Jersey zu erfassen begann. In Russland kam es erst relativ spät zu einem Ausbruch, der dann rapide eskalierte, obwohl in New York die Zahl der Neuinfektionen bereits zurückging. Jede dieser Wellen wird vermutlich acht bis zehn Wochen andauern, doch sie spielen sich nicht unbedingt gleichzeitig ab, sondern versetzt – je nachdem, wann der jeweilige »Patient null« in der betreffenden Region aufgetaucht ist. Das macht das Rätsel noch schwieriger zu lösen: Späte erste Wellen werden für globale zweite Wellen gehalten.

Spätestens Ende Mai war in den Krankenhäusern und Notaufnahmen von New York City ein Gefühl der Erleichterung deutlich zu spüren, obwohl die Pandemie noch nicht vorüber war – noch immer starben Patienten. Die Lage war noch nicht wieder normal, doch die Mitarbeiter in den Krankenhäusern hatten das Gefühl, dass allmählich wieder Normalität einkehrt nach dem Ansturm schwer kranker und sterbender Patienten und der Überlastung, mit der sie im April hatten fertigwerden müssen.

Doch die Erleichterung über die abnehmende Zahl neuer Fälle wurde gedämpft durch die Befürchtung, dass eine zweite Welle kommen könnte. Die *New York Times* brachte einen Bericht über diese gemischten Gefühle von Erleichterung und Angst:

»Es ist diese fast unheimliche Ruhe«, sagte Dr. Sylvie de Souza, Chefin der Notaufnahme im Brooklyn Hospital Center, einem privaten Krankenhaus. Dort wurden vor der Pandemie typischerweise 200 bis 250 Patienten pro Tag in die Notaufnahme eingeliefert – letzte

Woche waren es dagegen kaum noch halb so viele. »Keiner von uns ist entspannt. Wir bereiten uns sozusagen seelisch darauf vor, dass es wieder losgeht. Wir alle fragen uns: Können wir das noch einmal durchstehen?«[15]

Welchen Verlauf der Pandemie man zu sehen bekam, hing davon ab, wo man sich befand. In New York schien es so, als sei das Schlimmste überstanden. In anderen Bundesstaaten und Städten nahm die Anzahl der bestätigten Infektions- und Todesfälle immer schneller zu. Michigan, Pennsylvania und Illinois wurden alle schwer getroffen, nachdem das Virus sich im März und April zuerst nur langsam ausgebreitet hatte. Auch in Texas und Florida schnellten die Fallzahlen hoch, nachdem diese Staaten zunächst für ihre früheren Erfolge bei der Eindämmung des Virus gefeiert worden waren. Texas meldete am 1. Juli 2020 über 113 000 bestätigte Fälle, obwohl dort zum Beispiel am 27. April nur 354 Neuinfektionen registriert worden waren.

Auch auf globaler Ebene verschlimmerte sich die Lage. Am 12. April betrug die Gesamtzahl der weltweit gemeldeten Neuinfektionen 98 800; am 15. Mai waren es 100 200, am 26. Juni 191 000. Bei den täglich gemeldeten Fallzahlen gab es Höhen und Tiefen, doch der Trend war unverkennbar und bedrohlich: Die Krankheit breitete sich immer noch weiter aus. Zu den besonders betroffenen Ländern zählte Russland, wo die Zahl der neuen Fälle pro Tag von 501 am 31. März 2020 auf 11 700 am 11. Mai hochschnellte. Russland stieg in den Tabellen auf den dritten Platz, nach den Vereinigten Staaten und Brasilien; Anfang Juli gab es in Russland über 650 000 bestätigte Fälle (in den Vereinigten Staaten waren es über 2,3 Millionen). Länder wie Großbritannien, Italien und Spanien hatten schon im März und April sehr unter hohen Todesfallzahlen gelitten. In Brasilien waren über 60 000 Patienten gestorben. Mexiko, Indien und Iran kamen zu der Gruppe der Länder hinzu, in denen jeweils zwischen 10 000 und 30 000 Todesfälle zu beklagen waren.

Während die Länder im Lockdown sehnlichst auf gute Nachrichten warteten, wurden die Meldungen immer katastrophaler und das Rätsel um das Virus immer unergründlicher. Eine am 12. Juni 2020 veröffentlichte Studie zeigte, dass eine Mutation des Virus – die hin und wieder als »italienischer Stamm« bezeichnet wird, weil die Mutation wahrscheinlich dort stattgefunden hatte – seine Fähigkeit, neue Opfer zu infizieren, durch Veränderungen des Spike-Proteins, das dem Virus das Eindringen in gesunde Zellen erleichtert, verbessert hatte.[16] Diese Mutation, die als »G-Variante« bekannt ist (im Gegensatz zu einem Vorläufer, der »D-Aminosäure«), hat das weltweit verbreitete, ursprüngliche Genom des Virus verdrängt. Der Virologe Judd Hultquist von der Northwestern University hat dazu gesagt: »Wir haben es nicht geschafft, mit D fertigzuwerden. Wenn G noch leichter übertragbar ist, werden wir es auch nicht schaffen, damit fertigzuwerden.«

Der Anstieg der globalen Infektionszahlen war erbarmungslos. Bis 1. Juli 2020 wurden weltweit über zehn Millionen bestätigte Fälle und über 510 000 Todesfälle gemeldet. Das Land mit den weltweit meisten Todesfällen waren mit über 130 000 Toten mit großem Abstand die Vereinigten Staaten. Allein in New York City waren über 22 000 Menschen gestorben. Was in Wuhan angefangen hatte, war wie eine virale Wasserstoffbombe auf dem Times Square explodiert und hatte die umliegenden Städte und Ortschaften verwüstet. Es war kaum möglich, in New York einen Menschen zu finden, der niemanden kannte, der gestorben oder in dem viralen Sturm schwer erkrankt war.

Für den weiteren Verlauf der Pandemie wäre der beste Fall, dass wir regionale Spitzen innerhalb einer Kurve mit einer einzigen Spitze sehen werden, auf die immer kleinere Wellen folgen, bis die Krankheit zu einer beherrschbaren Form mutiert. Der schlimmste Fall wäre, dass auf die Spitze vom Juli 2020 in sechs Monaten eine zweite, noch ansteckendere Welle folgt, die in einem wesentlich größeren Ausmaß zu tödlichen Erkrankungen führt. Geschichte und

Wissenschaft lehren uns, dass der schlimmste Fall nicht ausgeschlossen werden kann; vielleicht ist er sogar der wahrscheinlichste.

Eine unbekannte Komplikation

Die Covid-19-Pandemie begann in Wuhan im November 2019, womöglich schon früher. Die epidemiologischen Daten, die in Form von gemeldeten Fallzahlen, Todesfällen, geografischer Ausdehnung des Ausbruchs, zeitlichem Verlauf der Ausbreitung sowie überzeugenden anekdotischen Berichten erfasst wurden, machen das klar.

Stammte das Virus ursprünglich aus einem Labor oder von einem Wet Market, dem Wuhan Huanan Seafood Market? Diese Frage ist ein bleibendes Rätsel der Pandemie und hat enorme Implikationen für die Beziehungen zwischen den USA und China und daher indirekt auch für die Weltwirtschaft.

Die Verantwortung für den anfänglichen Umgang mit einem Ausbruch liegt bei der politischen Führung des jeweiligen Landes. Die beste Bewältigungsstrategie besteht darin, schnell zu handeln, offen zu informieren und international besetzte Wissenschaftlerteams einzuladen, um sich von ihnen bei der Eindämmung des Ausbruchs und der medizinischen Versorgung der Opfer helfen zu lassen. Virologische Ermittler können den Krankheitserreger identifizieren und isolieren. Die Forschungsarbeit zu Impfstoffen und potenziellen Behandlungsverfahren kann sofort beginnen – jede Minute zählt. Diese Strategie nutzt internationale Teamwissenschaft im besten Sinne des Wortes. Die USA und andere Länder sowie internationale Organisationen wie das Rote Kreuz und der Rote Halbmond waren willens und in der Lage, den Opfern in China zu helfen und die Ausbreitung von SARS-CoV-2 zu stoppen.

China machte keinen Gebrauch von diesen Hilfsangeboten. Anfangs verschlossen sowohl die Provinzregierungen als auch die Führungsebene der Kommunistischen Partei Chinas die Augen vor dem Problem. Als sie Ende Dezember 2019 endlich handelten, waren sie vor allem darum bemüht, den Krankheitsausbruch zu vertuschen.

Li Wenliang, ein 34-jähriger chinesischer Augenarzt am Wuhan Central Hospital, erkannte Ende Dezember als einer der Ersten das ganze Ausmaß des Ausbruchs. Am 30. Dezember informierte er andere Ärzte über Krankheitsfälle, die aufgetaucht waren, und über die nachlässige Reaktion der lokalen Behörden. Er forderte das medizinische Personal des Krankenhauses auf, beim Umgang mit Patienten OP-Handschuhe und andere Schutzkleidung zu tragen.

Anstatt Li zu belobigen und seine Initiative zu unterstützen, ordnete das lokale Public Security Bureau (»Amt für öffentliche Sicherheit«) an, dass er persönlich in der Hauptverwaltung des Amtes zu erscheinen habe. Ihm wurde gesagt, gegen ihn werde ermittelt, weil er »Gerüchte verbreitet« habe. Er wurde beschuldigt, »falsche Aussagen gemacht« und »die gesellschaftliche Ordnung empfindlich gestört« zu haben.[17] Er wurde gezwungen, ein Protokoll zu unterschreiben, das unter anderem diese Drohung enthielt: »Wir warnen dich eindringlich: Wenn du weiterhin so stur bleibst, mit solcher Impertinenz, und diese illegalen Aktivitäten fortsetzt, wirst du vor Gericht gestellt – ist das klar?«

China hätte etwas von Lis Offenheit lernen sollen. Stattdessen nutzte es den staatlichen Machtapparat, um die Wahrheit zu unterdrücken. Am 10. Januar 2020 zeigte Li Symptome der Krankheit, unter anderem einen intensiven Husten. Er hatte sich bei einem infizierten Patienten angesteckt, den er wegen eines grünen Stars behandelt hatte. Am 13. Januar wurde Li mit hohem Fieber und anderen Komplikationen ins Krankenhaus eingeliefert; Anfang Februar starb er an der Infektion. Für Millionen Menschen in aller Welt war Li ein Held. Für die Kommunistische Partei Chinas war er ein Dissident, der zum Schweigen gebracht werden musste.

Am 7. Januar ordnete Staatspräsident Xi Jinping drastische Seuchenschutzmaßnahmen für Wuhan an. Am 23. Januar wurde die ganze Stadt unter Quarantäne gestellt, doch es war schon zu spät. Seit Beginn des Ausbruchs im November 2019 hatten Millionen von Reisenden China verlassen und die Krankheit weltweit verbreitet. Die chinesische Epidemie hatte sich zu einer Pandemie ausgewachsen. Laut Schätzungen von Epidemiologen wären 95 Prozent der weltweiten Infektionen verhindert worden, wenn China den Ausbruch nicht vertuscht und internationale Expertenteams hinzugezogen hätte.[18]

Stattdessen requirierte China die Hilfe der Weltgesundheitsorganisation (WHO), um das Vertuschungsmanöver ins Werk zu setzen. Als Generaldirektor der WHO fungiert der Äthiopier Tedros Adhanom Ghebreyesus, der im Mai 2017 mit starker politischer und finanzieller Unterstützung Chinas sowie seiner Waffenbrüder von der revolutionären Tigray People's Liberation Front ins Amt gewählt wurde. Tedros zeigte sich seinen Gönnern erkenntlich, indem er über die WHO-Plattform Lügen über das Virus verbreitete.

Am 14. Januar 2020 gab die WHO über ihren offiziellen Twitter-Account bekannt: »Erste Ermittlungen der chinesischen Behörden haben keine eindeutigen Hinweise ergeben auf eine Übertragung des in Wuhan, China, identifizierten neuartigen Coronavirus (2019-nCoV) von Mensch zu Mensch.«[19] Dieser Tweet war eine Lüge. Zu diesem Zeitpunkt hatte China die Krankheit seit Monaten bekämpft und in Tausenden von Fällen Belege für eine Mensch-zu-Mensch-Übertragung festgestellt. Die WHO hatte einfach die offizielle chinesische Parteilinie nachgeplappert.

Am 30. Januar 2020 stufte die WHO den Ausbruch als »gesundheitliche Notlage« ein, weigerte sich jedoch, das Wort »Pandemie« zu verwenden, obwohl die Krankheit sich zu diesem Zeitpunkt bereits auf 18 Länder außerhalb Chinas ausgebreitet hatte.[20] Das Weglassen des Wortes »Pandemie« war eine weitere Täuschung der WHO, da die globale Verbreitung der Krankheit bereits stattgefunden hatte und der weitere Verlauf der Pandemie aufgrund der in China gemachten Erfahrungen offensichtlich war. Die WHO war letztendlich zu einem chinesischen Propagandakanal verkommen.

Am 14. April 2020 kündigte US-Präsident Donald Trump an, die USA würden ihre Beitragszahlungen an die WHO bis auf Weiteres aussetzen. Trump traf diese Entscheidung aufgrund der »Beteiligung der Weltgesundheitsorganisation an dem gravierenden Missmanagement und der Vertuschung der Ausbreitung des Coronavirus«.[21] Am 29. Mai 2020 machte Trump seine Drohung wahr und beendete die Beziehung der USA zur WHO. Er ordnete an, dass die US-Beitragszahlungen in Höhe von 400 Millionen Dollar pro Jahr (15 Prozent des Gesamtbudgets der WHO) anderen internationalen Gesundheitsinitiativen zur Verfügung gestellt werden sollten. Trump sagte dazu: »Chinesische Funktionäre haben ihre Meldepflichten an die Weltgesundheitsorganisation missachtet und die Weltgesundheitsorganisation unter Druck gesetzt, um die Weltöffentlichkeit in die Irre zu führen.«[22] Chinas Unterstützung für die WHO belief sich auf nur 86 Millionen Dollar pro Jahr. Letztlich zogen sich die USA aus einer einstmals respektablen Organisation zurück, die zu einem Sprachrohr der KPCh verkommen war.

Die chinesische Regierung beendete ihr Vertuschungsmanöver nicht einmal, als der Weltöffentlichkeit das Ausmaß der Pandemie klar geworden war. Im Februar 2020 verwies China drei Reporter, die für das *Wall Street Journal* aus China berichteten, des Landes. Mitte März wies China weitere Journalisten aus, die für das *Wall Street Journal*, die *New York Times* und die *Washington Post* berichtet hatten. China wollte nicht, dass erfahrene Reporter dem Ursprung des Virus auf den Grund gingen.

Und warum nicht?

Die Aktionen der chinesischen Regierung zur Unterdrückung der Wahrheit, ihr Missbrauch der WHO, um ihre Lügen international zu unterstützen, sowie die Ausweisung unabhängiger Journalisten – all das deutet darauf hin, dass man etwas zu verbergen hatte. Was wollte China verheimlichen?

Was China vertuschen wollte, war nicht die Krankheit selbst, denn das war unmöglich. China verheimlichte den *Ursprung* der Krankheit, um die Verantwortung abzuschieben und billionenschwere Schadensersatzforderungen abzuwehren. China musste die Ausbreitung des Virus als natürlich und ungewollt erscheinen lassen. Mit seiner aggressiven Kampfdiplomatie ging China sogar noch einen Schritt weiter und beschuldigte die Vereinigten Staaten, das Virus freigesetzt zu haben. Chinas wichtigstes Ziel war, Recherchen zum tatsächlichen Ursprung des Virus möglichst wirkungsvoll zu behindern. Solange es keine internationale Untersuchung über den wahren Ursprung des Virus gab, konnte die chinesische Regierung nach Belieben eine manipulierte Version der Geschichte verbreiten.

Es gibt zwei Haupttheorien für den Ursprung des Virus zum Zeitpunkt seiner Übertragung auf den Menschen. Die erste ist die sogenannte »Wet-Market-Theorie«; die zweite ist die »Labor-Theorie«. Der Unterschied zwischen den beiden hat enorme Konsequenzen für die Zukunft der Beziehungen zwischen den USA und China. Die Gefahren, die dem Welthandel durch einen Zusammenbruch der Kommunikation zwischen den beiden größten Wirtschaftsmächten der Welt drohen, könnten größer nicht sein. Die beiden Theorien zum Ursprung des Virus können mithilfe verfügbarer Quellen untersucht werden. Dies ist ein Geheimnis, das aufgedeckt werden kann.

In vielen Städten und Dörfern in ganz China gibt es sogenannte Wet Markets. Damit sind Märkte unter freiem Himmel gemeint, auf denen lebende Wildtiere zur sofortigen Schlachtung angeboten werden. Zu den Tierarten, die von der Kundschaft gern gegessen werden, zählen Hunde, Fledermäuse, Zibetkatzen und Pangoline – mit Schuppen bedeckte Säugetiere, die einem Ameisenbären ähneln und als Delikatesse gelten. Da die Tiere in Käfigen gehalten und direkt vor Ort geschlachtet werden, sind diese Märkte voller

Blut und Fäkalien. Solche Wet Markets sind als Ursprung des SARS-CoV-Virus identifiziert worden (das in Musangs, einer in Süd- und Südostasien verbreiteten Zibetkatzenart, und in Marderhunden vorkommt). Serologische Erkenntnisse stützen die These, dass dieses Virus infolge des engen Kontakts zwischen Mensch und Tier und der Präsenz von Blut von Tieren auf Menschen übersprang (»zoonotische Übertragung«).[23]

Darüber hinaus wurde wissenschaftlich nachgewiesen, dass Fledermäuse Träger von Coronaviren sind, die hin und wieder durch zoonotische Übertragungen Menschen infizieren können. In Anbetracht der wissenschaftlichen Belege, dass SARS-CoV von Zibetkatzen, die auf Wet Markets verkauft werden, auf Menschen übergehen kann, ist es plausibel, dass SARS-CoV-2 ebenfalls auf Wet Markets durch zoonotische Übertragung von Fledermäusen auf Menschen übergehen kann. Dies ist die von der chinesischen Regierung bevorzugte Version der Geschichte, weil es dabei unabsichtlich zur Übertragung der Viren gekommen wäre – lediglich ein bedauerlicher Zufall mit bedauerlichen Konsequenzen.

Die zweite Theorie besagt, dass in einem Forschungslabor in Wuhan mit dem SARS-CoV-2-Virus experimentiert wurde und sich dabei ein Laborant infizierte, der dann die Infektion aus dem Labor hinaustrug.

Es gibt zwei bedeutende Institute in Wuhan, in denen biologische Forschungen zu Fledermaus-Coronaviren betrieben werden, die potenziell auf Menschen überspringen könnten: das Wuhan Institute of Virology und das Seuchenschutzzentrum Wuhan Center for Disease Control. Laut einem von Shi Zhengli und ihren Kollegen verfassten wissenschaftlichen Artikel führten riskante Experimente mit gentechnischen Manipulationen durch Einsatz eines Reverse-Genetics-Systems an einem SARS-ähnlichen Virus, das in chinesischen Fledermäusen der Familie Hufeisennasen vorkommt, zum Entstehen eines künstlichen Virus (Chimären-Virus), das sich möglicherweise »in primären Human-Atemwegszellen effizient replizieren« könne.[24] Shi Zhengli ist Direktorin des Center for Emerging Infectious Diseases (»Zentrum für aufkommende Infektionskrankheiten«) am Wuhan Institute of Virology. Solche Experimente haben nicht unbedingt etwas mit biologischer Kriegsführung zu tun; möglicherweise dienten sie dazu, Coronaviren zu erforschen und Impfstoffe zu entwickeln. Shis Arbeit wurde von anderen Wissenschaftlern scharf kritisiert, weil sie im Verhältnis zum potenziellen Nutzen viel zu hohe Risiken mit sich gebracht habe.[25] Im Januar 2018 schickte die US-Botschaft in Peking mehrere warnende diplomatische Depeschen nach Washington, in denen es hieß, das Wuhan Institute of Virology habe »einen gravierenden Mangel an hinreichend qualifizierten Technikern und Forschern, wie sie gebraucht werden, um den sicheren Betrieb dieses Hochsicherheitslabors zu gewährleiste«.[26] Das Institut hatte auf seiner Website eine Meldung über die Besuche von Wissenschaftlern veröffentlicht, die von der US-Botschaft geschickt worden waren. Das Institut löschte diese Meldung Anfang April 2020 von seiner Website, doch sie ist nach wie vor im Internet auffindbar. Am 24. Mai 2020 räumte das Institut öffentlich ein, es habe drei Lebendkulturen von Fledermaus-Coronavirenstämmen in seinem Labor. Die Generaldirektorin des Instituts, Wang Yangi, gab bekannt, das Labor habe »einige Coronaviren aus Fledermäusen entnommen und isoliert. [...] Wir haben drei lebende Virenstämme.«[27] Des Weiteren erklärte die Direktorin, die Viren des Labors seien dem SARS-CoV-2 nicht sehr ähnlich. Allerdings fehlt es den Verlautbarungen der chinesischen Behörden aufgrund ihrer fortgesetzten und nachgewiesenen Lügen über das Virus an Glaubwürdigkeit.

Alles in allem wissen wir, dass das Wuhan Institute of Virology lebende Fledermaus-Coronaviren besitzt, dass es riskante Experimente zur Übertragung von Fledermäusen auf Menschen durchgeführt hat und dass seine Sicherheitsvorkehrungen mangelhaft sind.

Die Wet-Market-Theorie ist anekdotisch und kann ohne weitere Ermittlungen durch Virologen weder bewiesen noch widerlegt werden. China lässt solche Ermittlungen nur durch Wissenschaftler zu, die es selbst autorisiert hat. Die chinesische Regierung hat Personen verschwinden lassen, die gegen die offizielle Wet-Market-Version Stellung bezogen hatten, und sie hat Social-Media-Posts von anderen gelöscht. China hat wiederholt über die Ausbreitung der Krankheit sowie die Krankheits- und Todesfälle im eigenen Land gelogen. Aufgrund dieses dokumentierten Musters von Tarn- und Täuschungsmanövern ist keine ausschließlich von chinesischen Funktionären durchgeführte Ermittlung glaubhaft.

Die Wet-Market-Theorie hat mehrere gravierende Fehler. David Ignatius, ein Kolumnist der *Washington Post*, hat darauf hingewiesen, dass auf dem Huanan Seafood Market in Wuhan, der von der chinesischen Regierung offiziell als Ursprung des SARS-CoV-2-Virus genannt wird, keine Fledermäuse verkauft werden. (Allerdings könnte das Virus von Fledermäusen auf andere Tiere übergesprungen sein, die dann ihrerseits auf diesem Markt verkauft wurden.)[28] Die Fledermausart, die das tödliche Coronavirus in sich trägt, kommt in 160 Kilometern Umkreis von Wuhan nicht vor.[29] *The Lancet* hat am 24. Januar 2020 einen Artikel veröffentlicht, der zeigt, dass 75 Prozent (drei von vier) der ersten in einer bestimmten Studie identifizierten Covid-19-Fälle bei Menschen auftraten, die noch nie auf dem Huanan Seafood Market gewesen waren.[30] Gao Fu, der Direktor der chinesischen Centers for Disease Control and Prevention, hat erklärt, dass er und sein Inspektorenteam den Huanan Seafood Market Anfang Januar 2020 inspiziert und in keiner der entnommenen Tiergewebe-Stichproben Spuren von Coronaviren gefunden hätten.[31]

Auch die Labor-Theorie wurde infrage gestellt. In einem bestimmten Artikel wird angeblich gezeigt, dass SARS-CoV-2 nicht durch Genmanipulationen in einem Labor entstanden sein könne, da die Gendaten des Virus keine Spur einer Anwendung von Reverse-

Genetics-Systemen zeigen würden, die ein untrügliches Kennzeichen einer Genmanipulation seien.[32] Doch Hinweise aus informierten Kreisen besagen keineswegs, das Virus sei durch Genmanipulation entstanden, sondern lediglich, es sei durch Fahrlässigkeit aus einem Labor entwichen. In den meisten Virologielaboren werden zahlreiche Tiere für experimentelle Zwecke in Käfigen gehalten. Vielleicht trugen solche Tiere das SARS-CoV-2-Virus in einer natürlichen Form in sich und übertrugen es dann über Blut, Fäkalien oder Kontakt mit anderen Körperflüssigkeiten auf Menschen. Die Aussage, das Virus sei nicht durch Genmanipulation entstanden, bedeutet keineswegs dasselbe wie die Aussage, es stamme nicht aus einem Labor. Der eben erwähnte, weithin zitierte Artikel beweist im Hinblick auf den Ursprung des Virus überhaupt nichts. Die Studie, auf der er basiert, wurde zum Teil von der chinesischen Regierung finanziert.[33]

Eine neuere Studie unter der Leitung von Nikolai Petrovsky, einem bekannten Virologen an der australischen Flinders University, deutet darauf hin, dass SARS-CoV-2 das Ergebnis eines verunglückten Laborexperiments mit Zellkulturen sein könnte.[34] Petrovsky hatte festgestellt, dass SARS-CoV-2 Gensequenzen hat, die jenen von Fledermaus-Coronaviren und anderen Coronaviren ähneln. Er hält das für ein mögliches Resultat eines Rekombinationsereignisses, bei dem es zwischen zwei Viren auf natürliche Weise zu einem Austausch von Genmaterial kommt – *ohne* Genmanipulation durch Menschen. Dieser Bericht macht die These, dass SARS-CoV-2 kein Ergebnis von Genmanipulation sei, vereinbar mit der These, es sei aus einem Labor entwichen. Petrovsky schließt eine Rekombination von viralem Genmaterial innerhalb von Tieren nicht aus, hält jedoch die Möglichkeit eines Experiments mit Zellkulturen in einer Petrischale für wahrscheinlicher. »Das Virus sieht so aus, als sei es zu dem Zweck konstruiert worden, Menschen zu infizieren«, so Petrovsky.

Diese Frage ist keineswegs endgültig beantwortet (kaum eine Frage in der Wissenschaft ist das jemals). In einem auf den 28. Mai

2020 datierten Artikel, der für eine Veröffentlichung in der Fachzeitschrift *Quarterly Review of Biophysics* angenommen wurde, werden Indizien angeführt für »eingefügte Sektionen, die auf der Spike-Oberfläche von SARS-CoV-2 platziert wurden«, wodurch die Infektiosität erhöht und tödliche Eigenschaften des Virus verstärkt würden.[35] Das würde bedeuten, dass das Virus *tatsächlich* durch Genmanipulation in einem Labor entstanden wäre. Einer der Autoren des Artikels, der norwegische Wissenschaftler Birger Sørensen, hat in einem Interview erklärt: »Das Virus hat Eigenschaften, die sich deutlich von SARS unterscheiden und die noch nie in der Natur festgestellt wurden.« Und in dem Artikel heißt es, dass sowohl die USA als auch China Experimente mit »Gain-of-Function-Mutationen« durchgeführt hätten, »bei denen die Pathogenität [krankmachende Wirkung] oder die Übertragbarkeit potenziell pandemischer Krankheitserreger verstärkt werden können«.[36]

Es besteht ein klarer Konsens darüber, dass der Covid-19-Ausbruch Ende 2019 in Wuhan begann. Es besteht außerdem Einigkeit darüber, dass das SARS-CoV-2-Virus nicht durch Genmanipulationen entstand (mit einigen abweichenden Meinungen). Der Konsens besagt, das Virus sei ursprünglich in Tieren vorgekommen und habe dann Menschen infiziert, entweder durch zoonotische Übertragung oder über eine Petrischale. Es besteht keine Einigkeit darüber, ob es unabsichtlich auf einem Wet Market zu dieser Übertragung kam oder durch Fahrlässigkeit in einem Labor, möglicherweise im Wuhan Institute of Virology. Es gibt eindeutige Belege dafür, dass dieses Institut derzeit Lebendkulturen von Fledermaus-Coronavirus-Stämmen besitzt und in der Vergangenheit riskante Experimente durchgeführt hat, die die Möglichkeit einer Übertragung auf Menschen mit sich brachten. Es gibt auch eindeutige Belege dafür, dass die von den ersten Covid-19-Fällen in China betroffenen Personen noch *nie* auf dem Huanan Seafood Market in Wuhan gewesen waren (dem Wet Market, welcher der Regierung zufolge der Ursprung der Pandemie ist).

Fast alle anderen Hinweise, wo es zur Übertragung des Virus auf Menschen gekommen sein könnte, sind Indizien. Im Auftrag der chinesischen Gesundheitsbehörden wurden die Verkaufsstände auf dem Wet Market desinfiziert, sodass es nicht mehr möglich ist zu testen, ob SARS-CoV-2 dort präsent war. Chinesische Beamte ordneten außerdem die Vernichtung der Viruskulturen in den chinesischen Genlabors an. Der australische *Daily Telegraph* hat berichtet, dass »China absichtlich den Coronavirus-Ausbruch vertuschte, indem es warnende Stimmen unter den Ärzten zum Schweigen brachte, Beweismittel in dem Labor in Wuhan vernichtete und sich weigerte, einem internationalen Expertenteam, das an einem Impfstoff arbeitete, Lebendkulturen des Virus zur Verfügung zu stellen«.[37] Mitte Januar 2020, also ungefähr zu der Zeit, als der Covid-19-Ausbruch in China seinen Höhepunkt erreichte, kommandierte die chinesische Regierung Chen Wei, eine 54 Jahre alte Generalmajorin der Volksbefreiungsarmee, die sich als Virologin und Expertin für biologische Kriegsführung einen Namen gemacht hat, ans Wuhan Institute of Virology ab, um dort die Maßnahmen zur Eindämmung des Ausbruchs zu leiten.[38]

Seit die ersten Hinweise, das Virus sei aus einem Labor des Wuhan Institute of Virology entwichen, bekannt wurden, hat China eine professionell geplante weltweite Propagandakampagne geführt. Zu verschiedenen Zeiten wurde behauptet, der Ursprung des Virus sei ein Labor des US-Militärs; es wurde gefordert, die USA müssten ihre eigenen Forschungsprojekte zu biologischer Kriegsführung in Fort Frederick im Bundesstaat Maryland aufdecken. Chinas Propagandaplan wurde in einem Artikel der Zeitung *China Daily* unter dem Titel enthüllt: »Shape global narratives for telling China's stories« (sinngemäß: »Weltweite Sprachregelung für Berichterstattung über Chinas Geschichten«).[39] Dort heißt es: »Die Fähigkeit eines Landes, seine Botschaften international erfolgreich zu kommunizieren, bestimmt seinen Einfluss, während sein Narrativ seine Fähigkeit bestimmt, in seinen globalen Interaktionen die Initiative zu ergreifen. In der Theorie internationaler Kommunikation ist das ›Narrativ‹ ein Kommunikationswerkzeug, das bestimmte Werte vermittelt. [...] Um effektiv zu sein, muss das Narrativ durch hochwertige Inhalte gestützt werden. An zweiter Stelle steht die Fähigkeit, auf der internationalen Bühne die Agenda zu setzen.« In der Tat. Wenn Sie einfach nur die Wahrheit erzählen, brauchen Sie kein Narrativ.

Die Analyse von geheimdienstlichen Erkenntnissen kann fast nie auf vollständigen Informationen aufbauen. Das Rohmaterial besteht normalerweise aus nur wenigen Fakten, einigen plausiblen Annahmen sowie vernünftigen Schlussfolgerungen, die mithilfe von hoch entwickelten mathematischen Tools gewonnen werden – etwa dem Bayes-Theorem, der Verhaltenspsychologie und der Komplexitätstheorie. Wenn man alle Fakten hätte, wäre der Job einfach; das ist er aber nicht.

Die Wet-Market-Theorie ist eine plausible Annahme mit wenigen Fakten, die sie stützen, und reichlich Fakten, die diese Theorie infrage stellen. Die Labor-Theorie ist ebenfalls eine plausible Annahme, für die es aber reichlich Fakten gibt, die sie stützen, und keine Fakten, die ihr widersprechen. Um zu einer Entscheidung zu kommen, würde ein Geheimdienst-Analyst folgende Fragen stellen:

Warum würde China Beweismittel vernichten, wenn das Virus nicht aus einem Labor kam?

Warum würde China eine Generalmajorin der Volksbefreiungsarmee und Expertin für biologische Kriegsführung an das Wuhan Institute of Virology abkommandieren, wenn dieses Institut nicht der Ursprung des Problems war?

Wie hoch ist die Wahrscheinlichkeit, dass ein Labor mit Lebendkulturen von Fledermaus-Coronaviren und einer schlechten

Sicherheitsbilanz ein Virus entweichen lassen könnte, das für Menschen tödlich sein kann?

Wie hoch ist die Wahrscheinlichkeit, dass ein Wet Market, auf dem keine Fledermäuse angeboten werden, weil im Umkreis von 160 Kilometern keine vorkommen, der Ursprung eines Fledermaus-Coronavirus sein könnte?

Wie hoch ist die Wahrscheinlichkeit, dass der Wet Market in Wuhan der Ursprung des Human-Coronavirus war, wenn drei von vier der ersten Opfer noch nie auf diesem Wet Market gewesen waren?

Warum würde China eine sorgfältig geplante weltweite Propagandakampagne führen, um die Verantwortung auf die USA abzuschieben, wenn China nichts zu verbergen hätte?

Ohne Zugang zu den höchsten Ebenen der chinesischen Regierung und den Ergebnissen der Ermittlungen vor Ort in Wuhan kann keine dieser Fragen mit letzter Sicherheit beantwortet werden. Sowohl dieser Zugang als auch die Ermittlungsergebnisse werden unabhängigen Ermittlern derzeit verwehrt. Ein großer Teil der relevanten Beweismittel wurde bereits vernichtet, wichtige Zeugen sind verschwunden.

Davon abgesehen sind diese Fragen so formuliert, dass sie mithilfe der verfügbaren Belege, logischer Schlussfolgerungen und bedingter Wahrscheinlichkeiten beantwortet werden können. Zu Schlussfolgerungen kommt man, indem man die einzelnen Wahrscheinlichkeiten miteinander multipliziert. Durch Anwendung dieser Verfahren kommt man zu dem Schluss, dass mit hoher Wahrscheinlichkeit das tödliche Virus aus dem Wuhan Institute of Virology entwichen ist. Wir werden es wohl nie mit letzter Sicherheit wissen – falls nicht in den kommenden Jahrzehnten chinesische Geheimarchive geöffnet werden, womöglich nach einem Regimewechsel.

Aber ganz unabhängig davon, ob das Virus von einem Wet Market stammt oder aus einem Labor, kann China nicht bestreiten, dass es für die wirtschaftlichen Schäden und verlorenen Menschenleben infolge der daraus entstandenen globalen Pandemie verantwortlich ist. Die Täuschungsmanöver der Chinesen würden eine Schuld im strafrechtlichen Sinne begründen, selbst wenn das Virus von dem Wet Market in Wuhan kam. Und falls das Virus aus einem chinesischen Labor entwich, stellen die Täuschungsmanöver der Chinesen ein Verbrechen gegen die Menschheit dar.

KAPITEL ZWEI

HUNDERT TAGE –
CHRONIK EINES
LOCKDOWNS

*Weltweit hat die Spanische Grippe 40 Millionen Menschen aus dem
Leben gerissen, 2 Prozent der Menschheit, was heute 150 Millionen
Menschen entspräche. [...] Warum hat also diese furchterregende
Pandemie nicht auch die Wirtschaft ruiniert? Die Antwort ist
täuschend einfach: Die meisten Menschen kämpften sich damals
einfach durch, sei es aus Notwendigkeit oder freiem Willen.*

Walter Scheidel, »The Spanish Flu Didn't Wreck the Global Economy«,
28. Mai 2020

*Wenn die Epidemie sich ausbreitet, wird auch die Moral lockerer
werden. Wir werden die Mailänder Saturnalien am Rande der Gräber
wiedererleben, Männer und Frauen, die rings um die Gräber tanzen.*

Albert Camus, *Die Pest* (1948)

63

Der Lockdown, der die Weltwirtschaft zugrunde richtete.

Sobald das Virus sich in den Vereinigten Staaten ausgebreitet hatte, wurde der Wirtschaft ein Lockdown auferlegt. War dieser Lockdown notwendig, angesichts dessen, wie das Virus sich verhielt? Die kurze Antwort ist: Nein, das war er nicht.

Seuchenschutzmaßnahmen wie der Lockdown der US-Wirtschaft und das Ende von sozialen Kontakten, die stufenweise ab März 2020 eingeführt wurden, werden im historischen Rückblick als einer der großen Fehler der US-Geschichte betrachtet werden. Der Lockdown war unnötig und ineffektiv, und er basierte sowohl auf Täuschungsmanövern der Regierung als auch auf fragwürdigen wissenschaftlichen Erkenntnissen. Seine Kosten wurden nicht in Betracht gezogen. Bessere Alternativen wurden ignoriert. Er war meistenteils verfassungswidrig. Die US-Bürger wurden wie nicht sonderlich aufgeweckte Kinder behandelt. Der Lockdown stellte eine Herrschaft durch Technokraten dar, die außerhalb ihres Fachgebiets operierten und selbst innerhalb ihres eigenen Faches sich als nicht besonders sachkundig erwiesen. Und vor allem stellte er ein Führungsversagen von Politikern dar, die sich hinter diesen Technokraten verschanzten, anstatt ihren Wissenshorizont zu erweitern und das Land zu führen.

Bevor wir auf diese Schlussfolgerungen näher eingehen, sollte der Begriff »Lockdown« definiert werden. Es hat nie einen einheitlichen, landesweiten Lockdown gegeben. Aufgrund zahlreicher Gesetze hat US-Präsident Trump weitreichende Notstandsvollmachten, die zum großen Teil schon in den 1950er-Jahren eingeführt wurden, um der US-Regierung im Falle eines Atomkriegs die Arbeit zu erleichtern, doch er nutzte sie kaum.

Mit einer Reihe von Presidential Proclamations, die zwischen dem 31. Januar und dem 24. Mai 2020 bekannt gegeben wurden, verhängte Trump ein Einreiseverbot für Reisende aus China, den meisten europäischen Staaten sowie anderen Ländern.[1] Darüber hinaus forderte er am 16. März 2020 die US-Bürger auf, ihre Reisetätigkeit einzuschränken. In Pressekonferenzen und -briefings, die er im März und April 2020 fast jeden Tag abhielt, nutzte Trump seine exponierte Position, um offensichtliche Vorsichtsmaßnahmen wie soziale Distanzierung, häufiges Händewaschen und den Verzicht auf Begrüßungsrituale wie Händeschütteln zu empfehlen, wann immer die Umstände es erforderlich machten. Doch diese Empfehlungen waren keine Anordnungen; es gab keinen landesweiten Lockdown.

Stattdessen wurden nach und nach in diversen Bundesstaaten Lockdowns verhängt, mal früher, mal später, aufgrund der Anordnungen von Gouverneuren, Bürgermeistern und anderen Regierungsbeamten. In New York City wurden die Schulen am 15. März geschlossen. Kalifornien begann seinen Lockdown am 19. März. Für den Bundesstaat New York wurde der vollständige Lockdown am 22. März verhängt. Viele Bundesstaaten verhängten Ende März einen Lockdown. Georgia war einer der letzten Staaten, die einen Lockdown umsetzten, und zwar am 3. April. In South Dakota fand überhaupt kein Lockdown statt.

Keine zwei Lockdowns glichen sich. Manche Bundesstaaten gingen drakonisch vor, schlossen alle nicht unentbehrlichen Geschäfte, verhängten Ausgangssperren, schrieben für Personen, die aus dem Haus gehen mussten, Gesichtsmasken vor, schlossen Parks und Strände, verboten Zusammenkünfte von mehr als einigen wenigen Personen und legten weite Teile des öffentlichen Personennahverkehrs lahm. Andere Bundesstaaten führten nur einige dieser Vorschriften ein, aber keineswegs alle – bis hin zu South Dakota, wo ausschließlich Empfehlungen ausgesprochen wurden, keine Vorschriften.

Die Definitionen eines »unentbehrlichen« Geschäfts unterschieden sich erheblich. In New Hampshire wurden Waffenläden als unentbehrlich eingestuft, in New Jersey dagegen nicht. In Kalifornien war die Lockdown-Verordnung in Bezug auf Waffenläden nicht eindeutig, aber dennoch schlossen etliche Bürgermeister eigenverantwortlich die Waffenläden in ihrer Kommune. New Jersey und Kalifornien ruderten später zurück, als Schadensersatzklagen und Proteste empörter Bürger drohten. Landesweit schossen im April die mit Waffenverkäufen erzielten Umsätze in die Höhe.

In manchen Bundesstaaten waren die Lockdown-Vorschriften einfach nur absurd. Gretchen Whitmer, die Gouverneurin von Michigan, ließ den Verkauf von Teppichboden und Farben in Baumärkten verbieten[2] – niemand weiß, warum.

Manche Anordnungen waren tödlich. Am 25. März 2020 gab Andrew Cuomo, der Gouverneur des Bundesstaates New York, eine Anordnung für Betreiber eines »Nursing Home« (NH, Pflegeheim) bekannt, die lautete: »NHs müssen die Anordnung zur beschleunigten Aufnahme von Bewohnern, die aus einem Krankenhaus ins NH zurückkehren, befolgen. [...] Keinem Bewohner soll ausschließlich aufgrund einer bestätigten oder vermuteten Diagnose von Covid-19 die Aufnahme verweigert werden.«[3] Am 7. April 2020 gab Gouverneur Cuomo eine ähnliche Anordnung für »Adult Care Facilities« (ACF, Einrichtungen für betreutes Wohnen) bekannt: »Keinem Bewohner soll die Wiederaufnahme oder Aufnahme in die ACF ausschließlich aufgrund einer bestätigten oder vermuteten Diagnose von Covid-19 verweigert werden.«[4] Menschen, die in Pflegeheimen oder Einrichtungen für betreutes Wohnen leben, zählen zu denjenigen, die für Covid-19 am anfälligsten sind und die am wahrscheinlichsten sterben werden, falls sie sich anstecken. Das Virus breitet sich am leichtesten in dicht belegten Einrichtungen wie Pflegeheimen oder Einrichtungen für betreutes Wohnen aus, die Brutkästen für Tod und Krankheit sind. Die Alternative zu Cuomos Anordnung wäre gewesen, ein Notlazarett einzurichten, in dem Covid-19-Patienten unter Quarantäne hätten gestellt werden können, ohne sie ins Pflegeheim oder die Einrichtung für betreutes Wohnen zurückschicken zu müssen, wo sie andere anstecken konnten. In New York wurden über 4500 Covid-19-Patienten gemäß Cuomos Anordnung aus Krankenhäusern in Pflegeheime und

Einrichtungen für betreutes Wohnen zurückgeschickt. Während des Ausbruchs starben über 5800 Insassen solcher Heime und Einrichtungen in New York, mehr als in jedem anderen Bundesstaat. Daniel Arbeeny, dessen Vater an Covid-19 starb, nachdem er ihn aus einem Pflegeheim in Brooklyn herausgeholt hatte, nannte Cuomos Anordnung »die dümmste einzelne Entscheidung, die jemand treffen könnte, wenn er Menschenleben retten will«.[5]

So inkonsequent der Lockdown auch war, die darauf folgenden Lockerungen waren nicht weniger unkoordiniert. Die meisten Bundesstaaten kündigten zum 31. Mai 2020 gewisse Lockerungen an; andere entschieden sich, erst im Juni wieder Lockerungen zuzulassen. Viele der Bundesstaaten, die einen Plan zur Wiedereröffnung der Wirtschaft hatten, setzten ihn stufenweise um – Phase 1, Phase 2, Phase 3 –, sodass zum Beispiel Friseursalons zuerst wieder öffnen durften, dann gastronomische Betriebe und schließlich Strände und Parks. Oder auch nicht. Die definierten Phasen waren völlig unkoordiniert.

Diese Flickenteppich-Vorgehensweise, um zwecks Seuchenschutz die Wirtschaft herunterzufahren und dann wieder hoch, führt zum ersten Kritikpunkt: Sie ist unnötig und ineffektiv. Lockdowns funktionieren nicht.

Wenn ein Heimwerker in Michigan Wandfarbe braucht und sie nicht in seinem lokalen Baumarkt der Kette Home Depot (einem »unentbehrlichen« Geschäft) bekommt, fährt er einfach nach Ohio und besorgt sie sich dort. Wenn jemand in New Jersey eine Schusswaffe kaufen will und dort die Waffenläden geschlossen sind, fährt er einfach nach Pennsylvania. Dies ist kein Kommentar zu Wandfarben oder Schusswaffen, sondern nur eine Kritik an der Vorgehensweise zur Eindämmung der Pandemie. Lockdowns funktionieren nicht.

Wenn ein ansteckendes Virus früh genug entdeckt wird und nur einige wenige Infektionen in einer kleinen, klar abgegrenzten Region auftreten, kann eine extreme Quarantäne wirkungsvoll sein. Während der Spanischen Grippe von 1918 verhängte eine kleine

Militärbasis auf einer Insel eine totale Quarantäne, die von bewaffneten Wachleuten durchgesetzt wurde. Das hat funktioniert; die Basis blieb grippefrei. Doch die Vereinigten Staaten sind keine Insel und nicht klein, und wir haben nicht an jeder Straßenecke bewaffnete Wachleute. John M. Barry, der Autor von *The Great Influenza*, einem Buch über die Spanische Grippe, beschreibt das Problem so:

> Kein Medikament und keiner der damals entwickelten Impfstoffe konnte eine Grippeansteckung verhindern. Die von vielen Millionen Menschen getragenen Masken waren in der Form, wie sie konstruiert waren, unbrauchbar und konnten ebenfalls keine Grippeansteckung verhindern. Das Einzige, was das konnte, war, jeden Kontakt mit dem Virus zu vermeiden. [...]

> Orte, die sich selbst isolierten – etwa Gunnison, Colorado und ein paar Militärstützpunkte auf verschiedenen Inseln –, entgingen der Pandemie. Doch die in den meisten Städten verhängten Ausgangssperren konnten solche Kontakte nicht verhindern; sie waren nicht rigoros genug. Es brachte nichts, Saloons, Theater und Kirchen zu schließen, wenn viele Menschen nach wie vor mit der Straßenbahn fuhren, immer noch arbeiten und einkaufen gingen. [...] Das Virus war zu effizient, zu explosiv, zu gut in dem, was es tat. Am Ende hatte das Virus rings um die Welt seinen Willen durchgesetzt.[6]

Es gab reichlich Alternativen zum totalen Lockdown der Wirtschaft und des gesellschaftlichen Lebens, die hätten umgesetzt werden können. Social Distancing, Händewaschen und ordentliche Masken sind keinesfalls verkehrt (die meisten Masken funktionieren allerdings nicht für ihren erklärten Zweck, oder sie werden nicht richtig getragen; bestimmte Masken können funktionieren, um eine Verbreitung des Virus durch Personen zu verhindern, die bereits infiziert sind und Symptome wie Husten und Niesen zeigen). Freiwillige Selbstisolierung von

Menschen, die am anfälligsten oder exponiertesten sind, ist eine gute Idee. Schulschließungen erreichen wenig, da Kinder eine gute Resistenz gegen SARS-CoV-2 haben. Kinder stecken sich nicht bei anderen Kindern mit Covid-19 an, sondern bei Erwachsenen, und zu Hause begegnen sie mehr Erwachsenen als in der Schule.

Das bringt uns zu dem wahren Grund für den Lockdown und die Motivation für die Panikmache der Regierung. Der wichtigste Zweck des Lockdowns war nie, die Verbreitung des Virus zu stoppen; das ist ohne Standrecht und erzwungenen Hausarrest für die gesamte Bevölkerung unmöglich. Tatsächlich ist die Ausbreitung des Virus in mancherlei Hinsicht sogar wünschenswert, da die Sterblichkeit relativ niedrig und Herdenimmunität (eine große Anzahl Überlebender mit Antikörpern und Immunität) die beste Methode ist, um die Pandemie aufzuhalten, zumindest eine gewisse Zeit lang. Der Zweck des Lockdowns war in erster Linie, die »Kurve abzuflachen«, um es mit den Worten von Anthony Fauci auszudrücken, dem Direktor des National Institute of Allergy and Infectious Diseases.

Was bedeutet das? Der normale US-Bürger ist gescheiter, als die Eliten glauben. Dennoch wäre es zu viel verlangt, wenn man von dem typischen Zuschauer einer TV-Pressekonferenz von Fauci erwarten würde, sich mit Integralrechnung auszukennen. Den Amerikanern wurden zwei Verlaufskurven gezeigt. Die erste hatte eine steile Spitze, die eine große Zahl von Infektionen mit SARS-CoV-2 zeigte. Die zweite Kurve war »abgeflacht« und hatte an ihrem Maximum eine wesentlich geringere Zahl von Infektionen. Die Amerikaner bevorzugten instinktiv die niedrigere Zahl und ließen sich überzeugen, dass ein fast vollständiger Lockdown notwendig sei, um die Kurve abzuflachen und die Überlastung des Gesundheitssystems durch zu viele gleichzeitig auftretende Fälle zu verhindern.

Was eindeutig nicht erklärt wurde (außer in wissenschaftlichen Journalen), war, dass es über längere Zeit mit oder ohne Lockdown zu ähnlich vielen Infektions- und Todesfällen kommen würde. Solange kein Impfstoff zur Verfügung steht (was für die nähere Zukunft unwahrscheinlich ist), wird das Virus sich weiter ausbreiten. Die Kurve abzuflachen bedeutet lediglich, die Kurve zu strecken – die maximale Fallzahl ist niedriger, doch die Dauer ist länger. Die Gesamtzahlen der Infektions- und Todesfälle sind definiert als die jeweilige Gesamtfläche *unter* der Kurve, nicht durch die *Höhe* der Kurve zu einem bestimmten Zeitpunkt. Ein Lockdown, der die Kurve abflacht, reduziert tatsächlich die maximale Zahl der Patienten und somit die Belastung des Gesundheitssystems, doch auf lange Sicht wird er die Gesamtzahlen der Infektions- und Todesfälle nicht reduzieren. Tatsächlich kann ein Lockdown sogar zu einer höheren Gesamtzahl von Todesfällen führen, da er das Entstehen von Herdenimmunität verzögert, die, solange kein Impfstoff zur Verfügung steht, der einzige Faktor ist, der eine Immunisierung der Bevölkerung und dadurch eine reduzierte Ansteckungsgefahr bewirkt.

Der wahre Grund für die Bestrebungen, die maximale Belastung des Gesundheitssystems zu reduzieren, wird in der medizinischen Fachliteratur enthüllt. Michael Mina, beigeordneter medizinischer Direktor des Brigham and Women's Hospital in Boston, erklärt es so:

> Ich glaube, das ganze Konzept, die Kurve abzuflachen, dient dazu, die Entwicklung zu verlangsamen, damit wir nicht gegen eine Wand fahren. Es ist wirklich aus dem Risiko heraus entstanden, dass unser Gesundheitssystem aus allen Nähten platzt, wenn das Virus sich zu schnell ausbreitet und irgendwann zu viele Menschen in der Notaufnahme auftauchen.[7]

Es ist ein legitimes politisches Ziel, die maximale Belastung eines überlasteten Gesundheitssystems zu reduzieren, um zu verhindern, dass Infizierte sterben, weil sie nicht rechtzeitig medizinisch versorgt wurden. Aber es gab Möglichkeiten, dieses Ziel zu erreichen, ohne die US-Wirtschaft zugrunde zu richten. Die Lockdowns hätten zeitlich und örtlich auf die Regionen beschränkt werden können, wo das Risiko einer Überlastung am größten war. Es hätten zusätzliche Pflegekapazitäten bereitgestellt werden können, in Form von Lazarettschiffen und Notlazaretten (so, wie es in New York City und Los Angeles gemacht wurde). Zusätzliche Ärzte und Pflegekräfte hätten aus weniger gefährdeten Gebieten in Gegenden mit größerem Bedarf herangeholt werden können (was während der Spanischen Grippe von 1918 eine übliche Praxis war). Ein extremer landesweiter Lockdown war nicht erforderlich und nicht hilfreich.

Selbst wenn die Argumente für einen breiter angelegten Lockdown wegen der Gefahr einer Überlastung des Gesundheitssystems stärker waren als die Gegenargumente, warum wurden sie den amerikanischen Bürgern nicht deutlich erklärt? Experten und Politiker versteckten sich hinter ihren abgeflachten Verlaufskurven, ohne deutlich zu machen, dass es ihnen um Unterschiede im zeitlichen Verlauf ging, nicht um eine Reduzierung der Infektions- oder Todesfälle auf lange Sicht. Angst war ihre wirkungsvollste Waffe, und Vertrauen war das erste Opfer.

Während der Pandemie der Spanischen Grippe waren die damaligen Politiker und Beamten des Gesundheitswesens mit den gleichen Sachzwängen konfrontiert. John M. Barry hat das Problem gut erklärt:

Im Jahr 1918 herrschten Angst und Schrecken, entsetzliche Angst.

So grauenhaft die Krankheit selbst auch war – Staatsbedienstete und die Medien halfen, diese Panik noch zu schüren. Und zwar nicht etwa, indem sie die Krankheit übertrieben darstellten, sondern vielmehr, indem sie sie verharmlosten, um die Menschen zu beruhigen. [...] Wenn wir eine einzige herausragende Lehre aus der Pandemie von 1918 ziehen können, dann ist es die Erkenntnis, dass die Regierung in einer Krise die Wahrheit sagen muss. Die Technik der

Risikokommunikation fordert, die Wahrheit zu managen. Doch man managt die Wahrheit nicht, sondern man sagt die Wahrheit. [...]

Die Menschen konnten auf nichts und niemanden vertrauen, und daher wussten sie nichts. [...] Die Angst drohte die Gesellschaft zu zerstören, nicht die Krankheit. Victor Vaughan – ein vorsichtiger Mann, ein bedächtiger Mann, ein Mann, der keine Übertreibungen machte, um zu überzeugen – warnte, die Zivilisation hätte verschwinden können, wenn es nur noch ein paar Wochen so weitergegangen wäre.

Daraus folgt die abschließende Lektion der Pandemie von 1918 – sie ist einfach, aber extrem schwierig umzusetzen: Die Personen, die Machtpositionen bekleiden, müssen die Panik, die alle Menschen einer Gesellschaft voneinander entfremden kann, dämpfen. Eine Gesellschaft kann nicht funktionieren, wenn jeder nur sich selbst der Nächste ist. Das kann eine Zivilisation *per definitionem* nicht überleben.[8]

Ein weiteres Argument für den Lockdown ist, dass er Zeit kaufen würde, um einen Impfstoff zu entwickeln. Die Kosten eines Shutdowns der Wirtschaft würden ausgeglichen durch die Menschenleben, die gerettet würden, sobald ein Impfstoff für Massenimpfungen zur Verfügung stünde. Durch einen Impfstoff würde das Virus so gut wie unschädlich gemacht, die Pandemie beendet und eine relativ risikolose Wiedereröffnung sämtlicher Bereiche der Wirtschaft ermöglicht.

Es gibt nur ein Problem mit diesem Impfstoff-Argument: Einen Impfstoff wird es sehr wahrscheinlich nie geben. Jay Bhattacharya, Medizinprofessor an der Stanford University, hat das Problem prägnant auf den Punkt gebracht: »Es gibt keine Impfstoffe für Human-Coronaviren. [...] Wir haben keinen einzigen Impfstoff für irgendein Coronavirus.«[9] Bhattacharya betont eine Tatsache, die häufig in dem Wall-Street-Gerede und Hype über »Wunderwaffen« und

»Patentrezepte« untergeht: SARS-CoV-2 ist kein Grippevirus. Covid-19 ist keine Grippe. Wir haben es mit einem neuartigen Virus und einer rätselhaften Krankheit zu tun, die wir nicht verstehen.

Es ist richtig, dass viele Todesfälle durch Covid-19 letzten Endes auf eine Grippe oder Lungenentzündung zurückgehen. Ein neuer Impfstoff gegen eine dieser Krankheiten würde dazu beitragen, die Zahl der Todesfälle durch Covid-19 zu reduzieren. Jedes der neuen Medikamente, die entwickelt werden und Beschwerden lindern, die Atmung verbessern oder schwere Symptome behandeln können, kann wertvoll sein und helfen, die Krankheit unter Kontrolle zu bekommen. Hoffentlich werden diese Medikamente erwartungsgemäß wirken, doch sie sind keine Heilung. HIV/AIDS ist ein passender Vergleich. Es gibt Medikamente, die, wenn sie in Kombination eingenommen werden, die Nebenwirkungen von AIDS reduzieren, Symptome dämpfen und es den Betroffenen ermöglichen, ein langes und relativ normales Leben zu führen, wenn der Medikationsplan eingehalten wird. Das ist ein Segen, doch AIDS kann nicht geheilt werden.

Es gibt zahlreiche, finanziell gut ausgestattete Forschungsprojekte zur Entwicklung eines Heilmittels für Covid-19. Zwar locken enorme Profite, doch mittlerweile scheint das Hauptmotiv solcher Anstrengungen der ehrliche Wunsch zu sein, Menschenleben zu retten und die Pandemie zu beenden. Vielleicht wird Anfang 2021 ein Heilmittel zur Verfügung stehen, doch manche Virologen warnen, dass es wesentlich länger dauern könnte.[10] Diese Perspektive muss abgewogen werden gegen das bisherige Unvermögen der Wissenschaft, ein Heilmittel für ein Coronavirus zu entwickeln. Selbst ein wirksamer Impfstoff muss im Hinblick auf mögliche Mutationen des Virus beurteilt werden. Vielleicht wird die medizinische Wissenschaft einen Impfstoff entwickeln, der die Bildung von Antikörpern einer Variante des Virus anregt, nur um dann zu entdecken, dass das Virus zu einer tödlicheren Variante mutiert ist, gegen die diese Antikörper nichts ausrichten können. Die Forschungsarbeit sollte mit allen Mitteln fortgesetzt und unterstützt werden, doch Zeit für Forschung zu kaufen, war noch nie ein guter Grund, die Wirtschaft zugrunde zu richten.

Der vielleicht größte Fehler der Experten, die sich für den Lockdown starkmachten, war ihr totales Versagen, auch die Kosten in Betracht zu ziehen. Es wäre etwas anderes, wenn der Lockdown kostenlos wäre oder nur kleine Unannehmlichkeiten mit sich bringen würde; in diesem Fall hätten vielleicht selbst leichte Verbesserungen gegenüber der andernfalls zu erwartenden Entwicklung die Kosten rechtfertigen können. Aber Lockdowns sind nicht kostenlos.

Der Preis des Lockdowns waren die Vernichtung von mehr als 4 Billionen Dollar an Vermögenswerten und Produktionsausfälle im Wert von 2 Billionen Dollar. Vielleicht sind Epidemiologen und Virologen so isoliert in ihrem Elfenbeinturm der Wissenschaft, dass sie sich mit der realen Welt der Wirtschaft nicht auskennen. In diesem Fall hätten dann aber die führenden Politiker die Pflicht gehabt, Verantwortung zu übernehmen und unvereinbare Ziele gegeneinander abzuwägen. Die Mediziner haben meistenteils ihre Kompetenzen überschritten, und die Politiker haben sie nicht aufgehalten.

Abgesehen von wirtschaftlichen Erwägungen gibt es zahlreiche andere Kosten, die gegen einen Lockdown sprechen. Zum Beispiel der Verlust von Immunität. Während wir alle im Homeoffice arbeiten (soweit das möglich ist), um das Virus zu meiden, entziehen wir uns auch einer langen Liste anderer Viren und Bakterien, mit denen wir sonst täglich in Kontakt kommen. Solche Kontakte stärken unsere Immunabwehr. Dadurch, dass wir zu Hause bleiben, werden unsere Immunsysteme geschwächt; und wenn wir wieder vor die Tür treten, werden jene Viren und Bakterien uns erwarten. Viele von uns werden erkranken und sterben, weil wir unsere Immunität verloren haben.

Der Lockdown wurde verhängt, um Menschenleben vor Covid-19 zu retten. Das ist auf kurze Sicht möglich, doch auf lange Sicht zweifelhaft. Aber wie viele Menschen sind gestorben, um Leben zu retten? Während ich dies schreibe, sind in den Vereinigten Staaten bisher insgesamt über 125 000 Menschen an Covid-19 gestorben. Es wird erwartet, dass diese Zahl in den kommenden Monaten auf 700 000 steigen wird. Die meisten dieser Menschen wären mit oder ohne Lockdown gestorben. Laut den Statistiken der Centers for Disease Control (CDC) wurden durch den Lockdown selbst nur relativ wenige Menschenleben gerettet. Die neuesten Schätzungen der CDC zeigen eine Sterblichkeitsrate von 0,4 Prozent unter Menschen, die Symptome zeigen, und 35 Prozent asymptomatische Fälle unter Infizierten. Daraus ergibt sich insgesamt ein Infizierten-Verstorbenen-Anteil (kurz IFR für Infection Fatality Rate) von 0,26 Prozent; er liegt höher als bei der saisonalen Grippe, aber niedriger als bei den Pandemien von 1957, 1968 und 2009, bei denen keine Lockdowns verhängt wurden.[11]

Wie steht es um die gesellschaftlichen Kosten des Lockdowns?

Vom American Institute of Economic Research vorgelegte Ergebnisse zeigen, dass die Todesfallrate durch Opioid-Missbrauch jeweils um 3,6 Prozent steigt, wenn die US-Arbeitslosenquote um 1 Prozent zunimmt. Wenn wir eine konservative Schätzung von 20 Prozent Arbeitslosigkeit in den USA infolge des Lockdowns zugrunde legen, lässt das 28 797 zusätzliche Todesfälle durch Opioid-Missbrauch erwarten.[12] Laut Schätzungen über zusätzliche Todesfälle durch Missbrauch anderer Medikamente, Drogen und Alkohol sowie Suizid und häusliche Gewalt, die alle auf die schädlichen Folgen des Lockdowns zurückzuführen sind, ist zu erwarten, dass es als direkte Folge des Lockdowns zu insgesamt mindestens 50 000 Todesfällen aus allen Ursachen (Medikamente, Drogen, Alkohol, Suizid und häusliche Gewalt) kommen wird. Ärzte in Kalifornien haben diese Schätzungen anekdotisch bestätigt. Michael de Boisblanc vom John Muir Medical Center in Walnut Creek, Kalifornien, sagte dazu: »Die Zahlen sind beispiellos.« Allein in den vier Wochen vor dem 21. Mai 2020 hat er »so viele Suizide gesehen wie sonst in einem ganzen Jahr«.[13]

Doch die Kosten des Lockdowns gehen weit über die billionenschweren Vermögensverluste und die Zigtausenden Todesfälle hinaus. Viele Patienten sind durch Herzanfälle und Krebs gestorben, weil sie ihre lebensnotwendige medizinische Behandlung zurückstellten, weil sie befürchteten, sich im Krankenhaus mit Covid-19 zu infizieren. Durch Einsamkeit, Isolation und Verzweiflung kommt es zu schweren psychischen und körperlichen Beschwerden. Vor allem junge Menschen wurden auf ihrem Bildungsweg zurückgeworfen. Soziale Gemeinschaften wurden zugrunde gerichtet. Firmeninhaber wurden festgenommen, weil sie ihren Friseursalon oder ihr Fitnessstudio wieder öffnen wollten. Die von der Verfassung garantierten Rechte auf freie Religionsausübung, Leben und Freiheit wurden ohne rechtsstaatliche Verfahren entzogen. Kleinliche Bürokraten maßten sich diktatorische Macht über das Leben von Menschen an, auf Bundes-, Landes- und kommunaler Ebene. Und wofür das alles? Diese Vernichtung von Wohlstand, Entziehung von Rechten und Missachtung von sozialen Gemeinschaften wurde von Epidemiologen und Virologen unterstützt, die von Recht, Ökonomik und Soziologie nur wenig Ahnung haben und die ermächtigt wurden von panischen Politikern, die Angst davor hatten, Verantwortung zu übernehmen.

Selbst ein so simples Thema wie Gesichtsmasken führte zu heftigen Debatten unter Experten. Anthony Fauci, der Chef des National Institute of Allergy and Infectious Diseases, sagte am 16. Juni 2020 einem Reporter: »Masken bringen keinen 100-prozentigen Schutz, doch sie sind auf jeden Fall besser, als keine Maske zu tragen.«[14] Am 25. Juni 2020 sagte Tom Frieden, der ehemalige Chef der Centers for Disease Control, der *New York Times*: »Sie brauchen keine Maske zu tragen, wenn Sie unter freiem Himmel sind und nicht in der Nähe von anderen. Sie brauchen keine Maske zu tragen, wenn Sie in einer Gemeinde leben, in der niemand an Covid erkrankt ist.«[15] Eigentlich hatten beide Experten recht, mit gewissen Einschränkungen. Doch niemand konnte den Bürgern Vorwürfe machen, wenn sie verwirrt und misstrauisch waren, nachdem sie scheinbar widersprüchliche Aussagen von angeblichen »Experten« gehört hatten.

Lockdown-Befürworter haben versucht, Kritikern Paroli zu bieten, indem sie behaupteten, diese Kritiker wollten im Endeffekt Dollars gegen Menschenleben eintauschen. Einer der lautstärksten Vertreter dieser Auffassung ist der Ökonom und Nobelpreisträger Paul Krugman. In einer Kolumne mit dem Titel »How Many Will Die for the Dow?« (»Wie viele werden für den Dow-Jones-Index sterben?«) schrieb er: »Trump und seine Partei wollen mit Volldampf die Gesellschaft und die Wirtschaft wieder öffnen, ohne Rücksicht darauf, wie viele Menschen das töten wird. [...] De facto ist ihre Haltung, dass Amerikaner für den Dow Jones sterben müssen.«[16] Als Ökonom hat Krugman in den 1990er-Jahren brillante Arbeiten veröffentlicht; als Kolumnist liegt er mit so gut wie allem falsch, was er seither veröffentlicht hat.

Politische Entscheidungsträger gehen jeden Tag Kompromisse ein zwischen tödlichen Risiken und Sicherheit und Effizienz. Würde man das allgemeine Tempolimit auf 40 Meilen pro Stunde senken, würden dadurch Menschenleben gerettet, aber wir tun es nicht, weil es teuer und ineffizient wäre. Wenn Sie deswegen wirklich in Sorge sind, dürfen Sie nicht Auto fahren. Die in Fabriken geltenden Sicherheitsvorschriften dienen dem Schutz von Arbeitnehmern, doch Extreme werden vermieden, weil die Arbeit weitergehen muss. Arbeitnehmer werden geschult und über Sicherheitsrisiken informiert. Falls Ihnen diese Risiken zu hoch sind, steht es Ihnen frei, anderswo zu arbeiten. Der springende Punkt ist, dass ständig solche Kompromisse gemacht werden, sowohl auf politischer Ebene als auch in Form von persönlichen Entscheidungen. Krugmans doktrinärer Top-down-Ansatz ist typisch für die akademische Welt und wirft ein Schlaglicht auf die Tendenz der Bürokratie zu totalitären Lösungen. Die Wirtschaft wieder zu öffnen, wird manch ein Menschenleben kosten, aber andere retten. Jeder Bürger hat die Freiheit, zu Hause zu bleiben, und einige sollten das auch tun. Das ist es, was »Freiheit« bedeutet.

Und schließlich stellt sich die Frage, was als wissenschaftliche Grundlage für den Lockdown angeführt wurde. Wer hat den Lockdown-Plan konzipiert, der so gewaltige Kosten verursachte und so wenig offensichtlichen Nutzen brachte?

Die CDC haben schon im November 2006 einen Plan veröffentlicht für das, was später der Lockdown wurde.[17] Einer der Co-Autoren dieses Artikels war Robert J. Glass, ein Komplexitätsanalyst an den Sandia National Laboratories ohne Fachwissen in Immunologie oder Epidemiologie. Ein anderer Co-Autor des Papiers war ein 14-jähriger Schüler, der damals eine staatliche Highschool besuchte und als Projekt im Unterricht ein Modell eines komplexen Systems gebaut hatte. Die Autoren würdigten Beiträge von Neil Ferguson, einem Krankheitsmodellierer am Imperial College London, der von einem Posten in der britischen Regierung zurückgetreten war, nachdem er eine »Fehleinschätzung« eingeräumt hatte, und dessen Modelle für soziale Distanzierung bei Pandemien weithin diskreditiert worden waren.[18] Das CDC-Papier wurde dann zur Grundlage einer 109-seitigen Lockdown-Projektstudie, die im Februar 2007 veröffentlicht wurde.[19] Das CDC-Papier von 2006 und die Projektstudie von 2007 waren die Antwort auf eine Anfrage von Präsident George W. Bush, der nach dem Vogelgrippe-Ausbruch 2006 einen Aktionsplan angefordert hatte. Während dieses Vogelgrippe-Ausbruchs hatte Bush eine ausführliche Geschichte der Spanische-Grippe-Pandemie von 1918 gelesen und wollte dafür sorgen, dass die Regierung vorbereitet sein würde, falls es wieder zu einer Pandemie kommen sollte.[20] Der Bush-Plan wurde 2017 von den CDC aktualisiert, nachdem er auf Initiative der Obama-Administration fünf Jahre lang überarbeitet worden war.[21] Schließlich nutzte die Trump-Administration diesen Plan, um 2020 den Lockdown während der Covid-19-Pandemie umzusetzen. Was die CDC dem Land anboten, war eine Rückkehr ins Mittelalter.

Die Ursünde in diesem gesamten politischen Vorgang ist, dass Robert J. Glass nun mal kein Experte für Krankheiten war. Er kannte sich mit komplexitätstheoretischen Modellen aus, in denen »autonome Akteure« (die in Form von Computerprogrammen implementiert wurden) über programmierte Reaktionsfunktionen auf programmierte Zustandsänderungen miteinander interagierten. Ich habe selbst am Los Alamos National Laboratory solche Modelle entwickelt, unweit von Glass' Wirkungsstätte, den Sandia National Laboratories. Sie sind nützlich für Simulationen und bestimmte Arten von Prognosen, haben aber gravierende Einschränkungen – unter anderem durch den Umstand, dass sie in einer Blackbox ohne echte Menschen laufen und nicht besonders gut darin sind, alternative Szenarien und exogene Opportunitätskosten zu beurteilen. Die Ergebnisse von Glass' Modell waren unbrauchbar, weil die Grundannahmen, auf denen das Modell basierte, unflexibel waren und menschliches Verhalten ignorierten. Echte Menschen neigen dazu, sich gegen Regierungsdiktate aufzulehnen und ihre sozialen Interaktionen auf allen verfügbaren Ebenen fortzusetzen. Glass ignorierte diese Einschränkungen und entwickelte Lockdown-Modelle mit einem starren, unrealistischen Satz von Grundannahmen. Und die CDC erledigten den Rest.

In dem Artikel, der Projektstudie und dem Update finden sich Überschriften wie »Behavioral Rules« (»Verhaltensregeln«) und »Community Mitigation Interventions« (sinngemäß: »Kommunale Seuchenschutzinterventionen«). Die Checklisten der endgültigen, 2017 veröffentlichten Version des Plans enthalten Empfehlungen wie »vorübergehende Schulschließungen [...] Modifikation, Verschiebung oder Streichung von großen öffentlichen Ereignissen« und »räumlichen Abstand zwischen Menschen herstellen«.[22] Das gesamte Lockdown-Szenario basierte auf Vorgaben, die von den Regierungen unter Bush, Obama und Trump ausgearbeitet worden waren, auf der Grundlage eines Papiers, das ein Wissenschaftler produziert hatte, der keine Ahnung hatte von Krankheiten, Verhaltenspsychologie oder Ökonomik. Es war ein Amoklauf der Bürokratie. Und es wurde zu unserer Realität, kostete Menschenleben und vernichtete mehrere Billionen Dollar an Vermögenswerten.

Von Anfang an gab es Experten, die genau davor warnten. Der entschiedenste Kritiker des bürokratischen Lockdown-Plans war D. A. Henderson, ein Distinguished Scholar am Pittsburgh Medical Center. Er hat 2006 mit einigen Kollegen einen Artikel verfasst, der die Arbeit von Glass und die CDC-Richtlinien widerlegt.[23] In diesem Artikel heißt es:

> Historisch gesehen war es so gut wie unmöglich zu verhindern, dass die Grippe in ein Land oder eine politische Zone importiert wird, und es gibt kaum Belege dafür, dass irgendeine bestimmte Seuchenschutzmaßnahme die Ausbreitung der Grippe deutlich verlangsamt hätte. [...] Die negativen Folgen einer großflächigen Quarantäne sind so extrem (erzwungene Zusammenlegung von kranken Menschen mit Gesunden; vollständige Einschränkung der Bewegungsfreiheit großer Bevölkerungsgruppen [...]), dass diese Maßnahmen nicht ernsthaft in Betracht gezogen werden sollten. [...] Reisebeschränkungen wie die Schließung von Flughäfen [...] haben sich historisch als wirkungslos erwiesen [...] und werden wahrscheinlich in der modernen Ära noch weniger Wirkung zeigen.

Während Nicht-Epidemiologen und Bürokraten mit Vollgas auf den Lockdown zusteuerten, warnten ernst zu nehmende Virologen und Epidemiologen, dass ein Lockdown nicht funktionieren würde. Sie hatten recht. Henderson und seine Co-Autoren sprachen sich für offenkundig nützliche Maßnahmen wie Selbstisolierung, Händewaschen, Schutzausrüstung und Atemhygiene aus. Sie warnten vor extremen Maßnahmen wie einem landesweiten Lockdown. Ihre Schlussfolgerungen wurden von den CDC und Präsident Trumps Coronavirus-Taskforce ignoriert. Die US-Bürger zahlten den Preis dafür.

Die beste Erklärung der Dynamiken, die sich während eines Lockdowns entfalten, hat die britische Schriftstellerin Laura Spinney in ihrem Buch *Pale Rider: The Spanish Flu of 1918 and How It Changed the World* (*deutsche Ausgabe: 1918 – Die Welt im Fieber: Wie die Spanische Grippe die Gesellschaft veränderte*) geliefert.[24] Darin sagt Spinney keineswegs, dass Lockdowns nicht funktionieren *können*, sondern lediglich, dass sie *de facto* nicht funktionieren, weil die Bürger Zwangsmaßnahmen ablehnen und misstrauisch sind. Spinney schreibt:

> Bei einer künftigen Grippepandemie werden die Behörden Eindämmungsmaßnahmen wie Quarantäne, Schulschließungen und Verbote von Massenversammlungen verhängen. Da dies zum Besten für alle sein wird, stellt sich die Frage, wie man die Bevölkerung zur Mitwirkung motivieren könnte. [...] Die Erfahrung hat gezeigt, dass Vorschriften wenig Akzeptanz finden und freiwillige Maßnahmen zur Gesundheitsvorsorge dann am effektivsten sind, wenn individuelle Entscheidungen respektiert und Polizeigewalt vermieden werden. [...] Basierend auf den Zahlen von 2016 bedeutet dies, dass über drei Millionen Amerikaner sterben müssten, bevor die CDC solche Maßnahmen empfehlen würden – und das zeigt, für wie kontraproduktiv diese Organisation sämtliche Zwangsmaßnahmen hält.

> Wenn Seucheneindämmung aber am besten auf freiwilliger Basis funktioniert, muss man die Menschen über die Art der Krankheit und die mit ihr verbundenen Risiken informieren. [...] Es hat keinen Sinn, Zensur auszuüben und die Gefahr herunterzuspielen, das funktioniert nicht; was aber funktioniert, ist objektive Information zu einem frühen Zeitpunkt. [...] Vertrauen wächst jedoch nicht in aller Eile. Ist es angesichts einer bevorstehenden Pandemie nicht schon vorhanden, kann auch die beste Informationspolitik nicht verhindern, dass die Bevölkerung sich den Empfehlungen verweigert.

Das schrieb Spinney schon 2017, also vor Covid-19. Es basierte auf den Lektionen der Pandemie von 1918. Spinney empfiehlt Freiwilligkeit, persönliche Entscheidungsfreiheit und den Verzicht auf Polizeigewalt. Sie betont, dass es vor allem auf Ehrlichkeit und Vertrauen ankomme. Dagegen wurden 2020 in den Vereinigten Staaten Zwangsmaßnahmen verhängt, keine freiwillig zu befolgenden Regeln. Die Polizei setzte auf brutale Verhaftungen und Straßensperren. In den offiziellen Verlautbarungen der Regierung wurden die Sorgen der Bürger heruntergespielt und die Gefahren ignoriert. Schon am Anfang der Pandemie hatten die Bürger wenig Vertrauen, und am Ende war es ganz verloren gegangen. Bei ihren Aktionen ignorierte die Regierung die Lektionen der Geschichte und missachtete den gesunden Menschenverstand. Das Scheitern des Lockdowns war zu erwarten.

Hat der Lockdown am Ende Menschenleben gerettet? Ja, das hat er. Wahrscheinlich hat er mehr Leben gekostet als gerettet, aber er hat Leben gerettet. Wäre Standrecht ausgerufen worden, hätten wahrscheinlich noch mehr Leben gerettet werden können, zumindest auf kurze Sicht. Und es hätte das Land zerstört.

Doch die Zahl der geretteten Menschenleben ist nicht das einzige Erfolgskriterium. Auch mit wesentlich weniger repressiven Maßnahmen hätten Menschenleben gerettet werden können. Der Lockdown-Plan der Regierung ließ keinen Raum für freiwilliges Handeln und gesunden Menschenverstand. Er ließ exogene Kosten wie Todesfälle aus Verzweiflung, geschwächte Immunitäten und etliche Billionen Dollar an verlorenem Wohlstand und Produktionsausfällen außer Acht, die für lebensrettende Zwecke hätten eingesetzt werden können. Der Lockdown war unnötig und ineffektiv. Er war das ultimative Scheitern elitärer Technokraten. Es gab Alternativen. Der Lockdown war ein epochaler Fehler.

Im folgenden Kapitel gehen wir näher auf die Folgen für die Wirtschaft ein.

KAPITEL DREI

DIE NEUE GROSSE DEPRESSION

Schon wenige Monate nach Einsetzen dieses tragischen Covid-19-Schocks werden Befürchtungen laut, dass wieder einmal die Wall Street davon profitiert, während die Main Street leidet. [...] Wenn die aktuellen Börsenkurse nicht durch einen deutlichen Wirtschaftsaufschwung bestätigt werden, wird das langfristige Wohlergehen nicht nur der Wirtschaft und der Märkte, sondern auch der Institutionen und der gesamten Gesellschaft gefährdet sein.

Mohamed A. El-Erian, *Foreign Policy*, 29. Mai 2020[1]

Börsencrashs sind typischerweise mit einem markanten Datum verknüpft, an dem künftige Generationen das Ereignis festmachen. Der »Black Friday« vom 24. September 1869 ist der Tag, an dem ein »Corner« (ein planmäßig herbeigeführter Kursanstieg) im Goldmarkt, den Jay Gould und Big Jim Fisk versucht hatten, kollabierte. Am 28. Oktober 1929, dem »Black Monday«, stürzte der Dow Jones Industrial Average innerhalb eines Tages um 12,82 Prozent ab, was die erste *Great Depression* auslöste, die Weltwirtschaftskrise. Am Tag danach fiel der Dow Jones um weitere 11,73 Prozent, verlor also in zwei Tagen über 24 Prozent. Ein weiterer »Black Monday« kam am 19. Oktober 1987, als der Dow Jones an einem einzigen Tag um 22,6 Prozent fiel, der größte Tagesverlust der Geschichte. Die meisten heute lebenden Menschen können sich an den 15. September 2008 erinnern, den Tag, als Lehman Brothers pleiteging – der größte Bankrott der US-Geschichte. Die Aktienmärkte reagierten an diesem Tag verhalten; der Dow Jones fiel um 4,5 Prozent. Doch das war nur der Anfang einer Kettenreaktion von Kursverlusten, die den Dow Jones um weitere 39 Prozent hinabrissen, bis er am 6. März 2009 die Talsohle erreicht hatte. Diese Crashs waren markant, doch sie passierten nicht aus heiterem Himmel. Bevor der Goldmarkt-Corner von 1869 kollabierte, war der Goldpreis in die Höhe geschossen, während der Corner vorangetrieben wurde und Wirkung zeigte. Bevor die Aktienkurse am »Black Monday« vom 28. Oktober 1929 abstürzten, hatten die Märkte am 24. Oktober, dem sogenannten »Black Thursday«, am Anfang des Handelstages 11 Prozent verloren, sich dann jedoch wieder erholt, sodass der Tag mit einem Verlust von etwa 2 Prozent endete. Desgleichen waren die Aktienkurse schon lange vor dem Lehman-Debakel gefallen, während die Märkte zwischen März und Juli 2008 die Pleiteserie von Bear Stearns, Fannie Mae und Freddie Mac verdauten. Vor jedem Crash gab es Warnsignale, die aber zumeist ignoriert wurden.

Die neue Große Depression begann am 24. Februar 2020. Dies ist der Tag, an dem die Märkte heftig einbrachen und dann immer weiter fielen, bis sie am 23. März 2020 die Talsohle erreicht hatten. Damit war ein steiler Sinkflug des Dow Jones Industrial Average um 36 Prozent abgeschlossen. Der 24. Februar war nicht das Allzeithoch; das war schon ein paar Tage früher erreicht worden. Und der Abstieg auf das Tief vom 23. März war keine gerade Linie; auf dem Weg nach unten waren immer wieder einzelne Tage mit Gewinnen zu verzeichnen.

Was den neuen »Black Monday« am 24. Februar von den normalen, alltäglichen Kursschwankungen unterscheidet, war der Schock, der von Meldungen über die globale Pandemie ausgelöst wurde.

Dieser Schock ging nicht von China aus, das war schon Schnee von gestern – der Schock kam aus Italien. Dort schoss die Anzahl der gemeldeten Covid-19-Fälle steil nach oben, von fast null auf 17 neue Fälle am 21. Februar, 42 am 22. Februar und 93 am 23. Februar.

Am Abend des 23. Februar, einem Sonntag, twitterte ich eine Sturmwarnung:

> Auf die Wall Street kommt ein Tag der Abrechnung zu, wegen des Coronavirus. Niemand hält die Daten aus China für glaubwürdig. Trotzdem wurden die Märkte durch positive Trends in genau diesen Daten ermutigt. Was ist denn nun richtig? Zugleich zeigen glaubwürdige Zahlen aus Südkorea, Japan, Iran und Italien, dass das Virus außer Kontrolle ist.

Als die Märkte am 24. Februar öffneten, hatten die Trader gesehen, dass die italienischen Fallzahlen sich innerhalb eines Tages verdreifacht und am nächsten Tag mehr als verdoppelt hatten. Es war nicht die absolute Zahl der Fälle, die den Tradern Angst machte; die war relativ klein. Es war das exponentielle Wachstum. Dieses Wachstum war ein sicheres Kennzeichen einer Pandemie, die bereits außer Kontrolle geraten war und rapide weiter um sich greifen würde. Noch beunruhigender war jedoch die Tatsache, dass die Krankheit zweifellos von China nach Italien übergesprungen war. Das bedeutete, dass sie an jeden Ort der Welt kommen konnte und wahrscheinlich schon gekommen war. Es ist eine Sache, wenn man glaubt, dass China ein Problem hat, das hoffentlich eingedämmt werden kann; doch es ist eine ganz andere Sache, wenn man erkennt, dass das Virus sich ungehemmt ausbreitet und die entwickelte Welt bedroht. Das ist es, was sich verändert hatte, bevor die Börsen am 24. Februar öffneten. Dies ist der Tag, an dem die neue Große Depression begann. Die neue Große Depression ist eine Geschichte von Zahlen, von verlorenem Wohlstand und Produktionsausfällen. Noch wichtiger ist jedoch, dass sie auch eine Geschichte von Menschen ist, die ihren Arbeitsplatz verloren haben, ihren kleinen Betrieb oder ihre Träume. Und schließlich ist sie eine Geschichte von der Zukunft, dem Weg, den die Wirtschaft von hier aus gehen wird. Um diese drei Aspekte geht es in den folgenden Abschnitten.

DER CRASH

Am Montag, 24. Februar 2020, fiel der Aktienmarkt um 3,6 Prozent. Im Vergleich zu den finsteren Tagen, die darauf folgten, war das nur ein kleiner Rücksetzer, er zählte nicht einmal zu den 20 größten Tagesverlusten der Geschichte des Dow Jones. Aber er war in anderer Hinsicht bedrohlich – er signalisierte einen plötzlichen Stimmungsumschwung unter den Marktteilnehmern. Vor dem 24. Februar hatten sich Auf- und Abwärtstage abgewechselt, und die Marktindizes lagen nur knapp unter ihren Allzeithochs. Die Märkte hatten gelernt, mit der »Wuhan-Grippe« zu leben, und neigten dazu, sie für ein Problem Chinas zu halten, das bald unter Kontrolle gebracht sein würde. Der 24. Februar war der Tag, an dem die Marktteilnehmer aufwachten, die ganze Tragweite der globalen Pandemie erkannten und begannen, die Kurse an die neue, realistischere Perspektive anzupassen. Aktienmärkte stehen in dem Ruf, vorauszuschauen und zu erwartende Ereignisse schon vorher in die Kurse einzupreisen. Darin liegt ein Körnchen Wahrheit, doch es bedeutet keineswegs, dass die Märkte immer klar erkennen, was kommt – nur allzu oft orientieren sie sich an einer Sicht der Ereignisse, die völlig unrealistisch ist. Wenn das passiert, bauen sich Spannungen auf zwischen der Realität und den Erwartungen der Märkte. Letztlich setzt sich immer die Realität durch, doch das kann dauern. Von Ende Januar bis zum 21. Februar dominierte eine positive Sicht auf China und Covid-19. Es schien so, als würde die Zahl der Fälle immer langsamer steigen und das Virus eingedämmt sein. An dem Wochenende vom 21./22. Februar bewirkten die italienischen Zahlen einen plötzlichen Realitätscheck gegenüber der chinesischen Schimäre. Am Montag, dem 24. Februar, war der Bann gebrochen, und die Märkte landeten unsanft auf dem harten Boden der Realität einer globalen viralen Krise.

Von da an ging es unaufhaltsam bergab. Am 9. März 2020 fiel der Aktienmarkt um 7,79 Prozent (2013 Punkte im Dow-Jones-Index), am 12. März um 9,99 Prozent (2352 Punkte), am 16. März um 12,93 Prozent (2997 Punkte). Alle drei Abstürze zählten zu den 20 größten Tagesverlusten in der Geschichte der Aktienmärkte. Der Verlust am 16. März war der zweitgrößte Einbruch an einem Handelstag, größer als an beiden Tagen, welche die erste Große Depression eingeläutet hatten, und größer als jeder andere Tagesverlust, außer dem freien Fall am 19. Oktober 1987. Handelsstopps, sogenannte »Circuit Breaker« (Volatilitätsunterbrechungen), die als Antwort auf den Crash von 1987 eingeführt worden waren, wurden mehrfach ausgelöst. Wenn man die Tagesverluste in Punkten ausdrückt statt in prozentualen Veränderungen, fanden acht der zehn größten Tagesverluste im Februar oder März 2020 statt. Der gesamte Rückgang vom Dow-Jones-Allzeithoch mit 29 550 Punkten am 12. Februar bis zu dem Zwischentief von 18 591 Punkten am 23. März war ein Absturz um 37 Prozent. Das war ein historischer Crash. Der längste Bullenmarkt der Börsengeschichte war tot.

Die Wall-Street-Claqueure aus den Wirtschaftsmedien wiesen eilig darauf hin, dass dieser Crash um 37 Prozent weit in den Schatten gestellt wurde von der Talfahrt des Dow Jones um 89,2 Prozent während der Großen Depression. Diese Aussage ignoriert jedoch die Tatsache, dass dieser Rückgang um 89,2 Prozent vier Jahre dauerte (von 1929 bis 1932). Im Jahr 1929 fiel der Dow Jones um 17,2 Prozent, 1930 um 33,8 Prozent, 1931 um 52,7 Prozent und 1932 um 22,6 Prozent. Der COVID-Crash um 37 Prozent dauerte nicht vier Jahre, sondern kaum sechs Wochen. Und dann war noch nicht einmal klar, ob es nicht noch schlimmer kommen würde.

Von Ende März bis Anfang Juni legten die Aktienmärkte eine beeindruckende Rallye hin und holten über die Hälfte der Verluste wieder auf. Das wurde von der Wall-Street-Clique als Signal hinaustrompetet, das Schlimmste sei überstanden, die Wirtschaft würde rasch wieder hochfahren und ein solider v-förmiger Aufschwung (schnell runter, schnell wieder rauf) sei im Gange. Doch die Historie erzählt etwas anderes.

Auf dem Abstieg zu einem Verlust von 89,2 Prozent zwischen 1929 und 1932 legte der Dow Jones mehrere beeindruckende Rallyes hin, die jedes Mal an der Wall Street die Hoffnung weckten, das Schlimmste sei überstanden. Vom 17. November 1929 bis 20. April 1930 legten die Aktienmärkte um 28,6 Prozent zu. Vom 22. Juni bis 7. September 1930 stiegen die Kurse um 13,2 Prozent. Vom 18. Januar bis 22. Februar 1932 fand an den Aktienmärkten abermals eine Rallye statt, dieses Mal um 17,5 Prozent. Und schließlich stiegen die Aktienkurse zwischen 31. Mai und 28. Juni 1931 um 22,2 Prozent. Diese zweistelligen Zugewinne fanden inmitten des größten Kursrückgangs der Geschichte statt. Der Börsenticker erzählt die Story. Als die Rallye von 1929 begann, stand der Dow Jones bei 228 Punkten. Die Rallye von 1930 kam bei 215 Punkten aus den Startlöchern. Die Rallye ab Januar 1932 begann bei einem Dow Jones von 163 Punkten. Die Rallye ab Mai 1931 fing bei 128 Punkten an. Diese Zwischenrallyes (und ein paar kleinere) fanden während eines langsamen, unaufhaltsamen Abstiegs des Dow Jones statt, von 380 abwärts, bis im Juli 1932 bei einem Punktestand von 42 die Talsohle erreicht war. Es ist ja nicht so, dass es keine Rallyes gäbe. Es ist ja nicht so, dass Investoren keine Gewinne machen würden. Es ist allerdings so, dass Rallyes nichts über den Langzeittrend aussagen, der von Kräften getrieben wird, die stärker sind als Momentum und Wunschdenken.

Diese sogenannten Bärenmarkt-Rallyes während der ersten Großen Depression können sowohl durch technische Faktoren erklärt werden (in manchen Phasen stürzten die Märkte so schnell und tief ab, dass die meisten Trader eine Rallye für angebracht hielten) als auch durch fundamentale Faktoren (hin und wieder kam es durch Herbert Hoovers Konjunkturpaket zu guten Nachrichten, die steigende Aktienkurse rechtfertigten), obwohl die Lage insgesamt katastrophal blieb. Die Börsenrallyes im 21. Jahrhundert, die inmitten eines Hypothekenmarkt-Crashs (2007/2008), eines quälend langsamen Aufschwungs (2009 bis 2019) und einer Pandemie (2020) stattfanden, hatten andere Gründe. Hier waren inflationierte Anlagewerte, vor allem bei Aktien, eher das Ergebnis von passiven Anlagestrategien, Indexierung, Exchange Traded Funds (ETFs, »börsengehandelte Fonds«, eine Art Mini-Index), Aktienrückkäufen (einer kaum kaschierten, durch CEO-Optionspakete und technische Steuervorteile bewerkstelligten Liquidation der US-amerikanischen Konzernlandschaft), Robotradern, die auf »Buy the dips« (»Kauf bei Rücksetzern«) programmiert waren, und vor allem von frisch gedrucktem Zentralbankgeld der Federal Reserve und einer großzügig angewendeten »Too big to fail«-Mentalität, die fallende Märkte einfach nicht zuließ. In einem solchen Umfeld ist Anlegern kaum ein Vorwurf zu machen, wenn sie Kursgewinne mitnehmen.

Diese Finessen des 21. Jahrhunderts sind nicht nachhaltig. Passiven Anlagestrategien und Indexierung wird die Luft ausgehen, wenn es keine aktiven Investoren mehr gibt, die den Preisfindungsmechanismus in Gang halten. Aktienrückkäufe werden enden, wenn Leverage (Fremdkapital) nicht mehr zur Verfügung steht und der Umsatz von Konzernen sinkt. Roboter werden die einzigen Käufer sein, wenn menschliche Käufer sich kurz vor einem Absturz zurückziehen; die Programmierer können sich andere Beschäftigungen suchen. Die Fed wird feststellen, dass frisch gedrucktes Geld die Wirtschaft nicht ankurbelt, wenn die Umlaufgeschwindigkeit des Geldes aus psychischen Gründen abstürzt, die von der Fed kaum verstanden werden. Das Spiel ist zu Ende. Das Einzige, was bleibt, sind die mächtigeren Kräfte der Pandemie, Arbeitslosigkeit und Zukunftsangst.

Die Verlaufskurve des Börsenindex S&P 500 reflektiert diese Fakten. Am 19. Februar 2020 erreichte dieser Index mit 3386 Punkten ein Allzeithoch. Dann begann er zu fallen, als Reaktion auf die immer weiter um sich greifende Covid-19-Pandemie. Am 4. März ging er (nach einer leichten Erholung) wieder auf Talfahrt, als Antwort auf explosionsartig gestiegene Fallzahlen und rapide steigende Arbeitslosigkeit. Am 23. März erreichte der Index mit 2237 Punkten die Talsohle, 33 Prozent unter seinem Allzeithoch, und legte dann eine beeindruckende Rallye hin, auf fast 3200 Punkte am 5. Juni, ein Aufstieg um 43 Prozent seit dem Tief.

Der S&P 500 ist ein kapitalgewichteter Index, was bedeutet, dass die Aktienkurse von Unternehmen mit einer höheren Marktkapitalisierung einen entsprechend höheren Einfluss auf die Kursentwicklung des Index insgesamt haben. Die Unternehmen mit der höchsten Marktkapitalisierung sind die bekannten Technologieriesen – Amazon, Apple, Microsoft, Netflix, Facebook und Alphabet (besser bekannt als Google). Eine Gemeinsamkeit dieser Konzerne ist, dass sie kaum auf physische Einzelhandelsflächen angewiesen sind. Apple betreibt zwar Stores, das sind aber eher Showrooms und Beratungsboutiquen denn Verkaufsstellen. Amazon hat die Supermarktkette Whole Foods Market übernommen, doch dabei geht es hauptsächlich um die Lieferung von Bestellungen, die über das Amazon-Portal aufgegeben werden. Davon abgesehen sind diese Konzerne in erster Linie Online-Unternehmen mit digitalen Angeboten wie Software, Streaming- und Suchdiensten, Werbung und Ähnlichem mehr. In Anbetracht der Dominanz dieser Konzerne nach Marktkapitalisierung wäre es realistischer, statt S&P 500 »S&P 6« zu sagen.

Ein ähnliches Muster zeichnet sich in der Liste der 30 Unternehmen ab, die in dem Börsenindex Dow Jones Industrial Average enthalten sind. Hier ergibt sich die Rangfolge nicht aus der Markt-kapitalisierung, sondern wird mithilfe einer komplizierten, urhe-berrechtlich geschützten Formel berechnet. Aber auch diese Liste enthält Technologiekonzerne wie Apple, Cisco, IBM, Intel und Microsoft. Des Weiteren erfasst der Index Telekommunikations- und Medienunternehmen, etwa Verizon und Disney, und Finanz-konzerne wie American Express, Goldman Sachs, JPMorgan Chase, Travelers und Visa. Zusammengenommen machen diese Konzerne etwa 40 Prozent des Dow-Jones-Index aus. Zwar machte die Pan-demie allen Firmen zu schaffen, doch Technologie-, Telekommu-nikations-, Medien- und Finanzkonzerne wurden weit weniger in Mitleidenschaft gezogen als Industriebetriebe, Transport- und Ein-zelhandelsunternehmen. Auch der NASDAQ Composite erfasst hauptsächlich Technologiekonzerne. Kurzum, unsere wichtigsten Aktienindizes sind abgekoppelt von der Realwirtschaft und relativ wenig betroffen von den 45 Millionen zusätzlichen Arbeitslosen auf dem US-Arbeitsmarkt und den vielen kleinen und mittleren Unter-nehmen, die kurz vor dem Konkurs stehen oder ihn tatsächlich an-melden mussten.

Aktien werden heute kaum noch von Menschen gehandelt, son-dern fast ausnahmslos von Robotern. Diese Robotrader sind darauf trainiert, Schlagzeilen zu lesen, Befehle auszuführen und möglichst schnell zu handeln. Fundamentaldaten spielen keine Rolle mehr (zu-mindest auf kurze Sicht). Wenn der Algorithmus dem Roboter be-fiehlt, er solle »aufgrund staatlicher Anreize den Index kaufen«, dann wird der Roboter jedes Mal, wenn Fed-Chef Jay Powell sich öffentlich äußert, den Index kaufen. Wenn der Algorithmus dem Roboter sagt, er solle »aufgrund von höherem Deficit-Spending den Index kaufen«, wird er jedes Mal, wenn Mitch McConnell und Nancy Pelosi sich die Hand geben (beziehungsweise die Ellenbogen touchieren), den In-dex kaufen. Roboter denken nicht, sie analysieren nicht und schauen nicht voraus; sie führen einfach nur Befehle aus.

Doch über kurz oder lang meldet sich die Realität zu Wort. Eine Pleitewelle ist selbst für Roboter ein Alarmsignal. Vielleicht kennen die Amerikaner sich nicht mit den Dynamiken einer zweiten Infektionswelle aus, doch sie wissen, was eine Pleite ist. Vielleicht sind Sie davon selbst betroffen – falls Ihr Arbeitgeber zahlungsunfähig wird oder seine Aktie auf null abstürzt, wissen Sie nur allzu gut, was das bedeutet. Viele Amerikaner, die selbst noch nicht betroffen waren, sorgten sich, dass ihre Firma als nächste dran sein könnte. Vielleicht würden sie im nächsten Monat ihren Job verlieren, oder ihr Aktien-Portfolio würde implodieren, wenn einzelne Positionen wertlos werden.

Eine wirtschaftliche Depression ist mehr als Statistiken. Eine Depression ist die nicht kalkulierbare Summe aus individuellen Traumata durch den Verlust von Arbeitsplätzen und den Sorgen, die Miete nicht mehr zahlen, die Familie nicht mehr ernähren, Arztrechnungen und Medikamente nicht mehr bezahlen und den Kindern keine gute Ausbildung mehr ermöglichen zu können. Jobverlust wirkt sich außerdem nicht nur auf das Einkommen aus, sondern auch auf Ansehen und Selbstvertrauen. Und Depressionen sind mehr als verlorene Arbeitsplätze. Zahllose Gewerbebetriebe werden vernichtet oder bestenfalls aus der Bahn geworfen, und wie eine Welle erfassen die Folgen Gemeinden und ganze Städte. Die Auswirkungen einer Depression sind einschneidend und dauerhaft; und sie können generationenübergreifend sein, wie es bei der ersten Großen Depression der Fall war.

Doch Statistiken können uns helfen, die Schwere der Depression einzuschätzen, um besser zu verstehen, wie sie sich auf die Schicksale von Menschen, Betrieben und Gemeinden auswirkt und in welchem Maße. Darüber hinaus zeigen Statistiken, dass es sich dieses Mal wirklich um eine Depression handelt und nicht bloß um eine weitere Rezession. Die Finanzkrisen von 2008 und 1929 liefern keine sinnvollen Vergleichsmaßstäbe. Die Börsenpaniken von 1998 und 1987 gefährdeten zwar die Stabilität des globalen Finanzsystems, doch sie endeten relativ schnell und wirkten sich nur auf relativ wenige Menschen direkt aus. Diese Depression ist anders, und die Daten helfen uns zu verstehen, warum das so ist.

Der erste und offensichtlichste Punkt sind die mehr als 45 Millionen Arbeitsplätze, die in den USA zwischen März und Juli 2020 verloren gingen. Die Vorstellung, diese Jobverluste könnten schnell wieder wettgemacht werden, ist falsch. Der Verlust von Arbeitsplätzen wird sich zunächst verlangsamen und dann aufhören. Ein Aufschwung wird beginnen, doch das bedeutet nicht, dass 45 Millionen Amerikaner wieder in Lohn und Brot sein werden. Wenn wir in den nächsten drei Jahren jeden Monat über eine Million Arbeitsplätze schaffen würden (im historischen Vergleich eine enorme Zahl), wäre das kaum genug, um die Beschäftigungsquote wieder auf den Stand zu bringen, auf dem sie im Februar 2020 war. Und selbst diese Projektion (die außerordentlich optimistisch ist) lässt die Tatsache außer Acht, dass viele der verlorenen Arbeitsplätze *nie* zurückkommen werden. Ein Restaurant, das im Lockdown seine Türen schloss und 20 Beschäftigte entließ, wird auf keinen Fall an dem Tag, an dem es wieder öffnet, alle diese 20 Mitarbeiter wieder einstellen. Vielleicht zehn von ihnen, und dann wird erst einmal geschaut, wie es läuft – und wahrscheinlich wird es nicht gut laufen. Social Distancing bedeutet, dass weniger Tische besetzt und weniger Gäste eingelassen werden können. Die Gäste selbst werden wegen der weiterhin bestehenden Zukunftsängste viel seltener ins Restaurant gehen. Hier setzen wir natürlich voraus, dass das Restaurant überhaupt wieder geöffnet wird; viele werden allerdings ein für alle Mal geschlossen bleiben. Unterdessen werden die Kellner und Bartender, die nicht wieder eingestellt werden, aus der beruflichen Übung kommen und Beziehungsnetzwerke verlieren. Einige von ihnen werden so lange arbeitslos sein, dass sie aus der Arbeitslosenstatistik herausfallen, weil sie nach der amtlichen Definition nicht mehr arbeitslos sind, nach dem gesunden Menschenverstand aber sehr wohl.

Das Beispiel mit dem Restaurant ist durchaus realistisch, aber nur eines von vielen. Während des Lockdowns wurde der Hashtag #wfh (»working from home«) allgegenwärtig – Millionen von Menschen waren »wfh«. Viele Arbeitgeber stellten fest, dass dieses Modell besser funktioniert, als Angestellte in einem zehnstöckigen Bürohochhaus mitten im Stadtzentrum arbeiten zu lassen, mitsamt den Kosten und den logistischen Problemen, die das verursacht. Ganz abgesehen von den vielen Millionen Stunden, die jedes Jahr fürs Pendeln verschwendet werden, und den enormen Beträgen, die für Miete, Versicherung und Instandhaltung ausgegeben werden müssen. Das neue Modell für Büroarbeit wird ein paar Stockwerke mit gemeinsam genutzten Räumen für Meetings sein, mit tageweise reservierten Büros und einem kleinen Stab von Rezeptionisten und Disponenten. Die Angestellten werden für alles, was sie im Büro brauchen, wenn sie dort sind, ein Schließfach haben; darin werden sie ihre Sachen einschließen, wenn sie das Gebäude verlassen. Ansonsten werden sie zu Hause arbeiten. Das ist Arbeitgebern durchaus recht. Und was passiert mit den leeren Büroflächen, der Miete für den Eigentümer der Immobilie, dem entlassenen Reinigungspersonal, den ausbleibenden Umsätzen von Imbisswagen, Straßenhändlern und Restaurants, halb leeren Bussen und Bahnen, Shopping in der Mittagspause? Das alles ist verschwunden oder um vielleicht 80 Prozent zurückgegangen. Das Leben wird weitergehen, aber Hilfsjobs, viele Dienstleistungen und Produkte werden verschwinden. Das ist der Unterschied zwischen einer Depression und einer Rezession. In einer Depression gibt es keine Rückkehr zur Normalität, weil es keine Normalität mehr gibt.

Das alles ist keineswegs Spekulation; in den Daten zeigt es sich schon jetzt. Im Mai 2020 haben nur 32 Prozent der Einzelhandelsgeschäfte Miete gezahlt. Der jeweilige Anteil der in anderen Branchen gezahlten Mieten betrug: Gastronomie: 32 Prozent; Hotels und andere Unterkünfte: 18 Prozent; Fitnessstudios: 26 Prozent; Fahrzeughändler und -werkstätten: 29 Prozent; Frisiersalons und Kosmetikstudios: 25 Prozent. Die Zahlungsausfälle in anderen Branchen waren ähnlich hoch. Es ist kurzsichtig, solche Betriebe als Kleinfirmen abzutun; auf kleine und mittlere Betriebe entfallen fast 50 Prozent aller Arbeitsplätze und 45 Prozent des gesamten Konsums im BIP. Insgesamt sind sie im Hinblick auf Arbeitsplätze und Produktion wesentlich wichtiger als Apple, Microsoft, Facebook und Google zusammengenommen. Wenn diese Betriebe jetzt keine Miete mehr zahlen, bedeutet das, dass sie (schlimmstenfalls) schließen oder (bestenfalls) eine niedrigere Miete aushandeln werden. Das lässt sich nicht durch defizitäre Staatsausgaben (Deficit-Spending), Gelddrucken oder steigende Aktienkurse kompensieren. Es sind schmerzhafte, mehr oder weniger permanente Verluste.

In den meisten Gegenden dauerte der Lockdown 100 Tage an, doch in anderen bleibt er bis auf Weiteres in Kraft. Wie lang kann ein typischer Betrieb seine Kosten aus Barreserven decken, wenn keine neuen Einnahmen hereinkommen? Bei Restaurants sind es im Durchschnitt 16 Tage, im Einzelhandel 19. Freiberufler wie Anwälte und Steuerberater halten 33 Tage durch, kleine Dienstleister wie Friseursalons und Kosmetikstudios 21 Tage, und das ist nur ein kleiner Ausschnitt; der Durchschnitt über alle Kleinbetriebe liegt bei 27 Tagen. Kleine Betriebe halten normalerweise keine großen Reserven an Umlaufkapital vor. Sie sind auf Einnahmen angewiesen, um Mitarbeiter und Lieferanten bezahlen zu können, und haben darüber hinaus eine kleine Barreserve. Wenn der Lockdown länger anhielt als diese Barreserven reichten, mussten diese Betriebe entweder schließen (um so trotz fehlender Einnahmen die vorhandenen Geldmittel schonen zu können), sich verschulden, um die Lücke zu überbrücken, oder Konkurs anmelden. Abgesehen von bestimmten Regionen und kurzen Zeiträumen nach Naturkatastrophen oder anderen Katastrophen – etwa den Terroranschlägen vom 11. September 2001 oder dem Sezessionskrieg – ist das in der Geschichte der USA noch nie vorgekommen. Während der ersten Großen Depression gingen zahlreiche Firmen pleite, doch es gab keinen flächendeckenden Lockdown. Während der Pandemie der Spanischen Grippen von 1918 kam es nicht zu weitverbreiteten Geschäftsschließungen (in manchen Städten wurden Großveranstaltungen wie Sportereignisse verboten). Der Spanischen Grippe fielen Schätzungen zufolge 50 bis 100 Millionen Menschen zum Opfer, aber auf der ganzen Welt gingen die wirtschaftlichen Aktivitäten weiter, und nach dem Ende der Pandemie kam es in den meisten entwickelten Volkswirtschaften zu einem kräftigen Aufschwung. Was der US-Wirtschaft wegen Covid-19 widerfuhr, ist noch nie da gewesen.

Zwar müssen Kleinbetriebe die Hauptlast der vom Lockdown herbeigeführten Einnahmeverluste tragen, aber auch Großkonzerne sind dagegen nicht gefeit. Im Mai 2020 kam es zu einer höheren Zahl von Großinsolvenzen (Verbindlichkeiten von mindestens 50 Millionen Dollar) als in jedem anderen Monat Mai seit 2009. Und das sogar, obwohl der Mai 2009 am Ende der Rezession von 2007 bis 2009 lag, als staatliche Hilfen ausgelaufen und Barreserven erschöpft waren. Der Mai 2020 lag kurz nach dem Beginn der neuen Großen Depression; in den kommenden Monaten wird die Zahl der Großinsolvenzen rapide zunehmen. Schon jetzt sind dieser Depression eine Reihe von ikonischen Unternehmen zum Opfer gefallen, etwa J. C. Penney, Pier 1 Imports, J. Crew, Neiman-Marcus, Hertz (in den USA und in Kanada), Frontier Communications, Chesapeake Energy und Gold's Gym.[2] Auf Insolvenzen spezialisierte Anwälte bestätigen, dass sie an weiteren möglichen Insolvenzanträgen arbeiten. Die meisten dieser Bankrotte sind keine Liquidationen, sondern Umstrukturierungen. Das bedeutet, dass die insolvente Firma den Geschäftsbetrieb fortsetzen kann, während Gläubiger gesetzlich daran gehindert werden, ihre Forderungen einzutreiben, es sei denn nach Maßgabe der

Justiz. Ein Umstrukturierungsplan nach einer Insolvenz sieht normalerweise Massenentlassungen vor, Fabrikschließungen, die Auflösung von Pachtverhältnissen sowie reduzierte Betriebsrenten und sonstige Leistungen. Möglicherweise kann der Geschäftsbetrieb fortgesetzt werden, aber dessen ungeachtet werden viele Arbeitsplätze wegfallen und Lieferanten Verluste erleiden. Auch solche Verluste sind permanent; es gibt keine schnelle Erholung von einem Bankrott.

Andere wirtschaftliche Kennzahlen waren auch nicht besser. Am 8. Juni 2020 gab das National Bureau of Economic Research (NBER) – ein privates Institut, das jedoch offiziell entscheidet, ob eine Rezession vorliegt – bekannt, die US-Wirtschaft befinde sich seit Februar 2020 in einer Rezession.[3] Damit war natürlich nur gemeint, dass eine technische Rezession begonnen hatte; die Erklärung sagt nichts über eine Depression – ein wesentlich schwerwiegenderes Problem, das vom NBER überhaupt nicht zur Kenntnis genommen wird. Im Mai 2020 war die Zahl der schwebenden Immobilienverkäufe in den USA im Vergleich zum Vorjahresmonat um 35 Prozent gefallen – ein größerer Absturz als während der Hypothekenkrise von 2007 bis 2009. Ward's Automotive Survey zeigte, dass die Neuwagenverkäufe von knapp 17 Millionen (annualisiert) im März auf unter 9 Millionen Fahrzeuge (annualisiert) im April fielen, ein Absturz um 47 Prozent in nur einem Monat. Im Mai erholten sich die Neuwagenverkäufe auf gut 12 Millionen Fahrzeuge pro Jahr, was jedoch immer noch 30 Prozent unter dem Volumen vor Covid-19 lag. Der Purchasing Managers Index for Manufacturing (»Industrie-Einkaufsmanagerindex«) des Institute for Supply Management (»Institut für Beschaffungsmanagement«) fiel von 51,0 Punkten im März 2020 – gerade noch expansiv – auf 43,1 Punkte im Mai, was eine starke Kontraktion anzeigt.

Für den April 2020 gab das US-Handelsministerium ein Handelsbilanzdefizit von 49,4 Milliarden Dollar bekannt. Doch das ist nicht der wichtigste Teil des Außenhandelsberichts; das Defizit ist einfach die Differenz aus Exporten minus Importen. Im April fielen die Exporte im Vergleich zum März um 20,5 Prozent, die Importe gingen im gleichen Zeitraum um 13,7 Prozent zurück. Handelsbilanzüberschüsse oder -defizite sind weniger wichtig als das *Volumen* des Welthandels. Das renommierte Wirtschaftsforschungsbüro Capital Economics berichtete am 25. Juni 2020, die April-Welthandelsstatistik würde die »stärkste monatliche Kontraktion seit Beginn der Aufzeichnungen« zeigen. Wir erleben einen flächendeckenden Kollaps des Welthandels. Ein kontrahierender Welthandel (gemessen an den weltweiten Exporten statt den nationalen Handelsbilanzüberschüssen oder -defiziten) war eine definierende Eigenschaft der ersten Großen Depression. Jetzt, in der neuen Großen Depression, geschieht es wieder.

Im ersten Quartal schrumpfte das US-BIP mit einer annualisierten Rate von 5,0 Prozent. Dieser Sinkflug war steiler als der Rückgang von 4,4 Prozent im ersten Quartal 2009, den Tiefen der Rezession von 2007 bis 2009. Der Absturz im ersten Quartal 2020 wurde durch ein relativ hohes BIP im Januar und Februar des Jahres abgefedert, was ein Schlaglicht darauf wirft, wie tief der Absturz im März war. Für das zweite Quartal ist zu erwarten, dass die Wirtschaft in drei aufeinanderfolgenden Monaten schrumpft, mit einer Rate, die schlimmer ist als während der ersten Großen Depression. Schätzungen zufolge wird der Rückgang im zweiten Quartal bei 30 bis 40 Prozent liegen (annualisiert). Laut GDPNow, einer Schätzung der Federal Reserve Bank of Atlanta, ist zu erwarten, dass im zweiten Quartal das Wachstum *mit einer annualisierten Rate von 45,5 Prozent* zurückgeht. Wenn wir diese annualisierte Rate für ein einziges Quartal auf eine Volkswirtschaft mit einem BIP von 22 Billionen Dollar pro Jahr anwenden, kommen wir fürs zweite Quartal auf über *2,5 Billionen Dollar an Produktionsausfällen*. Das ist nicht vergleichbar mit 2008/2009. Es ist nicht vergleichbar mit 1929 bis 1933. Es ist der größte Produktionsausfall in einem einzigen Quartal in der gesamten Geschichte der Vereinigten Staaten. Er beläuft sich auf 7575 Dollar an verlorenem Einkommen für jede Person in den Vereinigten

Staaten – für jeden Mann, jede Frau und jedes Kind – beziehungsweise auf 30 000 Dollar für eine vierköpfige Familie. So etwas hat es
noch nie gegeben.

Die US-Krise muss in einem größeren Zusammenhang betrachtet werden. Die Depression ist global, auch in anderen Ländern ist die
Lage nicht besser. In Europa werden für das Gesamtjahr 2020 folgende BIP-Rückgänge erwartet: in Deutschland 6,5 Prozent, Griechenland 9,7 Prozent, Spanien 9,4 Prozent, Frankreich 8,2 Prozent, Italien 9,5 Prozent. Für die Eurozone insgesamt ist zu erwarten, dass die
Wirtschaft um 7,7 Prozent schrumpfen wird. Das BIP der Europäischen Union lag vor der Pandemie bei 18,7 Billionen Dollar. Ein zu er-
wartender Rückgang um 7,7 Prozent ergibt für 2020 Produktionsausfälle in Höhe von 1,44 Billionen Dollar im Vergleich zum Vorjahr. Das
sind Einkommensverluste von 3230 Dollar für jede Person beziehungsweise 12 900 Dollar für eine vierköpfige Familie. Das ist vergleichbar
mit dem Ausmaß an Zerstörung am Ende des Zweiten Weltkriegs.

Der Internationale Währungsfonds (IWF) kommt zu einer ähnlich trostlosen Einschätzung des globalen Wirtschaftswachstums.
Am 24. Juni 2020 gab der IWF seine revidierte Prognose für das globale Wachstum im Jahr 2020 bekannt.[4] Dieser revidierten Prognose
zufolge war für das Gesamtjahr 2020 ein Rückgang des US-BIP um
8,0 Prozent zu erwarten, der stärkste Rückgang der US-Wirtschafts-
leistung seit der Demobilisierung nach dem Zweiten Weltkrieg. Zudem erwartete der IWF, dass die globale Wirtschaftsleistung im Jahr
2020 um 3,9 Prozent zurückgehen werde. Das ist das niedrigste globale Wachstum seit der Großen Depression der 1930er-Jahre. Diese
Prognosen sind völlig unvereinbar mit der Erwartung eines kräftigen Aufschwungs aufgrund von »pent-up demand« (»Nachholbedarf«), die vom Weißen Haus propagiert wird. Die IWF-Prognosen
sind wahrscheinlich sehr viel zutreffender als jene, die aus dem Weißen Haus kommen, und sie decken sich mit den Analysen anderer
sachkundiger Experten.

Produktionsausfälle bedeuten verlorene Umsätze für die Betriebe und Einkommensverluste für die Menschen. Sie bedeuten auch niedrigere Einnahmen aus Umsatz- und Einkommenssteuern für Bundesstaaten und Kommunen sowie niedrigere Einnahmen aus Einkommenssteuern, Verbrauchssteuern und Importzöllen für die Bundesregierung. Die Folgen sind schon jetzt zu spüren. Am 24. Juni 2020 warnte New Yorks Bürgermeister Bill de Blasio, die Stadt werde möglicherweise im Laufe der kommenden Monate 22 000 Mitarbeiter der Stadtverwaltung entlassen müssen.[5] Das wäre die erste Entlassung von Bediensteten der Stadtverwaltung seit 2012 und die größte Massenentlassung, seit die Stadt in den 1970er-Jahren kurz vor dem Bankrott stand.

Wir werden im nächsten Kapitel auf die geld- und fiskalpolitischen Reaktionen auf die neue Große Depression näher eingehen, doch die schlichte Feststellung, dass die Staatseinnahmen dahinschwinden, während zugleich die Ausgaben für Arbeitslosenunterstützung, Gesundheitswesen, Bereitschaftsdienste, Polizei und andere Notdienste in die Höhe schießen, lässt erwarten, dass die Defizite auf allen Verwaltungsebenen um mehrere Milliarden Dollar (oder auf Bundesebene um mehrere Billionen Dollar) steigen werden, und das ohne Aussicht auf eine schnelle Erholung.

Für die Experten an der Wall Street ist der Aktienmarkt Beweis dafür, dass die Wirtschaft sich rasch erholen wird und ein Aufschwung unmittelbar bevorstehe. Der Aktienmarkt hat tatsächlich über die Hälfte seiner pandemiebedingten Verluste wieder aufgeholt, mit deutlichen Kursgewinnen von Ende April bis Anfang Juni 2020. Doch das hat nichts mit einem wirtschaftlichen Aufschwung zu tun. In diesem Stadium ist der Aktienmarkt abgekoppelt von der Realwirtschaft. Soweit noch Preisfindung stattfindet, wird sie von Robotern unter sich ausgemacht, die darauf programmiert sind, »to buy the dips« (»bei Rücksetzern zu kaufen«), Schlagzeilen nachzujagen und jede Form von Momentum zu verstärken. Die Aktienindizes werden von einer Handvoll Unternehmen dominiert, die sich relativ immun gezeigt haben gegen die Not, von der die meisten Menschen und Betriebe betroffen sind. Die Entwicklung am Aktienmarkt von April bis Juni 2020 bestätigt das Potenzial von Technologie- und Finanzkonzernen, zumindest auf kurze Sicht, sagt aber nichts aus über Arbeitslosigkeit, Wachstum, einbrechende Staatseinnahmen und darüber, wie es weitergeht.

Die neue Großen Depression ist da. Die Daten erzählen die Geschichte. Der Aktienmarkt sieht das anders, doch irgendwann wird auch die Börse sich der Realität stellen müssen. Die eigentliche Geschichte wird erzählt von den Auswirkungen der Depression auf das Leben der Menschen. Auf dieses Thema wollen wir jetzt näher eingehen.

Die Menschen

Die Amerikaner mögen bereit sein – oder auch nicht – für eine zweite SARS-CoV-2-Welle, doch sie sind mit Sicherheit *nicht* bereit für eine zweite Welle von Entlassungen und Arbeitslosigkeit. Aber sie wird kommen.

Die von der Pandemie verursachte Depression führte zu einer Entlassungswelle, die in der Geschichte der USA ohne Beispiel ist. So bemerkenswert, wie die Zahl der Entlassungen war, ist auch das Tempo, mit dem sie vollzogen wurden. Im Jahr 2020 stieg die Arbeitslosigkeit in nur drei Monaten auf das gleiche Niveau wie während der ersten Großen Depression in drei Jahren. So schlimm das auch war, zeigten sich doch bald einige Analysten erleichtert. Zumindest schien das Schlimmste überstanden zu sein, und die USA konnten sich daranmachen, diese verlorenen Arbeitsplätze neu zu schaffen und die Arbeitslosigkeit wieder auf ein normaleres Niveau zu drücken, wenn auch vielleicht nicht auf die extrem niedrigen Quoten in den Jahren vor der Pandemie. Doch die überzeugendsten verfüg-baren Zahlen lassen das Gegenteil erwarten.

Am 31. Mai 2020 erreichte die Arbeitslosenquote 13,3 Prozent. Es gibt keinen Grund für die Annahme, diese Zahl werde in den nächs-ten Jahren deutlich zurückgehen oder auch nur in die Nähe einer Vollbeschäftigung kommen, und zwar aus zwei Gründen. Erstens war die Wirtschaft schon vor der Pandemie angeschlagen. Die Be-hauptung des Weißen Hauses, wir hätten »die großartigste Wirt-schaft der Geschichte«, war nur richtig im Hinblick auf das nominale BIP, doch dann ist diese Behauptung eigentlich immer richtig – und bedeutungslos. Worauf es ankommt und was den meisten Ame-rikanern wichtig ist, das ist das reale Wachstum, weil dadurch Ar-beitsplätze geschaffen werden, Firmen wachsen und Innovationen stattfinden. Während der letzten Expansion (2009 bis 2019) lag das durchschnittliche Wachstum bei 2,2 Prozent pro Jahr – der schlep-pendste Aufschwung der US-Geschichte. In den meisten dieser Jahre lag die Wachstumsrate sehr nahe bei diesem Durchschnittswert; in keinem einzigen wurden auch nur 3 Prozent Wachstum erreicht. In diesem Zusammenhang ist wichtig, dass es keinen nennenswer-ten Unterschied gab zwischen den Wachstumsraten während der Trump-Jahre (2017 bis 2019) und der Obama-Jahre (2009 bis 2016) des Aufschwungs. Diese Wachstumsrate von 2,2 Prozent lag unter dem Durchschnittswert von 3,2 Prozent über alle Expansionen seit 1980. In den 1950er- und 1960er-Jahren lag das durchschnittliche Wachstum pro Jahr bei über 4 Prozent.

Die US-Wirtschaft war schon vor der Pandemie angeschlagen. Viele Betriebe kamen nur mit Mühe und Not über die Runden, und viele weitere dachten über einen Insolvenzantrag nach. Die Pande-mie war eine perfekte Gelegenheit für wankende Firmen, massen-haft Mitarbeiter zu entlassen, einen Insolvenzantrag zu stellen, ein-zelne Standorte zu schließen oder den Betrieb ganz einzustellen. Die erste Entlassungswelle (von März bis Juni 2020) fand sehr schnell statt; die zweite Entlassungswelle (ab Oktober 2020 bis ins Jahr 2021 hinein) wird überlegter sein.

Die erste Entlassungswelle richtete sich gegen Geringverdiener wie Verkaufs-, Hotel- und Gastronomiepersonal, Mitarbeiter von Friseursalons und Kosmetikstudios, Kfz-Verkäufer, Baristas und Arbeitnehmer in weiten Teilen der »Gig Economy« (in diesen Bereichen der Wirtschaft gibt es kaum noch feste Arbeitsverhältnisse).

In der zweiten Welle wird es länger dauern, die unproduktivsten Mitarbeiter zu identifizieren und einen Überblick über die erste Welle der Produktionsausfälle zu bekommen. Dieser Prozess ist jetzt im Gang; weitere Kündigungen sind auf dem Weg. Die zweite Welle wird sich gegen besser verdienende Angestellte richten, etwa Juristen, Buchhalter, Bankangestellte, Pflegekräfte, Immobilienmakler, Führungskräfte im mittleren Management, Bedienstete der Bundesstaaten und Kommunen sowie Developer. Vielen Angestellten wird gekündigt werden, weil angesichts der kollabierenden Wirtschaft die Nachfrage nach bestimmten Dienstleistungen einbricht. Wenn weniger Autos und Häuser gekauft werden, dann werden auch nicht mehr so viele Juristen und Bankangestellte gebraucht, um Kaufverträge abzuschließen. Anderen wird gekündigt werden, weil die Steuereinnahmen, aus denen ihre Gehälter gezahlt werden, weggebrochen sind. Bundesstaaten und Kommunen können nicht defizitär wirtschaften oder Geld drucken wie die Bundesregierung. Wenn die Einnahmen zurückgehen (was bereits geschehen ist), gehen solche Jobs rasch über Bord. Andere Arbeitsplätze werden verschwinden, weil sie anderen kränkelnden Unternehmen vorgelagert sind. Wenn ein Restaurant seine Türen schließt, werden Kellner und Köche sofort entlassen, doch es dauert eine Weile, bis Landwirte, Fischer, Kraftfahrer, Reinigungskräfte und andere Dienstleister, die Restaurants beliefern, die Folgen zu spüren bekommen. Diese Zeit ist inzwischen vergangen, und sehr bald wird es auch in diesen vorgelagerten Branchen zu Entlassungen kommen. Diese Situation ist nicht statisch, sondern hochgradig dynamisch. Wenn es bei solchen Dienstleistern in vorgelagerten Segmenten des Arbeitsmarkts zu Entlassungen kommt, wird unter den Betroffenen die Nachfrage nach den Leistungen von Restaurants oder Fitnessstudios zurückgehen, was dann wiederum diesen Branchen, die ohnehin schon stark betroffen sind, das Leben noch schwerer machen wird. Durch diese Feedbackschleife unterscheidet sich eine Depression von einer bloßen Rezession.

Ein anderer Faktor, der einer Erholung des Arbeitsmarkts im Wege steht, ist der Umstand, dass viele gewerbliche Arbeitnehmer, die während der ersten Welle entlassen wurden, durch staatliche Hilfen zumindest kurzfristig finanziell etwas besser gestellt sind. Das Congressional Budget Office (CBO, »Haushaltsabteilung des Kongresses«) gab am 4. Juni 2020 bekannt, dass 80 Prozent der Empfänger von Arbeitslosenunterstützung mehr Geld vom Staat bekommen werden, als sie erwarten könnten, wenn sie beschäftigt wären. Damit sollen weder die Sozialhilfepolitik noch einzelne Empfänger von Sozialleistungen kritisiert werden, doch es ist eine schlichte Tatsache, die einer schnellen Erholung des Arbeitsmarkts im Wege stehen wird. Viele Arbeitnehmer werden es vorziehen, von Arbeitslosenunterstützung zu leben, als sich nach einem neuen Job umzusehen oder in den früheren Job zurückzukehren, selbst wenn er wieder verfügbar werden sollte. Diese amtliche Statistik deckt sich mit zahlreichen anekdotischen Belegen von Restaurantbetreibern und anderen Firmeninhabern, die planen, ihren Betrieb wieder zu öffnen, aber berichten, dass ihre Mitarbeiter nicht wieder zur Arbeit kommen wollen. Und sie steht auch im Einklang mit der Tatsache, dass die pauschalen staatlichen Hilfen in Form von Einmalzahlungen (1200 Dollar für Erwachsene, 500 Dollar für jedes Kind) und Hilfskredite nach dem Paycheck Protection Program (PPP, »Lohnfortzahlungsprogramm«) gemäß dem 2020 verabschiedeten Coronavirus Aid, Relief, and Economic Security Act (CARES Act, »Gesetz zu Hilfen, Erleichterungen und wirtschaftlicher Sicherheit in der Coronakrise«) insgesamt deutlich höher waren als die Summe der persönlichen Einkommensverluste im März und April 2020. Diese Schecks und Kredite nach dem CARES Act waren einmalige Hilfen, die keine anhaltenden Einkommensverluste ersetzen können, während die Depression sich hinzieht. Doch diese Zahlungen haben plangemäß die unmittelbaren Auswirkungen der Massenentlassungen abgefedert. Das Problem ist freilich, dass die schlimmsten Auswirkungen der Entlassungen und Einkommensverluste noch in der Zukunft lagen, nicht in der Vergangenheit.

Eine dramatische Demonstration der Entwicklung am Arbeitsmarkt in diesem wirtschaftlichen Umfeld beruht auf einer Studie der Gesamtbeschäftigung in den Vereinigten Staaten von 2003 bis 2020. Der Beschäftigungszuwachs beginnt mit einer stetigen Erholung nach der Rezession im Jahr 2001. Die Gesamtbeschäftigung wuchs von 130 Millionen Stellen im Jahr 2003 auf 137 Millionen Mitte 2007. In der globalen Finanzkrise gingen von Mitte 2007 bis Ende 2009 in den USA neun Millionen Jobs verloren. Bis 2010 war die Gesamtzahl der Arbeitsplätze wieder auf den Stand von 2003 geklettert, aber nicht höher. Es sah beinahe so aus, als hätte sechs Jahre lang kein Beschäftigungszuwachs stattgefunden. In den darauffolgenden zehn Jahren wurden in den USA 20 Millionen neue Jobs geschaffen, zuerst unter der Obama-Administration und dann in den ersten drei Jahren der Trump-Administration. Die lange Erholung (2009 bis 2020) war schwach, aber stetig; die längste ununterbrochene wirtschaftliche Expansion, die in der US-Geschichte zu verzeichnen war.

Dann kam die neue Große Depression. Von März bis Juli 2020 gingen in den USA 45 Millionen Arbeitsplätze verloren. Die Gesamtbeschäftigung ist heute auf einem Stand, der zuletzt in den 1990er-Jahren verzeichnet wurde. Es sieht beinahe so aus, als hätte drei Jahrzehnte lang kein Beschäftigungszuwachs stattgefunden. Dieser Absturz benötigte nur drei Monate.

Das Ausmaß der Jobverluste spottet jeder Beschreibung. Es ist nicht schwer, Statistiken zu zitieren, doch es ist unmöglich, das Leid der betroffenen Menschen zu beschreiben. Jeder verlorene Arbeitsplatz ist ein individuelles Trauma, das den entlassenen Arbeitnehmer in eine extrem belastende Situation stürzt, in der er sich fragt, wie er seine Familie ernähren, die Hypothek bedienen und Arztrechnungen und Studiengebühren zahlen soll. Wenn man dieses Trauma mit einem Faktor von vielleicht 70 Millionen multipliziert (wenn man nicht nur die arbeitslosen Menschen, sondern auch ihre Familienmitglieder mitzählt), bekommt man ein Gefühl für die Wucht des kollektiven Traumas, das Amerika gerade erfasst hat.

Nimmt man eine noch längere Perspektive ein, nimmt das Gefühl, dass wir uns in einer neuen Depression befinden, noch zu. Man betrachte nur die Arbeitsplatzverluste in allen Rezessionen seit 1948, ein Zeitraum, der die schweren Rezessionen von 1973 bis 1975, 1981 und 1982 sowie die globale Finanzkrise von 2008 umfasst. Jede dieser drei Rezessionen wurde als die »schlimmste Rezession seit der Großen Depression« bezeichnet, während sie stattfand. Zur gegebenen Zeit war das auch jeweils wahr; doch diese Wahrheit wurde überholt durch die späteren Rezessionen, die von Mal zu Mal schlimmer wurden. Während diese Rekordrezessionen (neben den schweren Rezessionen von 1949 und 1958) hervorstechen, kommt keine von ihnen an die neue Große Depression ab 2020 heran. Mittlerweile sind mehr Arbeitsplätze verloren gegangen als in *den letzten vier Rezessionen zusammengenommen.*

Eine andere Realität ist noch besorgniserregender als die Arbeitsplatzverluste insgesamt, und zwar die Einkommensverteilung der neuen Arbeitslosen. Weniger als 10 Prozent der 2020 verlorenen Arbeitsplätze entfallen auf Menschen in den oberen 20 Prozent der Einkommen. Etwa 55 Prozent der gesamten Arbeitsplatzverluste haben Menschen in den unteren 40 Prozent der Einkommen getroffen, und etwa 35 Prozent der gesamten Arbeitsplatzverluste konzentrierten sich allein auf die unteren 20 Prozent der Einkommen.

Die Arbeitsplätze gewerblicher Arbeitnehmer sind das Rückgrat der Realwirtschaft. Es sind diese Arbeitnehmer, auf die wir alle angewiesen sind, wenn wir im Restaurant essen, im Hotel übernachten, einen Anzug reinigen lassen oder Geld auf ein Bankkonto einzahlen wollen, und auch bei unzähligen anderen Interaktionen, die unseren Alltag ausmachen. Kleine und mittlere Unternehmen (SMEs, »small and medium-sized enterprises«) erwirtschaften über 40 Prozent des BIP und stellen fast 50 Prozent der Arbeitsplätze. Durch Vernichtung dieser Arbeitsplätze haben wir die US-Wirtschaft dermaßen entkernt, dass es ein ganzes Jahrzehnt dauern kann, sie wieder zu reparieren.

Ein anderer besorgniserregender Trend ist der scharfe Rückgang der Beschäftigungsquote. Diese Kennzahl ist etwas technischer als die Arbeitslosenquote, aber möglicherweise wichtiger für das langfristige Wachstumspotenzial der US-Wirtschaft.

Bevor jeden Monat die Arbeitslosenquote bekannt gegeben wird, wird sie – ganz unabhängig davon, ob sie mit 3,4 Prozent rekordverdächtig niedrig ausfällt wie vor der Pandemie oder auf den höchsten Stand seit Ende der 1940er-Jahre geklettert ist wie im Mai und Juni 2020 – nach einem genau definierten Verfahren berechnet. Der Nenner ist das gesamte Arbeitskräftepotenzial. Der Zähler ist die Anzahl der Menschen in diesem Arbeitskräftepotenzial, die keinen Job haben, aber einen suchen. Wenn man die arbeitslosen Arbeitssuchenden durch das gesamte Arbeitskräftepotenzial (einschließlich der Arbeitssuchenden) dividiert, ist das Ergebnis die Arbeitslosenquote, die in den Finanzmedien viel Aufmerksamkeit findet.

Was passiert, wenn Sie keinen Job haben und auch nicht aktiv einen suchen? Dann werden Sie von der Regierung nicht mitgezählt. Sie sind nicht arbeitslos (obwohl Sie keinen Job haben), weil Sie nicht aktiv einen Job suchen. Tatsächlich werden Sie nicht einmal dem Arbeitskräftepotenzial hinzugezählt, aus demselben Grund. Es ist ungefähr so, als würden Sie gar nicht existieren.

Aber tatsächlich existieren Sie und haben keinen Job. Jede Person, die keinen Job hat und auch nicht behauptet, einen zu suchen, wird einer anderen statistischen Kategorie zugeschlagen, nämlich der sogenannten Labor Force Participation Rate (LFPR, Erwerbsquote). Jede Person, die einen Job machen könnte (unabhängig davon, ob sie einen sucht oder nicht), wird im Nenner mitgezählt. Und jede, die tatsächlich einen Job hat, wird im Zähler berücksichtigt. Im Grunde genommen ist die Erwerbsquote der Bruch aus der Zahl der Erwerbstätigen geteilt durch die Gesamtzahl aller Erwachsenen mit oder ohne Job, ganz gleich, ob sie die Absicht haben oder motiviert sind, sich einen zu suchen.

Der steile Anstieg der Erwerbsquote von 60 Prozent in den 1970er-Jahren bis auf über 67 Prozent gegen Ende der 1990er-Jahre reflektiert den wachsenden Anteil von Frauen im Arbeitskräftepotenzial und die steigende Erwerbsquote in der Babyboomer-Generation. Es wird immer Menschen geben, die keinen traditionellen Job anstreben, aus diversen guten Gründen. Solche Nichterwerbstätigen können Studenten sein, Hausfrauen, Frührentner, Rekonvaleszenten – oder auch Handwerker, die bar bezahlt werden und ihr Einkommen nicht versteuern (Schwarzarbeiter). Eine Erwerbsquote von mehr als 67 Prozent gilt in einer entwickelten Volkswirtschaft als ziemlich hoch und als Zeichen wirtschaftlicher Stärke. Das war die wirtschaftliche Lage der USA im Jahr 2000, am Ende der Clinton-Boomjahre.

Dann begann die Erwerbsquote einen langen, stetigen Abstieg, der sowohl auf die Rezession von 2001 als auch die Finanzkrise von 2008 zurückzuführen war. Zudem kamen auch demografische Faktoren ins Spiel, da die älteren Babyboomer nach und nach das Rentenalter erreichten. Durch eine schlechter werdende Volksgesundheit (aufgrund von zunehmender Fettleibigkeit, Diabetes, Drogenabhängigkeit et cetera) und zunehmende Inhaftierungsquoten fielen immer mehr Menschen aus dem Arbeitsmarkt heraus. Bis 2015 war die Erwerbsquote auf 62,4 Prozent gesunken. In den darauffolgenden fünf Jahren variierte die Erwerbsquote in einem schmalen Bereich zwischen 62,4 und 63,5 Prozent, mit leicht steigender Tendenz.

Dann wurde 2020 beinahe über Nacht die Erwerbsquote von der neuen Großen Depression auf 60 Prozent gedrückt, also ungefähr den Stand, den sie 1970 hatte. Wieder sah es beinahe so aus, als wäre die US-Wirtschaft mit einer Zeitmaschine 50 Jahre in die Vergangenheit gereist. Die im Laufe eines halben Jahrhunderts erreichten Fortschritte für Frauen, Minderheiten und behinderte Menschen waren mit einem Wimpernschlag zunichte gemacht worden.

Und die Lage wird noch schlimmer werden. Das U.S. Bureau of Labor Statistics (BLS), das sowohl die Arbeitslosenquote als auch die Erwerbsquote berechnet, hat eingeräumt, dass es mit der plötzlichen Flut von Anträgen auf Arbeitslosenunterstützung nicht mehr Schritt halten kann. Auch mit der Erhebung der Basisdaten, aus denen die veröffentlichten Quoten berechnet werden, ist man in Verzug geraten, wegen des enormen Datenvolumens, verspätet eingehender Daten aus den Bundesstaaten sowie Kategorisierungsproblemen. Das BLS hat Wirtschaftsanalysten vorsorglich gewarnt, dass mit größeren Revisionen der veröffentlichten Statistiken zu rechnen sei, sobald der Rückstand aufgeholt sein werde. Diese Revisionen werden sowohl höhere Arbeitslosenquoten bedeuten als auch niedrigere Erwerbsquoten, und beides bedeutet nichts Gutes für die Wachstumsaussichten der US-Wirtschaft.

Es gibt eine einfache Art, sich den Gesamtoutput der Wirtschaft – die Produktion – vorzustellen. Man nimmt einfach die Gesamtzahl der Erwerbstätigen und erfasst ihre durchschnittliche Produktivität. Das ist alles. Wie viele Menschen gehen einer bezahlten Arbeit nach und wie produktiv sind sie? Das ist eigentlich alles, was man wissen muss.

In einer entwickelten Volkswirtschaft kommt es nicht mehr zu großen Schwankungen der Produktivität, aber dennoch kann sie sich ändern. In letzter Zeit ist die Produktivität leicht zurückgegangen, aus

Gründen, die Ökonomen noch nicht ganz verstehen. Vielleicht hat dieser Rückgang etwas mit der zunehmenden Alterung der erwerbstätigen Bevölkerung zu tun oder mit der Tatsache, dass wir Hightech-Geräte nutzen, um viel Zeit zu verschwenden, anstatt zu arbeiten. Die abnehmende Produktivität ist einer der Gründe für das schwache Wirtschaftswachstum in den zehn Jahren vor der Pandemie.

Die wichtigste treibende Kraft für das Wirtschaftswachstum seit 2000 war die Größe des Arbeitskräftepotenzials. *Das ist es, was die Erwerbsquote erfasst.* Sobald eine Person aus dem Arbeitskräftepotenzial herausfällt (aus welchem Grund auch immer), sinkt ihre Produktivität auf null, weil sie nicht mehr arbeitet. Der scharfe Rückgang der Erwerbsquote von 2007 bis 2010 fiel zusammen mit den Produktionsausfällen infolge der globalen Finanzkrise und Rezession. Von 2010 bis 2019 stieg die Erwerbsquote wieder leicht an, was im Einklang steht mit dem stetigen, wenn auch unspektakulären Wirtschaftswachstum.

Doch inzwischen ist die Erwerbsquote eingebrochen. Die bisher veröffentlichten Daten haben noch nicht gegenüber der Realität aufgeholt. Wahrscheinlich wird die Erwerbsquote weiter fallen, auf 58 Prozent oder niedriger. Das liegt unter anderem daran, dass einige derzeit Arbeitslose beschließen werden, dass sie im Ruhestand sind oder keinen Job finden können, und daher einfach aus dem Arbeitskräftepotenzial herausfallen.

Diese Verluste werden nicht vorübergehend sein, wie Arbeitslosigkeit es manchmal ist. Diese Verluste werden permanent sein, während berufliche Qualifikationen, soziale Netzwerke und Referenzen verblassen. Das ist katastrophal, denn es bedeutet: Selbst wenn Betriebe wieder öffnen und einige derzeit Arbeitslose wieder einstellen, werden andere Menschen nie wieder ins Arbeitskräftepotenzial zurückkehren. Die Produktion wird permanent gedrückt bleiben, selbst wenn die Produktivität wieder zulegt. Der Rückgang der Erwerbsquote war ein totaler Absturz. Infolgedessen ist die Wirtschaft unter

Wasser, und die Produktion wird niedrig bleiben, vielleicht auf Jahrzehnte hinaus.

Die meisten Amerikaner haben ein Gespür dafür, wo die Wirtschaft steht. Sie haben von schockierenden Spitzen der Arbeitslosenquote gehört, und sie wissen von der Flut an Erstanträgen auf Arbeitslosenunterstützung. Sie sind sich des Lockdowns bewusst und wissen, dass überall Betriebe geschlossen wurden, dass die Regierung sie aufgefordert hat, zu Hause zu bleiben, möglichst wenig vor die Tür zu gehen, und wenn doch, eine Gesichtsmaske zu tragen. Das alles ist zwar bekannt, wurde aber noch nicht verinnerlicht – es kam so schnell, dass die Amerikaner den Schock des Lockdowns der Wirtschaft noch nicht verwunden haben. Sie hatten noch nicht genug Zeit, um das alles zu verarbeiten und sich der Folgen bewusst zu werden. Vor allem weiß niemand, wie es weitergeht – wird die Wirtschaft bald wieder hochgefahren? Wird bis Ende 2020 wieder Normalität einkehren? Oder wird der Lockdown sich noch länger hinziehen, zumindest in manchen Regionen? Und die wichtigste Frage: Wird Anfang 2021 eine zweite Covid-19-Welle das Land und die Welt erfassen? Wird diese zweite Welle noch todbringender sein als der Kamm der Welle, die wir gerade durchgestanden haben?

Eine zweite Welle ist genau das, was in der Pandemie der Spanischen Grippe von 1918 geschah. Von März bis Juni 1918 schlug eine tödliche Infektionswelle zu. Sie zog um die Welt und forderte viele Millionen Todesopfer. Doch diese Welle war beinahe harmlos im Vergleich zu der zweiten Welle, die im Oktober 1918 begann. Diese zweite Welle war so todbringend, dass Leichen wie Klafterholz in den Straßen amerikanischer Großstädte wie Philadelphia aufgestapelt wurden, während die Regierung zerfiel und die lokalen Behörden es nicht mehr schafften, die Leichen zügig wegzuräumen. Den Städten gingen die Särge aus, die Leichenhallen waren voll, es blieb nichts anderes übrig, als die Leichen mit Desinfektionsmitteln zu behandeln, in Decken zu wickeln und in Massengräbern zu verscharren.

Kaum ein Beamter will sich zu einer zweiten Covid-19-Welle öffentlich äußern; die wenigsten von ihnen wissen, was das überhaupt bedeutet. Eine zweite Infektionswelle wird nicht durch eine Rückkehr des exakt identischen Virus verursacht werden. Sie wird durch eine Mutation oder eine Rekombination von Genmaterial entstehen, die eine neue Variante des Virus hervorbringen kann, die noch todbringender ist als seine ursprüngliche Form. Geschichte und Wissenschaft sagen uns, dass wir eine zweite Welle erwarten sollten, doch kaum jemand ist darauf vorbereitet. Die meisten Menschen nehmen an, das Land werde die Plage Ende 2020 hinter sich haben. Doch diese Prognose ist ungewiss; eine noch todbringendere Welle im Jahr 2021 liegt durchaus im Bereich des Möglichen.

Und was eine rapide Erholung der Wirtschaft angeht: Die Cheerleader-Brigade des Weißen Hauses, allen voran Larry Kudlow, der oberste Wirtschaftsberater des Präsidenten, sagt, alles wird gut. Sie reden von einem riesigen »Nachholbedarf«, der binnen weniger Monate eine enorme Nachfrage entfesseln und Arbeitsplätze und Unternehmensgewinne zurückbringen wird. Sie reden von einem kräftigen Aufschwung, der spätestens 2021 einsetzen soll. Aber darauf sollten Sie keine Wetten abschließen.

Erstens werden viele Betriebe, die im Lockdown geschlossen wurden, nie wieder öffnen, nicht nur wegen der Lockdown-Vorschriften, sondern weil sie pleite sind. Vielleicht werden die Eigentümer irgendwann und irgendwo wieder einen Betrieb gründen, aber der alte Betrieb ist weg. Sein noch verbliebenes Inventar wird verramscht, seine Mitarbeiter werden nie wieder an ihre alten Arbeitsplätze zurückkehren können. Der Mietvertrag ist hinfällig, das Ladenlokal steht leer. Das ist die Realität für weite Teile der USA.

Diese Entwicklung ist schon jetzt im Gang. Der Anteil der Menschen, die bei Umfragen angeben, sie würden »weniger Geld ausgeben«, ist in nur wenigen Monaten von 32 auf 51 Prozent hochgeschnellt. Der Prozentsatz der Menschen, die sagen, sie würden

»mehr Geld ausgeben«, ist von 32 auf 21 Prozent abgestürzt. Der Abstand zwischen »weniger ausgeben« und »mehr ausgeben« hat sich auf 30 Prozentpunkte ausgeweitet, den höchsten Wert seit den Nachwehen der Finanzkrise von 2008.

Dieser Trend, mehr zu sparen und weniger zu konsumieren, begann gegen Ende 2019, also schon *vor* der Pandemie. Man könnte denken, die Amerikaner hätten den aktuellen Crash kommen sehen. Vielleicht haben das manche von ihnen auch, doch wahrscheinlich ist die Sparsamkeit eher darauf zurückzuführen, dass die Wirtschaft schon vor der Pandemie schwächelte. Daher ist zu erwarten, dass der Abstand noch größer wird – die Menschen werden immer mehr sparen und immer weniger Geld ausgeben.

Für individuelle Bürger, die in Sorge sind um ihren Job und ihre Portfolios, ist das eine kluge Strategie. Doch im Hinblick auf einen wirtschaftlichen Aufschwung ist es eine Katastrophe, zumindest auf kurze Sicht. Eine hohe Sparquote macht Hackfleisch aus den meisten Prognosen. Für die Wirtschaft wird es keinen schnellen und kräftigen Aufschwung geben. Sie wird zwar wieder wachsen, aber langsam. Der Weg wird für die betroffenen Menschen, Firmeninhaber und Arbeitssuchenden lang, hart und schmerzhaft werden. Die Studenten, die 2020 und 2021 einen Hochschulabschluss machen, werden einen unverhältnismäßig großen Anteil der Last zu schultern haben, da Stellenangebote für Berufsanfänger dünn gesät sein werden, obwohl zugleich viele Arbeitgeber darum kämpfen, ihre alten Mitarbeiter wieder einstellen zu können.

DIE PROGNOSE

Die Schwere der neuen Depression ist klar. Den meisten Beobachtern ist jedoch nicht klar, wie das Wesen und der zeitliche Verlauf der wirtschaftlichen Erholung aussehen werden. Es ist zu erwarten, dass die Arbeitslosigkeit auf Jahre hinaus hoch bleiben wird und die USA das Produktionsniveau von 2019 nicht vor 2023 erreichen werden. Das Wachstum wird noch schwächer sein als in der Zeit von 2009 bis 2019, dem schwächsten Aufschwung der Geschichte. Das ist vielleicht nicht das Ende der Welt, aber wesentlich schlimmer als selbst die pessimistischsten Prognosen. Die Daten, die diese Vorhersage erhärten, liegen klar zutage.

Ein bisschen Mathematik auf Sechstklässlerniveau ist ein guter Anfang für die Analyse. Setzen wir die Produktion der Wirtschaft im Jahr 2019 gleich 100. (Der tatsächliche Wert ist 21 Billionen Dollar. Die »100« entspricht 100 Prozent dieser Zahl; eine praktische Methode, um Veränderungen nach oben oder unten darzustellen.) Nehmen wir an, die Produktion geht über das zweite und dritte Quartal 2020 um 20 Prozent zurück. (Viele Prognosen gehen von einem stärkeren Rückgang aus; 20 Prozent ist eine plausible, aber konservative Schätzung.) Ein Rückgang von 20 Prozent in sechs Monaten entspricht einem Rückgang von 10 Prozent über das ganze Jahr, sofern die Kurve in den ersten beiden Quartalen flach blieb. Ein Rückgang um 10 Prozent von einem Ausgangswert von 100 ist gleich 90 (das entspricht 2,1 Billionen Dollar an Produktionsausfällen).

Seit 1948 betrug das reale Wachstum des US-BIP nie mehr als 10 Prozent pro Jahr.[6] Seit 1984 lag es nie höher als 5 Prozent. Die Jahre mit dem stärksten Wachstum seit Ende des Zweiten Weltkriegs waren 1950 mit 8,7 Prozent, 1951 mit 8,0 Prozent und 1984 mit 7,2 Prozent. Die Annahme, dass die Wirtschaft im Jahr 2021 mit einer jährlichen Wachstumsrate von 6 Prozent zulegen könnte, ist optimistisch, aber unrealistisch. Ein solches Wachstum könnte man sicherlich treffend als eine v-förmige Erholung beschreiben.

Wenn unser neuer Ausgangswert 90 ist (im Verhältnis zu 100 im Jahr 2019) und wir die Produktion im Jahr 2021 um 6 Prozent erhöhen, bringt das die Gesamtproduktion auf 95,4. Wenn wir in das Jahr 2021 mit dem neuen Ausgangswert von 95,4 hineingehen und weitere 5 Prozent dazurechnen, kommen wir bis Ende 2022 auf eine Gesamtproduktion von 99,2.

Jetzt kommt das Problem. Wenn wir für 2019 die Produktion bei 100 ansetzen, für 2021 von 6 Prozent und für 2022 von 5 Prozent Realwachstum ausgehen (das sind jährliche Wachstumsraten, wie sie seit 1984 nicht mehr verzeichnet wurden), haben wir das Produktionsniveau von 2019 immer noch nicht wieder erreicht. Die bittere Wahrheit ist: 99,2 ist kleiner als 100. Über zwei aufeinanderfolgende Jahre wäre das höchste Realwachstum seit über 40 Jahren erforderlich, um auch nur annähernd das Produktionsniveau von 2019 wieder zu erreichen. Es wäre realistischer, von einem Realwachstum von weniger als 5 Prozent pro Jahr auszugehen. Das bedeutet, dass die Wirtschaft frühestens 2023 wieder ein Produktionsniveau erreichen kann, wie es zuletzt 2019 verzeichnet wurde.

Eine Studie der UCLA Anderson School of Management an der University of California in Los Angeles stützt diese Schätzung. Sie wurde am 24. Juni 2020 veröffentlicht und kommt zu der Prognose, das Realwachstum des US-BIP werde 2021 etwa 5,3 Prozent betragen und 2022 etwa 4,9 Prozent – nicht genug, um selbst das Produktionsniveau von 2019 wieder zu erreichen.[7] In der Studie heißt es: »Für das aktuelle Quartal prognostizieren wir einen annualisierten Rückgang des BIP um 42 Prozent, gefolgt von einer Erholung, welche die Produktion nicht vor Anfang 2023 wieder auf den 2019 erreichten Höchststand bringen wird.« Dies ist die Realität einer Depression. Sie manifestiert sich nicht in Form eines stetigen Rückgangs des BIP, sondern sie beginnt mit einem Absturz, der so tief ist, dass die Wirtschaft sich selbst durch jahrelanges kräftiges Wachstum nicht wieder aus dem Loch herausarbeiten kann.

In der Debatte um die Stärke eines Aufschwungs verwenden Analysten Buchstaben, die den Verlauf einer Wachstumskurve symbolisieren. Eine v-förmige Erholung beginnt mit einem steilen Absturz, auf den ein kräftiger Aufschwung folgt, sodass die Produktion in relativ kurzer Zeit wieder das Niveau erreicht, auf dem sie vorher war. Ein u-förmiger Aufschwung beginnt mit einem steilen Absturz, auf den jedoch zunächst eine Phase der Stagnation folgt, bevor es zu einer rapiden Erholung kommt. Eine L-förmige Erholung ist ein steiler Fall, auf den auf unbestimmte Zeit niedriges Wachstum folgt. Und schließlich gibt es noch die w-förmige Erholung, bei der auf einen steilen Absturz ein schneller Aufschwung folgt und dann ein zweiter Absturz, bevor die Wirtschaft sich endgültig erholt und wieder das vorherige Produktions- und Wachstumsniveau erreicht.

Nach der Rezession von 1982 war der Aufschwung von 1983 bis 1986 eine klassischer V-Verlauf. Die Rezession von 1982 war schwer, doch von 1983 bis 1986 war das Wachstum extrem stark, sodass die Wirtschaft die Produktionsausfälle wettmachen konnte und zu dem Langzeittrend vor der Rezession zurückkehrte.

Eine w-förmige Erholung ist selten, doch wahrscheinlich erlebten die USA in der Zeit von 1980 bis 1983 genau so etwas. Ausgehend von 3,2 Prozent Realwachstum im Jahr 1979 rutschte die Wirtschaft 1980 in eine leichte Rezession, erholte sich 1981 gut, bis 1982 noch eine Rezession kam und dann 1983 ein kräftiger Aufschwung. Dieses Runter-rauf-runter-rauf-Muster bildet das w.

Eine u-förmige Erholung ist eine gute Beschreibung für den Übergang von einer Kriegswirtschaft zu einer zivilen Wirtschaft, der sich von 1944 bis 1948 abspielte. Im Jahr 1944, auf dem Höhepunkt des Krieges, betrug das Wachstum 8,0 Prozent. In den folgenden drei Jahren, von 1945 bis 1947, schrumpfte das reale US-BIP, während die Rüstungsindustrie abgewickelt wurde und aus dem Krieg heimkehrende Soldaten massenhaft auf den Arbeitsmarkt strömten. Auf diese rezessive Phase folgte 1948 ein kräftiger Aufschwung mit 4,1 Prozent Wachstum. Die Jahre 1945, 1946 und 1947 bildeten den länglichen unteren Bogen des u.

Und schließlich war die lange Expansion von 2009 bis 2019 ein Beispiel für eine L-förmige Erholung. Die Rezession von 2007 bis

2009 war einschneidend, doch die Erholung von 2009 bis 2019 war schwach. Die Aufschwünge nach 1980 brachten im Durchschnitt ein Wachstum von 3,2 Prozent; die Erholung ab 2009 dagegen nur 2,2 Prozent. Es war eine echte Erholung, doch die Produktionslücke zwischen dem vorherigen Trend und dem neuen Trend wurde nie aufgeholt. Das führte zu Wohlstandsverlusten von über 4 Billionen Dollar, was ein gravierendes Problem für die USA war, da sie die Einkommensungleichheit verschärften und die nationale Schuldenquote erhöhten, sogar schon vor der neuen Großen Depression. Heute ist ein noch geringeres Wachstum zu erwarten als während der schwachen Erholung ab 2009. Die neue Erholung wird nicht annähernd an die 6 Prozent Wachstum aus dem oben beschriebenen Beispiel herankommen, sondern vielleicht nur ein Wachstum von 1,8 Prozent bringen, und zwar wegen einer extrem hohen Staatsverschuldung und einer hohen persönlichen Sparquote. Das liegt noch unter dem durchschnittlichen Wachstum von 2,2 Prozent pro Jahr in der zehn Jahre langen Expansion vor der Pandemie. Es ist eine weitere L-förmige Erholung, die zweite in Folge. Aber dieses Mal wird der Boden des L sich noch weiter einer horizontalen Linie annähern, und die Produktionslücke wird im Vergleich zum Langzeittrend noch größer sein.

Einige der Ursachen dieses schwachen Wachstums wurden oben bereits benannt: eine zweite Entlassungswelle, staatliche Anreize, nicht so bald wieder arbeiten zu gehen, Insolvenzen, ein kollabierender Welthandel, ein Homeoffice-Geschäftsmodell, das sich zunehmender Beliebtheit erfreut, eine sinkende Erwerbsquote und Abhängigkeiten, durch die in Bedrängnis geratene Unternehmen wie bei einer Kettenreaktion nach und nach ganze vorgelagerte Versorgungsketten in Mitleidenschaft ziehen. Doch davon abgesehen gibt es noch einen Faktor, der diese Trends maßgeblich beeinflussen und das Wachstum drücken könnte – und dieser Faktor ist eine hohe Sparquote.

Eine hohe Sparquote klingt wünschenswert, und langfristig ist sie das auch. Ersparnisse können Investitionen finanzieren, die zur Schaffung von Arbeitsplätzen und höherer Produktivität führen, die wiederum die Wirtschaft wachsen lassen. Vorausgesetzt, diese Investitionen werden nicht in überflüssige Geisterstädte und sonstige unproduktive Infrastruktur angelegt wie beispielsweise in China. In den USA gibt es reichlich Gelegenheiten, in Projekte mit hoher Produktivität zu investieren, in Bereichen wie Infrastruktur, Bildung und Forschung. Insofern sind die Aussichten gut, dass Investitionen in den USA eine maßgebliche Triebfeder für Wachstum sein können.

Das Problem ist, dass Investitionen zwar langfristige Renditen abwerfen, doch kurzfristig auf Kosten des Konsums gehen. Die US-Wirtschaft wird zu 70 Prozent durch Konsum angetrieben. Es ist nicht möglich, die Investitionen zu erhöhen (auf lange Sicht), ohne den Konsum abzuwürgen (auf kurze Sicht), es sei denn, die USA fahren höhere Haushaltsdefizite und leihen sich mehr Geld aus dem Ausland. Doch die US-Staatsdefizite sind schon jetzt auf Rekordniveau, und die meisten anderen Länder haben ihre eigenen wirtschaftlichen Probleme und staatlichen Defizite zu bewältigen.

Darius Dale, ein Analyst des Meinungsforschungsbüros Hedgeye, weist darauf hin, dass viele der staatlichen Konjunkturprogramme, welche die Wirtschaft seit März 2020 am Leben erhalten haben, bereits ausgelaufen sind oder bald auslaufen werden. Der 15. Juli 2020 war der Tag, an dem die seit April gestundeten Einkommenssteuerschulden fällig wurden. Am 30. September 2020 lief die Stundung von Studienkredit-Tilgungsraten aus. Der 31. Oktober 2020 markierte das Ende der Stundung von Hypotheken-Tilgungsraten. Am 31. Dezember 2020 läuft die tilgungsfreie Schonfrist für Kredite aus dem Paycheck Protection Program aus. Falls diese und andere Programme nicht verlängert oder mit höheren Budgets erweitert werden, werden wichtige Stützen einer schon jetzt schwachen Erholung nach der Pandemie wegfallen. Das lässt erwarten, dass die

Wirtschaft 2021 schnell wieder in die Abwärtsspirale geraten wird, die von März bis Juni 2020 durch staatliche Interventionen unterbrochen wurde.

Auf Basis der fundiertesten verfügbaren Studien sind unsere Prognosen, denen zufolge einige Jahre schwaches Wachstum zu erwarten wären, zu optimistisch. Die besten verfügbaren Daten deuten darauf hin, dass wir uns auf *30 Jahre* schwaches Wachstum einstellen sollten. Die im März 2020 erschienene Studie »Longer-Run Economic Consequences of Pandemics« von einem Ökonomen der Federal Reserve und zwei Wissenschaftlern der University of California untersucht die wirtschaftlichen Auswirkungen von Pandemien mit mindestens 100 000 Todesfällen, seit 1347 die Pest in Europa wütete und der »Schwarze Tod« ein Drittel der Bevölkerung dahinraffte.[8] Die Autoren kommen zu diesem Schluss: »Signifikante makroökonomische Nachwirkungen der Pandemien hielten etwa 40 Jahre lang an. In solchen Zeiten lagen die realen Renditen deutlich niedriger als sonst.« Und weiter: »Pandemien richten Schäden an, die sich jahrzehntelang auswirken können. [...] Diese Ergebnisse sind erschütternd.« Um das zur aktuellen Entwicklung ins Verhältnis zu setzen: Covid-19 ist auf dem Weg, mehr Todesfälle zu verursachen als 11 der 15 untersuchten Pandemien.

An diesem Punkt sind Kompromisse zwischen Sparen und Geldausgeben rein akademische Übungen, da die Amerikaner bereits mit der Brieftasche abgestimmt haben. Im Mai 2020 schoss die Sparquote als Anteil des verfügbaren Einkommens von 7,5 auf 33,0 Prozent hoch. Die Amerikaner sparten, anstatt zu konsumieren. Das ist eine vernünftige Strategie, wenn Sie arbeitslos sind und nicht wissen, wie Sie die nächste Kfz-Rate oder Miete bezahlen sollen. Und es ist auch dann vernünftig, wenn Sie noch nicht arbeitslos sind, aber befürchten müssen, es bald zu werden. Und selbst wenn Ihr Job und Einkommen sicher sind, könnten Sie sich trotzdem entschließen, mehr zu sparen, weil Sie eine Deflation erwarten. In einer Deflation ist Cash die profitabelste Geldanlage, weil der reale Wert des Geldes steigt, während die Lebenshaltungskosten sinken.

All diese Faktoren – mehr Entlassungen, mehr Insolvenzen, Feedbackschleifen und ein Konsumstreik in Form von höheren Sparquoten – bedeuten, dass der Aufschwung schleppend verlaufen und die Arbeitslosigkeit hoch bleiben wird. Es wird keine v-förmige Erholung geben. Es gibt keine »green shoots«, keine »grünen Triebe«, auch wenn Sie das in den Medien immer wieder hören. Wir sind in der neuen Großen Depression und werden das auf Jahre hinaus bleiben.

Staatsschulden und Deflation vereiteln einen Aufschwung

Heute erleben die Vereinigten Staaten und andere entwickelte Länder die zweite Welle eines besonders schweren Doppelschocks. Für sich genommen hätte allein die globale Finanzkrise von 2008 oder die globale Pandemie von 2020 genügt, um das Wesen der Staatsfinanzen zu verändern und Regierungen zu veranlassen, großzügig Geld zu schöpfen und sich zu leihen. Zusammengenommen werden diese beiden Krisen die Kaufkraft des Staates transformieren. [...] Man könnte es das Zeitalter des magischen Geldes nennen.

Sebastian Mallaby, *Foreign Affairs*, 29. Mai 2020

Wie geht es weiter? Jetzt, da die SARS-CoV-2-Plage offen zutage liegt und die Verheerungen der Depression fast jede Familie heimsuchen, liegt der Fokus darauf, was als Nächstes kommt. Die Menschen, Betriebe und Kommunen leiden unter den gleichzeitigen Auswirkungen von Pandemie, Lockdown, Depression und den Unruhen in vielen US-Großstädten. Widerstandsfähigkeit gegen psychische Belastungen ist eine typische Eigenschaft der amerikanischen Bürger, die sich im Wiederaufbau der Wirtschaft nach dem Sezessionskrieg und nach der Großen Depression manifestierte. Ein solcher Wiederaufbau erfordert Hoffnung, Führungsstärke und ein politisches Konzept, das darauf angelegt ist, Schäden zu beheben, Orientierung zu bieten und ein Umfeld zu schaffen, das die Menschen und Betriebe motiviert, wieder Risiken einzugehen, Mitarbeiter einzustellen und hart zu arbeiten. Auf den Sezessionskrieg folgte die Reconstruction (1863 bis 1877), der Bau von Eisenbahnen und eine anhaltende Phase technologischer Innovationen, die etwa 1870 begann. Die Folgen der *Great Depression* wurden erträglicher gemacht, zuerst durch staatlich finanzierte Infrastrukturprojekte wie den Grand Coulee Dam (1933), eine große Talsperre mit Wasserkraftwerk im Bundesstaat Washington, und schließlich durch einen massiven Ausbau der Rüstungsindustrie, als die USA in den Zweiten Weltkrieg eintraten. Rezessionen und schwaches Wachstum nach dem Krieg wurden in den 1950er-Jahren durch höhere Rüstungsausgaben, massive Infrastrukturprojekte wie das Eisenhower Interstate Highway System (das US-Autobahnnetz) sowie einen demografischen Schub durch den Babyboom kompensiert.

Keine dieser Reaktionen war ein allumfassendes Patentrezept, das auf einen Schlag alle Probleme gelöst hätte; sie waren verzahnt mit anderen Maßnahmen und beeinflusst von übergeordneten Trends, und sie brauchten Zeit. Gleichwohl erbrachten Ankündigung und Umsetzung von wichtigen gesellschaftspolitischen Strategien spürbare Auswirkungen auf die Schaffung von Arbeitsplätzen und die Konsumneigung der Bürger. Darüber hinaus stellten sich aber noch wichtigere psychische Wirkungen ein, durch die Vertrauen wiederhergestellt und ein Umfeld für Investitionen und Unternehmergeist im privaten Sektor geschaffen wurde, um mit der Politik an einem Strang zu ziehen. Es war keine »Public-private-Partnership« in dem programmatischen Sinne, in dem dieser Begriff heute verwendet wird, sondern eine organisch gewachsene, sich selbst verstärkende gemeinsame Anstrengung – Initiativen der Regierung motivierten private Unternehmungen, die ihrerseits zu Wachstum und Steuereinnahmen führten, welche wiederum die Regierung unterstützten.

Wie sieht heute die gesellschaftspolitische Reaktion auf die neue Große Depression und die Pandemie, von der sie verursacht wurde, aus? Im Großen und Ganzen gab es eine massive geldpolitische Reaktion in Form von staatlichen Garantien, Gelddrucken und Liquiditätsspritzen, wo sie gebraucht wurden. Es kam zu einer beispiellosen fiskalpolitischen Reaktion in Form von erhöhter Arbeitslosenunterstützung, zinsgünstigen Krediten für Arbeitgeber zwecks Lohnfortzahlung sowie Bailouts (Rettungspaketen) für wankende Fluglinien, Hotels, Urlaubsresorts und andere durch die Depression in Bedrängnis geratene Branchen. Hinter diesen billionenschweren defizitfinanzierten Ausgaben und der Monetarisierung von Staatsschulden (der Staat emittiert Anleihen, die dann von der Zentralbank, womöglich auf dem Umweg über Geschäftsbanken, mit frisch gedrucktem Geld gekauft werden) steckt eine pseudo-wirtschaftswissenschaftliche Melange namens Modern Monetary Theory (MMT), die vorgibt, Besorgnisse über die Tragfähigkeit von Staatsschulden auszuräumen. Bis vor Kurzem war die MMT eine eher exotische Denkschule mit einer gewissen Unterstützung vom linken Rand des politischen Spektrums; heute ist sie de facto die ökonomische Doktrin des Landes, obwohl die meisten Kongressabgeordneten, die sie in Gesetzen verewigen, noch nie etwas von ihr gehört haben.

In den folgenden Abschnitten gehen wir ausführlicher auf die geld- und fiskalpolitischen Reaktionen auf die Krise ein. Keine dieser Strategien erreicht ihre Ziele, die Depression zu beenden, verlorene Arbeitsplätze wiederzugewinnen oder wieder ein reales Wirtschaftswachstum zu erreichen. Es gibt empirische und verhaltenspsychologische Gründe, warum diese politischen Maßnahmen scheitern werden. Zum Schluss untersuchen wir die größte aller Gefahren – Deflation – und überlegen, warum augenscheinlich unbegrenztes Gelddrucken und -ausgeben sie nicht beheben werden.

Es gibt ein wirkungsvolles Heilmittel gegen Deflation (auf das wir im Schlusswort zurückkommen werden), doch dieses Mittel fehlt im intellektuellen Toolkit der Zentralbanken und der Abgeordneten von heute. Diese Wissenslücke kündigt jahrelanges niedriges Wachstum an – ein weiterer Grund, warum wir es mit einer Depression zu tun haben, nicht bloß einer Rezession, und ein weiterer Grund, warum Investoren scharfsichtig und weitblickend sein müssen, um Vermögensverluste und verpasste Chancen zu vermeiden.

DIE MMT EILT ZUR RETTUNG HERBEI

Die Notwendigkeit, als Reaktion auf den von der Covid-19-Pandemie verursachten wirtschaftlichen Schock viel Geld auszugeben, hat die sogenannte Modern Monetary Theory von einem Platz in den Kulissen der Wirtschaftspolitik in die Mitte der politischen Bühne gerückt. Ihre Verfechter, etwa Professor L. Randall Wray am Bard College oder der Investor Warren Mosler, bekennen sich zu einer merkwürdigen Mischung aus Progressivismus in Verbindung mit einem prä-keynesianischen Konzept, das als Chartalismus bekannt ist. Die Anhänger der MMT sind eine kleine, aber aufstrebende Clique, die der Welt das anbietet, was sie am stärksten begehrt – geschenktes Geld.

Die beiden zentralen Institutionen im Blickfeld der MMT-Wahrsager sind die Federal Reserve und das U.S. Treasury (Finanzministerium). Fed und Treasury wurden als getrennte Institutionen geschaffen und haben unterschiedliche Aufgaben, doch sie arbeiten auf vielfältige Art zusammen. Das Treasury hat ein Konto bei der Fed, die Fed kauft vom Treasury emittierte Staatsanleihen mit frisch gedrucktem Geld (Monetarisierung von Staatsschulden), und die Fed führt ihre Profite an das Treasury ab. Doch beide Institutionen haben klare Grenzen, die von Ökonomen und Politikern respektiert werden:

Das Treasury schöpft kein Geld. Die Ausgaben des Treasury sind begrenzt, wenn der Kongress sie nicht autorisiert und die Fed sie nicht durch niedrige Zinsen und Anleihenkäufe ermöglicht.

Die MMT lehnt diese Einschränkungen ab. Letztlich behandeln MMT-Auguren das Treasury und die Fed, als wären sie eine einzige Körperschaft. Nach dem MMT-Modell schöpft das Treasury Geld, indem es welches ausgibt. Wenn das Treasury Geld ausgibt, verringert es seinen Kontostand bei der Fed und erhöht die Salden der Bankkonten der Bürger oder der Unternehmen des Privatsektors, die dieses Geld erhalten. Aus dieser Sicht wird der Wohlstand des Privatsektors durch die Ausgaben des Treasury erhöht. Je mehr das Treasury ausgibt, desto reicher wird der Privatsektor. Die MMT-Clique stellt die rhetorische Frage: »Wo käme denn Geld überhaupt her, wenn das Treasury es nicht ausgäbe?«

MMT-Anhänger betrachten Geld als einen Buchungsposten, der durch Geldausgeben des Treasury ausgelöst wird und sich auf die Macht des Staates stützt; es gebe keine Grenze für die Menge des Geldes, die der Staat ausgeben kann. Wenn das wahr wäre, gäbe es auch kein gesellschaftliches Problem – von Armut über Infrastruktur bis hin zu Bildung –, das nicht durch mehr Geldausgeben gelöst werden könnte. Das Land werde nicht ärmer, wenn das Treasury Geld borgt und ausgibt, sondern reicher, da dieses Geld den Wohlstand der Empfänger mehre.

Die Modern Monetary Theory war Manna für die Kongressabgeordneten, die das Deficit-Spending des Staates in einem einzigen Jahr um eine Summe erhöhen wollten, die größer ist als die unter allen Präsidenten von George Washington bis Bill Clinton insgesamt aufgelaufene Staatsverschuldung. Der Kongress hat nichts dagegen, viel Geld auszugeben, doch er braucht eine Art intellektuelle Rückendeckung, wenn das für ein einziges Haushaltsjahr erwartete Defizit höher sein soll als 20 Prozent des BIP. Diese Rückendeckung liefert ihm die MMT, selbst wenn sie wissenschaftlicher Mumpitz ist. Bis ihre mit der Realität unvereinbaren Denkfehler zutage treten, wird das Geld längst verschwunden sein, und die amerikanischen Bürger werden den Scherbenhaufen zusammenkehren müssen.

Die Modern Monetary Theory ist alter Wein in neuen Schläuchen. Der alte Wein ist der Glaube, der Wert des Geldes entstehe durch ein Diktat der Regierung und die Menge des Geldes sei unbegrenzt, da der Staat dem Bürger keine andere Wahl lässt, als seine Steuerschuld mit dem Geld des Staates zu begleichen. Solange das von der Regierung zugelassene Geld das einzige Zahlungsmittel ist, mit dem Steuern gezahlt werden können, muss der Bürger solches Geld erwerben, wenn er nicht wegen Steuerhinterziehung im Gefängnis landen will. Es ist ein geschlossenes System ohne Ausweg.

Die neuen Schläuche bestehen darin, mit der MMT einen langen Wunschzettel progressiver Programme der Democratic Party zu rechtfertigen – Medicare for All (kostenlose medizinische Versorgung für alle Bürger über 65), Abschaffung von Studiengebühren, kostenlose Kinderbetreuung und ein bedingungsloses Grundeinkommen. In früheren Jahren wurden solche politischen Versprechungen leicht von Experten zu Fall gebracht, die schlicht sagten: »Das können wir uns nicht leisten.« Heute erwidern MMT-Anhänger mit einem Flair von theoretischer Respektabilität: »Doch, das können wir.« Zwischen den Stühlen sitzen Abgeordnete, die früher noch das instinktive Gefühl hatten, es müsse Grenzen geben für die Höhe der Staatsschulden (selbst wenn Liberale und Konservative sich über diese Grenzen nicht einigen können), aber heute überhaupt keine Grenzen mehr sehen, solange die Ausgaben dazu dienen, kurzfristige, von der Pandemie und der wirtschaftlichen Depression verursachte Probleme anzupacken. Die Kongressabgeordneten, die zwischen März und Juli 2020 für neue Staatsschulden in Höhe von 5 Billionen Dollar stimmten, haben vielleicht noch nie etwas von der Modern Monetary Theory gehört – doch das ist es, was sie sich mit ihrem Abstimmverhalten zu eigen machten.

Die intelligenteste MMT-Vorkämpferin ist Stephanie Kelton, ihres Zeichens Professorin an der Stony Brook University. Präsentiert hat sie ihre Ansichten in ihrem 2020 erschienenen Buch *The Deficit Myth: Modern Monetary Theory and the Birth of the People's Economy*.[1] Nach Keltons Version der MMT kann bröckelnde Infrastruktur sofort instand gesetzt werden, indem Geld für Reparaturen ausgegeben wird. Der 1,6 Billionen Dollar hohe Schuldenberg aus Studienkrediten, der die Gründung von Familien erschwert und unzählige Millennials zu Schuldsklaven macht, könne durch Schuldenerlass aus der Welt geschafft werden. Arbeitslosigkeit und Unterbeschäftigung könnten durch ein bedingungsloses Grundeinkommen beseitigt werden – jeden Monat bekommt jeder Bürger einen Scheck, ohne dass er sich um Arbeit bemühen oder andere Voraussetzungen erfüllen müsste. Diese und andere staatliche Programme könnten durch Ausgaben des Treasury und Monetarisierung von Staatsschulden durch die Fed finanziert werden.

Kelton ist auch die Pförtnerin am Tor zur finsteren Seite der MMT – dem Gewaltmonopol des Staates und seiner Bereitschaft, es gegen Bürger einzusetzen, die sich gegen die Verwendung des vom Staat vorgeschriebenen Geldes auflehnen. Die MMT nimmt für sich in Anspruch, ein Lösungsansatz des 21. Jahrhunderts für die Probleme staatlicher Finanzen und wirtschaftlichen Wachstums zu sein. Tatsächlich machen sich jedoch die MMT-Befürworter die Lehrsätze des Chartalismus zu eigen, aufgestellt vor über einem Jahrhundert von Georg Friedrich Knapp in seinem erstmals 1905 erschienenen Werk *Staatliche Theorie des Geldes*.[2]

Laut Kelton und Knapp hat Ihr Geld einen Wert, weil der Staat es sagt. Ausgehend von diesem Argument greifen Kelton und ihresgleichen in alle Richtungen aus. Wenn alles, von dem der Staat es sagt, Geld ist, dann kann alles Mögliche Geld sein, auch Gold. Vor dem letzten Drittel des 20. Jahrhunderts waren die meisten staatlichen Währungen an Gold gebunden. Kelton behauptet, Gold sei nicht aufgrund seiner Knappheit oder seines Nutzens Geld gewesen, sondern weil der Staat es zu Geld proklamiert habe, mehr aus Gewohnheit denn aus Notwendigkeit. Sobald Papier zum Gegenstand dieser Proklamation geworden sei, wäre Papier zu Geld geworden und Gold auf der Strecke geblieben.

Kelton behauptet, Schulden und Kredite seien zwei Seiten derselben Medaille. Wenn der Staat Dollars an seine Bürger transferiere, sei der Staat ein Schuldner, weil jeder Dollar eine Verbindlichkeit der Zentralbank sei, und die Bürger seien Gläubiger, weil sie diese Schuldscheine annehmen und halten. Dieses Konzept, dass Geld gleich Schuld sei, erlaubt Kelton, eine »Hierarchie des Geldes« aufzustellen. Demnach kann buchstäblich jeder Mensch in irgendeiner Form Geld erzeugen, indem er einfach einen Schuldschein ausstellt. Ungefähr so, als ob die Fed ihre Definitionen der Geldmenge erweitern würde, über M0, M1 und M2 hinaus auf M4, M5, M6 und so weiter. Das alles sei Geld, Kredit und Schuld zugleich.

Immerhin räumt Kelton ein, dass die Macht des Staates gebraucht wird, damit dieses System funktionieren kann. Sie schreibt: »Nur der Staat kann durch seine Macht, Steuergesetze zu erlassen und durchzusetzen, Schuldscheine herausgeben, die seine Bürger akzeptieren müssen, wenn sie Strafe vermeiden wollen.«[3] Sie sagt nicht ausdrücklich, dass unterlassene Steuerzahlungen durch Beschlagnahmung von Eigentum oder Gefängnis bestraft werden können, doch das ist die unumgängliche Schlussfolgerung. Die Macht des Staates ist der Ursprung staatlichen Geldes.

Es ist richtig, dass der Staat proklamieren kann, welche Art von Geld er zur Begleichung von Steuerschulden akzeptiert. Es ist richtig, dass der Bürger die proklamierte Form von Geld als Geld betrachten mag, um Steuern zahlen zu können und einer Gefängnisstrafe zu entgehen. Es ist richtig, dass eine Zentralbank und ein Finanzministerium zusammenarbeiten können, um einen als »fiskalische Dominanz« bekannten Zustand herbeizuführen, in dem sie Staatsschulden in unbegrenzter Höhe monetarisieren und Ausgaben des Staates in unbegrenzter Höhe ins Werk setzen können. Und schließlich ist es richtig, dass die vom Staat ausgegebenen Gelder in die Taschen von Bürgern und Unternehmen fließen und diese um den betreffenden Betrag reicher machen, zumindest vorübergehend.

Die MMT scheitert nicht an dem, was sie sagt, sondern an dem, was sie ignoriert. Die Frage ist nicht, ob es für das Erzeugen von Geld eine gesetzliche Grenze gibt, sondern ob es an eine psychologische Grenze stößt.

Die eigentliche Grundlage des Wertes von Geld ist nicht die Macht des Staates, sondern Vertrauen. Wenn zwei Parteien einer Transaktion darauf vertrauen, dass ihr Tauschmittel Geld ist und auch andere es als solches betrachten, dann *ist* dieses Tauschmittel Geld, und zwar in der gesamten Gesellschaft. In vergangenen Zeiten bestand Geld aus Gold, Silber, Perlen, Vogelfedern, papierenen Gutscheinen und diversen anderen Symbolen von Vertrauen.

Das Problem mit Vertrauen ist freilich, dass es empfindlich ist, leicht verloren geht und nur schwer wiedergewonnen werden kann. Der große Fehler der MMT ist, dass sie Vertrauen als selbstverständlich voraussetzt. Die Rolle des Vertrauens wird aus diversen Gründen ignoriert, etwa weil man sich zu sehr auf quantitative Modelle oder die Macht des Staates verlässt. Was Erstere betrifft, so ist das Missachten psychologischer Aspekte, weil sie nicht elegant in quantitative Gleichgewichtsmodelle hineinpassen, nichts weniger als vorsätzliche Ignoranz. Und was Letztere betrifft, so muss man sich nur die lange Reihe gescheiterter Staaten ansehen – heute denkt man dabei an Venezuela, Somalia, Syrien, den Jemen und Nordkorea. Die Macht des Staates ist nicht absolut, und sie ist nicht permanent.

Der andere blinde Fleck der MMT ist die Umlaufgeschwindigkeit des Geldes. Sie wird in der MMT-Literatur kaum behandelt. Nur durch Ignorieren der Umlaufgeschwindigkeit können MMT-Champions wie Kelton und Wray die Augen verschließen vor einer Hyperinflation, wenn das Vertrauen in das Geld des Staates schwindet. Das ist Wunschdenken. Wenn die Menschen das Vertrauen in eine Form von Geld verlieren, reagieren sie, indem sie es möglichst schnell ausgeben oder sich eine andere Form von Geld beschaffen. Diese Verhaltensanpassung ist die eigentliche Ursache einer Inflation, nicht übermäßiges Gelddrucken. Vertrauen und Umlaufgeschwindigkeit stehen in einer inversen Relation zueinander, und zusammen sind sie die Achillesferse der MMT.

Kelton lässt sich von solchen Bedenken nicht beeindrucken. In einem am 9. Juni 2020 in der *New York Times* erschienenen Gastkommentar beschrieb sie die pandemiebedingten finanziellen Rettungsmanöver folgendermaßen: »Die Kongressabgeordneten stimmten einfach dafür, Bewilligungsgesetze zu verabschieden, und dadurch wurde letztlich die Hausbank der Regierung – die Federal Reserve – angewiesen, Billionenbeträge bereitzustellen.«[4] Solche Simplifizierungen sind politisch reizvoll, ignorieren jedoch die Verhaltensanpassungen der Bürger, die eine exzessive Überdehnung der Staatsverschuldung bewirkt. Solche Anpassungen, etwa in Form von höheren Sparquoten und verringertem Konsum, verschärfen die entstehende Liquiditätsfalle, anstatt sie abzuwenden.

Die Denkfehler der MMT werden in den nächsten paar Jahren zutage treten. Das könnte sich manifestieren als eine anhaltende Deflation (da die von der MMT empfohlenen Maßnahmen kein Wachstum erzeugen können) oder als Inflation (da die von der MMT empfohlenen Maßnahmen das Vertrauen in das Geld des Staates untergraben). Wahrscheinlich werden beide entstehen: erst Deflation, gefolgt von einer Inflation.

Einstweilen ist der wichtigste Aspekt der MMT nicht, dass sie nicht funktioniert (sie funktioniert nicht), sondern dass sie einen Deckmantel der Glaubwürdigkeit liefert – für den Kongress, um unbegrenzte defizitfinanzierte Summen auszugeben, und für die Fed, um diese Defizite zu monetarisieren. Sowohl die Geld- als auch die

Fiskalpolitik überschlagen sich, um angesichts der neuen Großen Depression die US-Wirtschaft zu »stimulieren«. Weder Gelddrucken noch Geldausgeben können die Wirtschaft ankurbeln, aus Gründen, die in den folgenden Abschnitten erläutert werden. Die akademische Fassade der MMT ändert nichts an dieser Erkenntnis.

WARUM GELDPOLITIK KEIN STIMULUS IST

Seit 2007 hat die Fed einen Fehler nach dem anderen gemacht, was sie dadurch verschleiert, dass sie jeden Fehler größer macht als den vorigen. Jetzt nähern wir uns dem Endspiel. Schauen wir uns zunächst an, wie wir an diesen Punkt gekommen sind.

Die Reaktion der Fed auf das, was sich zur globalen Finanzkrise von 2008 auswuchs, begann im August 2007 im Kielwasser der Insolvenz von zwei auf Hypothekenverbriefungen spezialisierten Hedgefonds der Investmentbank Bear Stearns, die Ende Juli pleitegingen. Der effektive Leitzins (der Zinssatz, den die Fed aus politischen Gründen anstrebt) fiel von 5,26 Prozent im Juli auf 5,02 Prozent im August 2007. Von da an stürzte er senkrecht ab, im Januar 2009 war er bei 0,15 Prozent angekommen. An diesem Punkt konnte Fed-Chef Ben Bernanke den Leitzins nicht weiter senken und griff darauf zurück, Geld zu drucken, was er als »Quantitative Easing« (QE, »quantitative Lockerung«) bezeichnete. Das fand in drei Wellen statt, die QE1, QE2 und QE3 genannt wurden. Das Gelddrucken führte dazu, dass die Bilanzsumme der Fed von 865 Milliarden Dollar im August 2007, dem Beginn der Krise, auf 4,52 Billionen Dollar am 12. Januar 2015 anschwoll, kurz nach Abschluss des QE3-»Taper«, mit dem nach und nach die Menge des neu gedruckten Geldes auf null reduziert worden war. Ab diesem Zeitpunkt hielt die Fed ihre Zinsen auf null und ihre Bilanzsumme bei rund 4,5 Billionen Dollar, bis zur ersten Zinserhöhung am 16. Dezember 2015 (dem sogenannten »Liftoff«). Dann stieg der Leitzins kontinuierlich, bis er am 20. Dezember 2018 bei 2,5 Prozent stand. Zudem begann die Fed im November 2017, ihre Bilanz zu verkleinern, nach einem Programm, das »Quantitative Tightening« (QT) genannt wurde und darauf hinauslief, Basisgeld zu löschen. Bis zum 26. August 2019 senkte die Fed ihre Bilanzsumme auf 3,76 Billionen Dollar, eine Reduzierung um 760 Milliarden Dollar an Vermögenswerten in weniger als zwei Jahren. Schätzungen von Analysten zufolge entspricht eine Verkleinerung der Geldmenge um 500 Milliarden Dollar einer Erhöhung des Leitzinses um ungefähr 1,0 Prozent. Die Kombination aus Realzinserhöhungen und Effektivzinserhöhungen (durch QT) bedeutete, dass die Fed von 2015 bis 2018 eine extreme Form von monetärer Straffung (Verkleinerung der Geldmenge) durchführte, und das in einer nach wie vor schwachen Konjunktur. Aufgrund ihrer unzulänglichen Prognosefähigkeit verstand die Fed das natürlich nicht.

Sowohl die Zinserhöhungen ab 2015 als auch die Bilanzverkleinerung ab 2017 waren Versuche der Fed, die Zinsen und die Geldmenge wieder zu normalisieren. Die Fed wollte die Zinsen bis auf die 4-Prozent-Marke erhöhen und ihre Vermögenswerte (Aktiva) auf rund 2,5 Billionen Dollar reduzieren, um sich auf die nächste Rezession vorzubereiten. Falls die Fed wieder ein normales Niveau erreichen konnte, würde sie genug trockenes Pulver in Form von potenziellen Zinssenkungen und Geldmengenerhöhungen haben, um eine Rezession zu bekämpfen. Die große Frage war jedoch, ob die Fed vor einer Rezession würde ein normales Niveau erreichen können, ohne die Rezession zu *verursachen*, auf deren Bekämpfung sie sich vorbereitete. Ich war immer der Meinung, dass der Fed das nicht gelingen würde, weil sich eine Nullzinspolitik und eine aufgeblähte Bilanz nicht zurückführen lassen, ohne eine Rezession herbeizuführen. Und in der Tat scheiterte die Fed an dieser Aufgabe. Zwischen 1. Oktober 2018 und 24. Dezember 2018 (dem berüchtigten Christmas

Eve Massacre) stürzten die Aktienmärkte um fast 20 Prozent ab, weil die Fed zu stark straffte.

Ende Dezember 2018 ruderte Fed-Chef Jay Powell eilig zurück. Erst signalisierte er, dass er die Zinsen nicht weiter erhöhen werde (wobei er in öffentlichen Äußerungen das Codewort »Geduld« verwendete). Im März 2019 signalisierte die Fed, sie wolle die Zinsen senken, was sie am 31. Juli 2019 mit der ersten von drei Zinssenkungen in jenem Jahr in die Wege leitete. Die Fed kündigte auch des Ende von QT an und begann, ihre Bilanz wieder zu vergrößern. Diese doppelte Lockerung durch Zinssenkungen und frisch gedrucktes Geld verlieh dem Aktienmarkt Auftrieb – die Kurse legten deutlich zu, bis sie im Februar 2020 einen neuen Höchststand erreicht hatten, unmittelbar vor dem pandemiebedingten Crash.

Diese Chronologie von extremer Lockerung (2007 bis 2014), gefolgt von extremer Straffung (2015 bis 2018) und dann wieder extremer Lockerung (2019 bis 2020) unterschlägt einen merkwürdigen Schock, der sich im September 2019 ereignete. Die Fed vergrößerte ihre Bilanzsumme von 3,8 Billionen Dollar am 16. September 2019 auf 4,2 Billionen Dollar am 31. Dezember 2019. Diese Expansion fand *vor* irgendwelchen wirtschaftlichen Auswirkungen von SARS-CoV-2 und *vor* der neuen Depression statt. Auslöser dieser Sonderschicht an der Notenpresse war eine schwere Liquiditätskrise, die Ende September im US-Staatsanleihenmarkt entstand. Ihre Ursache wurde nie bekannt, doch wahrscheinlich war es die unmittelbar bevorstehende Insolvenz von einem oder mehreren Hedgefonds und deren Gläubigerbanken. Diese nur knapp abgewendete Krise war die Folge einer weltweiten Knappheit an Dollars und erstklassigen Sicherheiten für besicherte Kredite (zumeist U.S. Treasury Notes, also Schatzanweisungen oder Schatzwechsel). Etwas einfacher ausgedrückt: Die Welt befand sich schon fünf Monate *vor* Beginn der Pandemie und der neuen Depression in einer Dollar-Liquiditätskrise. Die Pandemie war ein Turbolader für eine Finanzkrise, die bereits begonnen hatte, aber von Beobachtern, die nicht auf Staatsanleihenmärkte spezialisiert waren, nicht wirklich verstanden wurde.

Diese Chronologie ist eine lange Geschichte des Versagens der Geldpolitik im Allgemeinen und des Monetarismus im Besonderen. Der Fed gelang es nicht, nach 2009 das Wachstum der Wirtschaft wieder auf den Langzeittrend zurückzubringen. Der Fed gelang es nicht, zwischen 2014 und 2020 die Zinsen oder ihre Bilanz zu normalisieren. Seit 13 Jahren und nach wie vor gelingt es der Fed nicht, ihr erklärtes Inflationsziel von 2 Prozent zu halten, gemessen am »Core PCE Deflator« im Jahresvergleich (PCE = »Personal consumption expenditures« = »persönliche Konsumausgaben«, »Deflator« = »Preisbereinigungsfaktor«). Ende 2018 verursachte die Fed beinahe eine Rezession und einen Crash am Aktienmarkt, bevor sie abrupt den Kurs änderte. Im September 2019 vermochte die Fed nicht, eine Dollar-Liquiditätskrise vorherzusehen. Mittlerweile hat die Fed jeden Anspruch auf Legitimität restlos aufgegeben, indem sie vom 1. März bis 1. Juni 2020 ihre Bilanzsumme von 4,2 Billionen auf 7,2 Billionen Dollar vergrößerte. Bis Ende 2020 sind weitere billionenschwere Bilanzvergrößerungen geplant. Die Fed ist nur einer einzigen Aufgabe wirklich gewachsen – die Kurse an den Aktienmärkten zu inflationieren, je nach Bedarf. Die Anleger an den Aktienmärkten haben das zur Kenntnis genommen und reagieren entsprechend. Es gehört zwar nicht zum zweifachen Mandat der Fed (nämlich Preisstabilität und Vollbeschäftigung), die Aktienmärkte aufzupumpen, aber das kann sie sehr gut.

Allerdings ist es der Fed gelungen, das Schlimmste zu verhindern, als die Märkte im Februar 2020 abstürzten. In einer Krise Liquidität bereitzustellen, ist eine der Aufgaben der Federal Reserve, wie sie in ihrem Gründungsjahr 1913 als Reaktion auf die Panik von 1907 konzipiert worden war. Mit einer Kombination aus Gelddrucken, direkten Investitionen, direkter Kreditvergabe, Garantien und außerbilanziellen Instrumenten legte die Fed diverse Hilfsprogramme auf, eine

Term Asset-Backed Securities Loan Facility (TALF), eine Corporate Credit Facility, das Paycheck Protection Program, eine Municipal Liquidity Facility, das Main Street Lending Program, die Money Market Fund Liquidity Facility und eine Commercial Paper Funding Facility. Zweifellos wird die Fed so viele Fonds und Fazilitäten auflegen, wie gebraucht werden, um die Märkte liquide und die Banken am Leben zu erhalten. Das Problem ist, dass keines dieser Programme die Wirtschaft ankurbelt oder Arbeitsplätze schafft. Keines davon wird die Wirtschaft wieder zum langfristigen Wachstumstrend zurückbringen (oder auch nur zu dem schwachen Wachstum zwischen 2009 und 2019). Sie werden Hedgefonds und Banken vor der Pleite bewahren, und auf kurze Sicht werden sie verhindern, dass die Märkte einfrieren. Doch diese Programme werden keine Arbeitsplätze schaffen oder Wachstum herbeiführen.

Der Grund für diese welthistorische Litanei von Fehlschlägen der Fed kann in einem einzigen Begriff zusammengefasst werden: Umlaufgeschwindigkeit des Geldes. Um zu verstehen, warum das so ist, müssen wir einen kleinen Umweg über die Theorie des Monetarismus machen.

Monetarismus ist eine wirtschaftswissenschaftliche Theorie, die eng mit der Arbeit von Milton Friedman verbunden ist, der 1976 den Wirtschaftsnobelpreis gewann. Der Monetarismus baut auf der grundlegenden Idee auf, dass Veränderungen der Geldmenge die wichtigste Ursache von Veränderungen des BIP seien. Solche BIP-Schwankungen, gemessen in Dollar, werden auf zwei Elemente heruntergebrochen: eine reale Komponente, die tatsächliche Zuwächse produziert, und eine inflationäre Komponente, die illusionär ist. Der nominale Zugewinn ergibt sich aus der Summe der realen und der inflationären Komponente und wird ebenfalls in Dollar gemessen.

Nach Friedman funktionieren Ausweitungen der Geldmenge zu dem Zweck, die Produktion zu erhöhen, nur bis zu einem bestimmten Punkt; nominale Zuwächse jenseits dieses Punkts sind inflationär. Das bedeutet letzten Endes, dass die Fed zwar Geld drucken kann, um nominales Wachstum zu erzeugen, es jedoch eine Grenze gibt, wie viel reales Wachstum auf diese Weise erzeugt werden kann.

Ein Monetarist, der die Geldpolitik optimieren will, wird sagen: Wenn das Realwachstum auf 4 Prozent begrenzt ist, wird die optimale Politik eine solche sein, bei der die Geldmenge um 4 Prozent wächst, die Umlaufgeschwindigkeit konstant bleibt und das Preisniveau konstant bleibt. Das produziert maximales Realwachstum und null Inflation. Es ist alles relativ einfach, solange die Umlaufgeschwindigkeit des Geldes konstant bleibt.

Aber was passiert, wenn die Umlaufgeschwindigkeit sich verändert?

Es hat sich gezeigt, dass die Umlaufgeschwindigkeit des Geldes, im Gegensatz zu Friedmans These, keineswegs konstant ist. Sie ist der Faktor, den die Fed nicht beeinflussen kann, denn sie ist ein psychologischer Faktor: Die Umlaufgeschwindigkeit des Geldes hängt davon ab, wie die Menschen ihre wirtschaftlichen Zukunftsaussichten beurteilen, sie kann nicht durch die Notenpresse der Fed kontrolliert werden. Das ist der fatale Fehler des Monetarismus als politisches Werkzeug. Die Umlaufgeschwindigkeit ist ein Verhaltensphänomen, und noch dazu ein sehr machtvolles.

Die Umlaufgeschwindigkeit von M2 (einer breit angelegten Definition der Geldmenge) erreichte 1997 ihr bisheriges Maximum von 2,2. Das bedeutet, dass jeder Dollar der Geldmenge M2 ein nominales BIP im Wert von 2,20 Dollar stützt. Dieser Wert fiel 2006, kurz vor der globalen Finanzkrise, auf 2,0 und stürzte dann Mitte 2009, am Tiefpunkt der Krise, auf 1,7 ab. Doch der Absturz der Umlaufgeschwindigkeit endete nicht mit dem Börsencrash; sie fiel immer weiter, bis sie Ende 2017 bei 1,43 angekommen war, obwohl die Fed durchgehend Geld druckte und die Zinsen auf null hielt (2008 bis 2015). Schon vor dem neuen, von der Pandemie verursachten Crash fiel die Umlaufgeschwindigkeit Anfang 2020 auf 1,37. Es ist zu erwarten, dass sie noch weiter fällt, während die neue Große Depression sich hinzieht.

Wenn die Verbraucher sich entschulden und mehr sparen, anstatt Geld auszugeben, fallen Umlaufgeschwindigkeit und BIP, wenn die Fed die Geldmenge nicht ausweitet. Die Fed druckt sehr viel Geld, um trotz einer sinkenden Umlaufgeschwindigkeit das nominale BIP zu halten; ein Problem, mit dem sie seit den 1930er-Jahren nicht mehr konfrontiert war. Wenn die Umlaufgeschwindigkeit gegen null tendiert, rutscht auch das Wirtschaftswachstum gegen null. Die Notenpresse ist machtlos; 7 Billionen Dollar mal null ist gleich null.

Wenn der Mechanismus zur Ausweitung der Geldmenge nicht mehr funktioniert, weil die Banken keine Kredite mehr vergeben und die Umlaufgeschwindigkeit sinkt, weil die Verbraucher Zukunftsängste haben, kann die Wirtschaft nicht wachsen. Ohne Umlaufgeschwindigkeit des Geldes gibt es keine Wirtschaft.

Das bringt uns zum Kern der Sache. Die Faktoren, die von der Fed beeinflusst werden können, etwa die Geldbasis, wachsen nicht schnell genug, um die Wirtschaft wiederzubeleben und die Arbeitslosigkeit zu reduzieren. Die Faktoren, welche die Fed steigern müsste, sind die Kreditvergabe der Banken und die Umlaufgeschwindigkeit des Geldes in Form von Ausgaben. Wie viel Geld die Menschen ausgeben, hängt von der seelischen Befindlichkeit von Kreditgebern und Konsumenten ab, was letztlich ein verhaltenspsychologisches Phänomen ist. Die Fed hat die Kunst, Inflationserwartungen zu beeinflussen, verlernt (soweit sie sie denn jemals beherrscht hat). Diese Kunst ist der Schlüssel zum Verändern von Konsumverhalten und Ankurbeln von Wachstum, und sie hat praktisch nichts zu tun mit der Geldmenge, im Gegensatz zu den Patentrezepten von Monetaristen und Ökonomen der Österreichischen Schule.

Seit der Wende zum 20. Jahrhundert ist es zwei US-Präsidenten erfolgreich gelungen, die Inflationserwartungen der Konsumenten radikal zu verändern. Beide verwendeten die gleiche Methode, einer von ihnen absichtlich, der andere ungewollt. Der eine rettete die US-Wirtschaft, der andere richtete sie fast zugrunde. Inflation zu erzeugen, ist beinahe so, als würde man einen Geist aus der Flasche lassen – das Ergebnis kann gut oder schlecht sein. Ohne höhere Inflation durch höhere Umlaufgeschwindigkeit des Geldes besteht keine Hoffnung, dass ein deflationärer Abgrund und eine sich verschlimmernde Depression vermieden werden können. Die Geschichten der beiden Präsidenten, die es geschafft haben, die Umlaufgeschwindigkeit zu erhöhen, und wie das auch heute wieder gelingen kann, werden im Schlusswort erzählt.

Warum Fiskalpolitik kein Stimulus ist

Im Jahr 2020 hat der Kongress höhere defizitäre Staatsausgaben autorisiert als in den vorangegangenen acht Jahren zusammengenommen. Der Kongress wird allein in diesem Jahr die US-Staatsverschuldung um eine höhere Summe erhöhen, als insgesamt unter allen Präsidenten seit George Washington bis Bill Clinton an Defiziten aufgelaufen sind. Diese Ausgabenorgie umfasst 26 Milliarden Dollar für Virustests, 126 Milliarden an Verwaltungskosten für Hilfsprogramme, 217 Milliarden an direkten Hilfen für die Verwaltungsbehörden von Bundesstaaten und Kommunen, 312 Milliarden für das öffentliche Gesundheitswesen, 513 Milliarden an Steuernachlässen für den Mittelstand, 532 Milliarden an Rettungspaketen für große Konzerne, 784 Milliarden als Hilfen für einzelne Bürger in Form von Arbeitslosenunterstützung, bezahltem Urlaub und direkten Finanzhilfen sowie 810 Milliarden für Kleinbetriebe nach dem Paycheck Protection Program.[5] Das kommt zu dem »normalen« Haushaltsdefizit von 1 Billion Dollar pro Jahr noch hinzu. Ende Juli 2020 hat der Kongress eine weitere Vorlage über 1 Billion Dollar verabschiedet, in der es hauptsächlich um Hilfen für Bundesstaaten und Städte ging. Wenn man das »normale« Haushaltsdefizit und die genehmigten Ausgaben addiert, kommt für das Haushaltsjahr 2020 ein Defizit von insgesamt 5,3 Billionen Dollar zusammen. Diese zusätzliche Verschuldung wird die Schuldenquote der USA auf über 130 Prozent hochtreiben. Das ist der höchste Wert der US-Geschichte und befördert die USA in die Liga der Superschuldner Japan, Griechenland, Italien und Libanon.

Es besteht kein Zweifel an der Höhe der defizitären Staatsausgaben und ihren Auswirkungen auf die Schuldenquote. Kaum jemand bestreitet, dass diese Ausgaben notwendig sind, um die Wirtschaft davor zu bewahren, in eine Depression abzurutschen, die noch schwerer ist als jene, die wir gerade erleben. Aber Staatsausgaben sind kein »Stimulus«. Der Kongress gibt Geld aus, um die Zeit zu überbrücken, bis das Wachstum wieder angekurbelt sei, doch solche Staatsausgaben allein werden kein Wachstum liefern. Der Grund dafür ergibt sich aus klassischen ökonomischen Analysen von John Maynard Keynes sowie aus neueren Analysen der Ökonomen Carmen M. Reinhart und Kenneth Rogoff, in denen sie die Grenzen dessen abstecken, was mit einer keynesianischen Strategie zu erreichen ist.

Die Vorstellung, dass Deficit-Spending eine stagnierende Wirtschaft ankurbeln könne, geht zurück auf John Maynard Keynes und sein klassisches Werk *Allgemeine Theorie der Beschäftigung, des Zinses und des Geldes* (1936).[6] Keynes' Idee war ganz einfach. Er hielt die Produktion der Wirtschaft für eine Funktion von etwas, das er als »gesamtwirtschaftliche Nachfrage« – kurz »Gesamtnachfrage« – bezeichnete. Keynes zufolge ergebe sich die Gesamtnachfrage normalerweise aus der Nachfrage durch Unternehmen und Verbraucher. Zu manchen Zeiten mangele es an Nachfrage, weil eine Depression oder Deflation die Konsumenten in eine Liquiditätsfalle treibe. In einem solchen Umfeld würden die Konsumenten ihr Geld lieber auf die hohe Kante legen, anstatt es auszugeben, da sowohl die Preise fielen als auch der Wert des Geldes steige. Unter solchen Umständen sei es klug, Ausgaben zurückzustellen (da die Preise später niedriger sein würden) und mehr zu sparen (da der wahre Wert von Geld steige). Keynes' Ausweg aus der Liquiditätsfalle war, die Regierung mit höheren Staatsausgaben einspringen zu lassen, um die persönlichen Ausgaben von Konsumenten zu ersetzen. Staatsdefizite waren für Keynes ein völlig legitimer Weg, um das zu erreichen, der Deflation das Rückgrat zu brechen und das wiederzubeleben, was er »animalische Instinkte« nannte.

Keynes ging noch weiter und meinte, jeder vom Staat ausgegebene Dollar könne mehr als 1 Dollar an Wachstum produzieren. Wenn die Regierung Geld ausgebe (oder verschenke), werde der Empfänger es für Güter oder Dienstleistungen ausgeben, und die Lieferanten dieser Güter und Dienstleistungen würden damit wiederum ihre eigenen Großhändler und Lieferanten bezahlen, wodurch die Umlaufgeschwindigkeit des Geldes steige. In Abhängigkeit von den genauen wirtschaftlichen Bedingungen werde es möglich sein, aus jedem defizitär vom Staat ausgegebenen Dollar vielleicht 1,30 Dollar nominales BIP zu generieren. Dies ist der berühmte keynesianische Multiplikator – das Defizit werde sich mehr oder weniger von selbst bezahlen, durch höhere Produktion und höhere Steuereinnahmen.

In der Praxis war Keynes' Theorie jedoch keine allgemeine Theorie, sondern eine spezielle. Sie kann nur unter bestimmten Umständen funktionieren. Sie funktioniert am Anfang einer Depression oder in den frühen Phasen eines Aufschwungs. Sie funktioniert, wenn die anfängliche Staatsverschuldung niedrig und tragbar ist. Sie funktioniert unter den Bedingungen einer Deflation und einer echten Liquiditätsfalle. Keynes war kein Ideologe; er war durch und durch Pragmatiker. Sein Rezept war das richtige für die 1930er-Jahre. Leider wurden seine Ideen nach seinem Tod total verfälscht, durch Paul Samuelson und sein Gefolge am Massachusetts Institute of Technology (MIT) und anderen Hochburgen ökonomischer Denkschulen. Aus Keynes' Lösungsansatz für spezielle Umstände wurde ein

Patentrezept gemacht, dem zufolge defizitäre Staatsausgaben immer und überall eingesetzt werden können, um Wachstum zu fördern (vorausgesetzt, diese Ausgaben dienen gesellschaftlichen Zielen, die von den akademischen Eliten abgesegnet wurden). Die Modern Monetary Theory ist die *Reductio ad absurdum* dessen, was vom MIT kam. Der Glaube, dass defizitäre Staatsausgaben in jeder Höhe und zu jeder Zeit so viel Wachstum produzieren, dass es den ausgegebenen Betrag übersteigt, ist das, was hinter der Behauptung steckt, die vom Kongress in rasendem Eifer verabschiedeten billionenschweren Defizite wären ein »Stimulus« für die Wirtschaft. Das ist ein Irrglaube.

Tatsächlich kommen die Vereinigten Staaten und die Welt dem Punkt immer näher, den Carmen Reinhart und Kenneth Rogoff als eine unbestimmte, aber reale Grenze beschreiben, ab der potenzielle Kreditgeber von einer endlos steigenden Schuldenlast dermaßen angewidert sind, dass sie ein Schuldnerland zwingen, entweder extrem zu sparen, offen seine Zahlungsunfähigkeit zu erklären oder Zinsen in astronomischer Höhe anzubieten.

Die Reise an diesen Punkt, an dem die Gläubiger endgültig genug haben und höhere Defizite kein entsprechendes Wachstum mehr produzieren, geht über folgende Stationen: Ein Land beginnt mit einer tragbaren Schuldenquote, die in der Regel definiert wird als höchstens 60 Prozent. In dem Streben nach wirtschaftlichem Wachstum, um aus einer Rezession herauszukommen oder einfach nur um Wählerstimmen zu kaufen, fangen politische Entscheidungsträger an, höhere Defizite in Kauf zu nehmen und immer mehr Geld auszugeben. Zunächst können die Ergebnisse durchaus positiv sein. Vielleicht wirkt ein mehr oder weniger hoher keynesianischer Multiplikator, insbesondere wenn die Wirtschaft brachliegende Kapazitäten in der Industrie und am Arbeitsmarkt hat, vorausgesetzt, das geliehene Geld wird klug genutzt, sodass es positive Wirkungen entfaltet.

Allmählich steigt die Schuldenquote in den Bereich von 70 bis 80 Prozent. Rings um die weit geöffneten Geldhähne scharen sich

Wählergruppen. Die Ausgaben selbst werden immer weniger produktiv; immer mehr Geld fließt in sofortigen Konsum, in Form von Leistungsansprüchen, Sozialleistungen und relativ unproduktiven Annehmlichkeiten, Gemeindeeinrichtungen und Gewerkschaften im öffentlichen Dienst. Das Gesetz der abnehmenden Grenzerträge beginnt zu greifen, doch der Appetit der Bevölkerung auf Deficit-Spending und staatliche Leistungen ist unersättlich. Über kurz oder lang klettert die Schuldenquote über die Marke von 90 Prozent.

Im Rahmen ihrer Forschungen haben Reinhart und Rogoff gezeigt, dass eine Schuldenquote von 90 Prozent nicht mehr nur reine Routine ist, sondern vielmehr das, was Physiker einen kritischen Schwellenwert nennen, an dem ein Phasenübergang stattfindet. Dessen erste Wirkung ist, dass der keynesianische Multiplikator unter null fällt: Ein zusätzlicher geborgter Dollar produziert nur noch weniger als 1 Dollar an Wachstum. Durch höhere Defizite wird unterm Strich kein höheres Wachstum mehr erzeugt, während die Zinsen auf die Defizite von sich aus die Schuldenquote hochtreiben. Heute steigt die pandemiebedingte Neuverschuldung im Verhältnis zu früheren Defiziten nicht inkrementell, sondern exponentiell, und das in einer Zeit, da die Schuldenquote die von Reinhart und Rogoff gezogene rote Linie von 90 Prozent ohnehin schon längst überschritten hat.

Die Gläubiger werden immer nervöser, während sie weiterhin Staatsanleihen kaufen, in der vergeblichen Hoffnung, dass die politischen Entscheidungsträger den Kurs ändern oder spontan Wachstum entsteht, sodass die Schuldenquote wieder sinkt. Das geschieht aber nicht. Die Gesellschaft ist süchtig nach Schulden, und die Sucht verzehrt den Süchtigen. Die Vereinigten Staaten sind der kreditwürdigste Schuldner der Welt und verschulden sich in einer Währung, die sie selbst drucken; allein aus diesem Grund können sie länger als andere Länder eine nicht tragfähige Schuldendynamik verfolgen. Doch die Geschichte zeigt, dass es immer eine Grenze gibt.

Unter Beobachtern, die Endspiel-Szenarien durchexerzieren, besteht Einigkeit darüber, dass ein Staatsbankrott der USA (sei es durch Zahlungsunfähigkeit oder durch Inflation) nicht unmittelbar bevorsteht. Das bedeutet aber keineswegs, dass alles in Ordnung wäre. Das wichtigste Ergebnis der Forschungen von Reinhart und Rogoff ist nicht die unmittelbare Gefahr eines Bankrotts, sondern die zunehmende Wirkung struktureller Wachstumshemmnisse. Von besonderer Bedeutung für die Vereinigten Staaten ist ein 2010 von Reinhart und Rogoff unter dem Titel »Debt and Growth Revisited« veröffentlichter Artikel.[7] Darin kommen sie zu dem Schluss, dass bei einer Schuldenquote oberhalb von 90 Prozent »die mittlere Wachstumsrate um 1 Prozent zurückgeht und das durchschnittliche Wachstum noch deutlich stärker abnimmt«. Dabei ist wichtig, dass Reinhart und Rogoff »die Bedeutung von Nichtlinearitäten in der Relation zwischen Verschuldung und Wachstum« betonen. Wenn die Schuldenquote unter 90 Prozent liege, »besteht kein systematischer Zusammenhang zwischen Verschuldung und Wachstum«. Anders ausgedrückt: Bei niedrigeren Schuldenquoten ist der Zusammenhang zwischen Verschuldung und Wachstum nicht besonders ausgeprägt; dann bestimmen andere Faktoren wie steuer-, geld- und handelspolitische Maßnahmen das Wachstum. Sobald jedoch die Schwelle von 90 Prozent überschritten ist, wird die Staatsverschuldung zum dominanten Faktor. Oberhalb einer Schuldenquote von 90 Prozent geht eine Volkswirtschaft durch den Spiegel in eine andere Welt von negativen Grenzerträgen auf Schulden, langsamem Wachstum und am Ende Bankrott durch Zahlungsunfähigkeit, Inflation oder Neuverhandlung von Schulden.

Dieser Tag des Bankrotts wird mit Sicherheit kommen, doch vor ihm wird eine lange Phase liegen, die von schwachem Wachstum, stagnierenden Löhnen, zunehmender Einkommensungleichheit und sozialer Spaltung geprägt ist – eine Zeit, in der weitverbreitete Unzufriedenheit herrscht, aber keine Lösung in Sicht ist. Andere angesehene Forscher sind zu ähnlichen Ergebnissen gekommen. Reinhart und Rogoff waren vielleicht Pioniere auf diesem Gebiet, doch sie wagen sich nicht zu weit vor. Es mehren sich die Belege, dass sich entwickelte Industrieländer, vor allem die Vereinigten Staaten, auf gefährlichem Terrain bewegen – und sich vielleicht schon jenseits eines Punktes ohne Wiederkehr befinden.

Die Endstation ist ein rapider Zusammenbruch des Vertrauens in US-Staatsanleihen und den US-Dollar. Das bedeutet höhere Zinsen, um Investorengelder anzulocken, mit denen die Defizite weiter finanziert werden können. Höhere Zinsen bedeuten natürlich auch höhere Defizite, wodurch die Verschuldung noch weniger tragfähig wird. Oder die Fed könnte die Staatsschulden monetarisieren (wie es die MMT-Anhänger wollen), doch das ist lediglich eine andere Route zu verlorenem Vertrauen. Neue Schulden sind kein Weg aus einer Schuldenfalle, und Gelddrucken ist kein Weg aus einer Liquiditätsfalle. Das Ergebnis wären weitere 20 Jahre mit langsamem Wachstum, Sparzwängen, finanzieller Repression (wobei die Zinsen unterhalb der Inflationsrate gehalten werden, um den realen Wert von Schulden zu drücken) und einem immer weiter zunehmenden Wohlstandsgefälle. Die nächsten 20 Jahre US-Wachstum würden aussehen wie die letzten 30 Jahre in Japan – kein Kollaps, sondern einfach nur eine lang anhaltende Stagnation. Ein anderer Name für eine Depression.

SACKGASSE DEFLATION

Die Modern Monetary Theory ist ein intellektuelles Täuschungsmanöver, das die zwingende Macht des Staates zelebriert und es unterlässt, die Bedeutung von Vertrauen für das Funktionieren eines Geldsystems zu beachten. Geldpolitische Ansätze scheitern, weil sie die verhaltenspsychologischen Ursachen der Umlaufgeschwindigkeit des Geldes ignorieren – ihre Verfechter verlassen sich darauf, Geld zu drucken, sie können nicht verstehen, warum die Menschen sich weigern könnten, Geld auszugeben, selbst wenn es ihnen lastwagenweise angeboten wird. Fiskalpolitische Ansätze scheitern, weil die Staatsverschuldung schon jetzt so hoch ist, dass die Bürger ihr Verhalten auf eine Zukunft ausrichten, in der Bankrott, Inflation oder höhere Steuern die einzigen Auswege sind. Diese drei Verläufe haben einen gemeinsamen Faktor – sie lassen erwarten, dass die Menschen mehr sparen und weniger Geld ausgeben werden, um sich auf das wirtschaftliche Endspiel vorzubereiten. Über diesen drei sinkenden Schiffen hängt das Schreckgespenst der Deflation.

Die neue Große Depression wird zu einschneidender und anhaltender Deflation führen, eine Folge, die das U.S. Treasury und die Federal Reserve mehr fürchten als jede andere wirtschaftliche Entwicklung. Eine Deflation ist das am stärksten gefürchtete Ende, weil sie die Schuldenlast schwerer tragbar macht, doch sie ist auch das wahrscheinlichste Ende, und zwar wegen der sich selbst verstärkenden Liquiditätsfalle.

Deflation bedeutet einen Rückgang der Preise von Gütern und Dienstleistungen. Niedrigere Preise ermöglichen einen höheren Lebensstandard, selbst wenn die Löhne konstant bleiben, da Konsumgüter weniger kosten. Das scheint eine wünschenswerte Entwicklung zu sein, die auf technologischen Fortschritten und Produktivitätssteigerungen basiert, die nach und nach dazu führen, dass bestimmte Produkte weniger kosten. Warum hat aber dann die Federal Reserve eine solche Angst vor Deflation, dass sie auf ganz außergewöhnliche geldpolitische Maßnahmen zurückgreift, um Inflation zu erzeugen? Aus drei Gründen.

Der erste Grund sind die Auswirkungen einer Deflation auf die Staatsschuld. Der reale Wert einer Schuld kann durch Inflation oder Deflation schwanken, doch ihr nominaler Wert ist vertraglich festgelegt. Wenn eine Person sich 1 Million Dollar leiht, muss sie 1 Million

Dollar plus Zinsen zurückzahlen, und zwar unabhängig davon, ob der reale Wert dieser Summe durch Deflation oder Inflation höher oder niedriger geworden ist. Die Staatsverschuldung der USA hat einen Umfang erreicht, bei dem keine realisierbare Kombination aus realem Wachstum und Steuereinnahmen die Rückzahlung der geschuldeten realen Summe finanzieren könnte. Falls die Fed Inflation herbeiführen kann – zuerst langsam, um eine Geldwertillusion vorzutäuschen, und dann schneller –, wird die Schuld zu bewältigen sein, weil sie in nominalen Dollar zurückgezahlt werden wird, die weniger wert sind. In einer Deflation geschieht das Gegenteil – der reale Wert der Schuld steigt, wodurch es schwieriger wird, sie zurückzuzahlen.

Das zweite Problem mit Deflation sind ihre Auswirkungen auf die Schuldenquote. Diese Quote ist die geschuldete Summe geteilt durch die Höhe des BIP, ausgedrückt in nominalen Begriffen. Der nominale Wert der Staatsverschuldung steigt ständig, wegen fortgesetzter Haushaltsdefizite, die neu finanziert werden müssen, und den damit verbundenen Zinszahlungen. Wenn die Schuldenquote als Bruch ausgedrückt wird und der Zähler (die Staatsverschuldung) steigt, während der Nenner (das BIP) schrumpft, wie es heute der Fall ist, dann steigt die Quote. Die Auswirkungen einer astronomisch hohen Schuldenquote sind Vertrauensverluste, höhere Zinsen, aufgrund der höheren Zinsen steigende Defizite und schließlich ein völliger Ausfall der Schulden, entweder durch Nichtzahlung oder durch Inflation.

Das dritte Problem mit Deflation hat etwas mit der Stabilität des Bankensystems und systemischen Risiken zu tun. Deflation erhöht den realen Wert von Geld und lässt daher auch den realen Wert der Forderungen von Gläubigern gegen ihre Schuldner steigen. Das scheint Gläubiger gegenüber Schuldnern zu begünstigen, und zunächst ist es auch tatsächlich so. Wenn jedoch die Deflation voranschreitet, wird irgendwann die Schuldenlast zu groß und der

Schuldner zahlungsunfähig. Dadurch fallen die Verluste den Gläubigern zu, den Banken. Die Regierung zieht Inflation vor, weil sie das Bankensystem stützt, indem sie Schuldner solvent hält.

Zusammenfassend lässt sich sagen, dass die Federal Reserve Inflation vorzieht, weil sie die Staatsschuld reduziert, die Schuldenquote senkt und die Banken stützt. Deflation kann Verbrauchern und Arbeitnehmern nützen, doch sie schadet dem Treasury und den Banken und wird daher von der Fed vehement bekämpft. Aus Sicht der Fed hat das Streben nach Inflation die zufälligen Nebenwirkungen, dass es der Wirtschaft hilft und die Arbeitslosigkeit reduziert. Die Konsequenz aus diesen deflationären Dynamiken ist, dass die Regierung Inflation braucht *und die Fed sie erzeugen muss.* Das Problem ist freilich, dass die Fed nicht weiß, wie sie das erreichen kann.

Die neue Große Depression wird von einer starken Deflation geprägt sein, zumindest am Anfang. Diese Deflation wird die Folge einer stark erhöhten Sparquote, eines verringerten Konsums und einer abnehmenden Umlaufgeschwindigkeit des Geldes sein. Wenn die Preise fallen, werden die Menschen noch mehr sparen, wodurch die Preise noch weiter fallen werden und so weiter – eine klassische Liquiditätsfalle und deflationäre Spirale. Arbeitnehmer, die ihren Job verloren haben, Betriebe, die geschlossen wurden, und andere, die befürchten, dass es sie als Nächste erwischen könnte, werden nicht in der Stimmung sein, Schulden zu machen oder Geld auszugeben. Deflation ist der Fels in der Brandung, der die kombinierten Wirkungen von »easy money« und hohen Defiziten zunichte macht. Weder die Fed noch der Kongress werden ihre Stimulus-Ziele erreichen, bevor sie die Deflation besiegt haben – einen Feind, dem sie in so bedrohlicher Form seit den 1930er-Jahren nicht mehr begegnet sind.

KAPITEL FÜNF

DER DÜNNE LACK
DER ZIVILISATION

Neben ihr schwang sich der Fremde in den Sattel, lehnte sich weit zu
ihr hinüber und betrachtete sie ausdruckslos, mit dem leeren stillen
Starren unbeseelter Bosheit, die nicht droht und ihre Zeit abwarten
kann. [...] Der Fremde ritt neben ihr her, leicht, mühelos, die Zügel lose
in der halbgeschlossenen Hand, gerade und elegant in seinem dunklen
schäbigen Anzug, der ihm um die Knochen hing; sein bleiches Gesicht
lächelte in bösem Entzücken, und er sah sie nicht an. Ach, ich hab'
ihn schon früher gesehen, diesen Burschen, ich kenne diesen Mann –
wenn ich ihn nur unterbringen könnte. Mir ist er kein Fremder.

Katherine Anne Porter, *Fahles Pferd und fahler Reiter* (1939/1952)[1]

Katherine Anne Porter war eine der hervorragendsten amerikanischen Schriftstellerinnen des 20. Jahrhunderts. Für ihre Kurz-
geschichten und Romane wurde sie von der Kritik gefeiert, hatte
jedoch nur bescheidenen finanziellen Erfolg, bis 1962 ihr bekann-
testes Werk erschien, der Roman *Ship of Fools (Das Narrenschiff)*.
Darin verarbeitete sie nach eigener Aussage Erfahrungen, die sie
während ihrer ersten Passage nach Europa – von Veracruz nach
Deutschland – im Jahre 1932 gemacht hat. Aus dem Roman entstand

ein Drehbuch, das 1965 mit Vivien Leigh in der Hauptrolle verfilmt wurde und zwei Oscars gewann, für das beste Szenenbild und die beste Kamera. Im Jahr 1966 wurde Porter mit dem Pulitzerpreis und dem National Book Award für *The Collected Stories of Katherine Anne Porter* ausgezeichnet.

Zu ihren früheren, ebenfalls von der Kritik gefeierten Werken zählt der Novellenband *Pale Horse, Pale Rider (Fahles Pferd und fahler Reiter)*. Der Titel bezieht sich auf die vier apokalyptischen Reiter aus der Offenbarung des Johannes 6, 8: »Und ich sah, und siehe, ein fahles Pferd. Und der darauf saß, dessen Name war: Der Tod, und die Hölle folgte ihm nach. Und ihnen wurde Macht gegeben über den vierten Teil der Erde, zu töten mit Schwert und Hunger und Pest und durch die wilden Tiere auf Erden.«

Porter selbst war dem Tod in Form einer Plage begegnet – sie hatte die Pandemie der Spanischen Grippe von 1918 nur knapp überlebt; während sie krank war, hatte sie Halluzinationen und lag im Delirium. Sie war monatelang im Krankenhaus. Nach ihrer Entlassung war sie noch sehr geschwächt und kahl. Als ihr Haar nachwuchs, war es weiß für den Rest ihres Lebens.

Die Novelle *Fahles Pferd und fahler Reiter* ist eine Liebesgeschichte, die von einem jungen Paar Anfang 20 handelt, der Reporterin Miranda und dem Soldaten Adam. Er ist kurz davor, nach Frankreich abkommandiert zu werden, um im Ersten Weltkrieg zu kämpfen. Miranda infiziert sich mit dem Grippevirus. Sie leidet an den bekannten Symptomen – Husten, Fieber, Atemnot –, bevor sie in ein akutes Stadium mit hohem Fieber und Delirium eintritt. Zuerst wird sie von Adam in ihrem Zimmer gepflegt und dann, als er sie ins Krankenhaus gebracht hat, von der Krankenschwester Miss Tanner. Während Miranda im Delirium liegt, verschwimmt die Grenze zwischen Realität und Traum. Sie hat Visionen von Himmel und Hölle, die Ärzte sind Henker, und andere Patienten sind zum Tode verdammte Gefangene. Porter schreibt:

Die beiden lebendigen Männer nahmen eine Matratze, die krumm
an der Wand lehnte, und breiteten sie zärtlich und genau über den
toten Mann. [...] Es war ein faszinierendes und geruhsames Spekta-
kel gewesen, doch jetzt war es vorbei. Ein bleicher weißer Nebel stieg
gewunden aus ihrer Spur empor und flutete vor Mirandas Augen, ein
Nebel, in welchem aller Schrecken und alle Müdigkeit verborgen lag,
alle verzerrten Gesichter und gekrümmten Rücken und gebrochenen
Füße geschändeter, geschmähter lebendiger Dinge, all die Formen
ihrer wirren Schmerzen und ihrer entfremdeten Herzen; der Nebel
konnte sich jeden Augenblick teilen und die Horde menschlicher
Qualen loslassen. Sie hob die Hand und sagte:»Noch nicht – jetzt
noch nicht« – aber es war zu spät. Der Nebel teilte sich, und zwei
weißgekleidete Henker bewegten sich langsam auf sie zu ...

Porter unterschied sich in zwei Aspekten von ihren Zeitgenossen,
mit denen sie die Spanische Grippe durchstand. Der erste ist die
Qualität ihrer Schriften, die uns noch heute anrühren und die Grip-
peopfer auf eine Weise näherbringen, wie es keine wissenschaftliche Studie kann. Der zweite ist, dass sie praktisch die Einzige war,
die darüber schrieb. Schätzungen zufolge starben bis zu 100 Millionen Menschen an der Grippe. Über 500 Millionen Menschen wurden infiziert, etwa ein Drittel der damaligen Weltbevölkerung. Die
Grippe war besonders todbringend für Menschen im Alter zwischen
20 und 40, im Gegensatz zu den meisten Pandemien, die für sehr
junge und sehr alte Menschen am gefährlichsten sind. Die Spanische
Grippe forderte mehr Todesopfer als der Erste Weltkrieg. Sie gilt als
die zweitschlimmste Pandemie der Geschichte, nach der Pest, dem
»Schwarzen Tod«, die im 14. Jahrhundert in Europa gewütet hat.

Man hätte erwarten können, dass eine so verheerende Natur-
katastrophe, bei der fast jeder der damals lebenden Menschen entweder selbst erkrankte oder einen Kranken oder einen Todesfall
kannte, eine Flut an Büchern und Gemälden, an Berichten über die

Krankheit selbst oder ihre Auswirkungen auf die Gesellschaft hervorgebracht hätte. Aber so war es nicht. Großartige Schriftsteller wie Ernest Hemingway, F. Scott Fitzgerald, William Faulkner und John Dos Passos, die 1918 allesamt Anfang bis Mitte 20 waren, erwähnten die Spanische Grippe in ihren Schriften nie (obwohl Fitzgerald selbst in leichter Form daran erkrankt war und Hemingways Freundin sich als Krankenschwester um Grippepatienten gekümmert hatte). In *Lady Chatterley's Lover (Lady Chatterley)* von D. H. Lawrence und in den Gedichten von T. S. Eliot tauchen einige indirekten Hinweise auf, aber nichts Konkretes. Katherine Anne Porter hat in brillanter Weise und ganz offen über die Spanische Grippe geschrieben, doch sie war fast die Einzige.[2]

Dieses fast völlige Schweigen unter Künstlern und Schriftstellern weist auf ein breiteres Phänomen hin – auch normale Bürger, welche die Krankheit überlebt hatten, sprachen nur selten über die Spanische Grippe. Die Menschen gedachten ihrer verstorbenen Angehörigen und trugen ihre eigenen Bilder von überbelegten Krankenstationen, hohen Leichenstapeln und Massengräbern in sich – doch sie sprachen kaum über ihre Erfahrungen. Die Grippe war nicht nur tödlich, sie brachte auch eine Art von Omertà, eine kollektive Amnesie, als ob sie nie geschehen wäre. Das Leben ging weiter, doch über die Spanische Grippe wurde nicht gesprochen.

Es sind verschiedene Erklärungen für das Gesetz des Schweigens der damaligen Generation über die zweitschlimmste Pandemie aller Zeiten angeboten worden. Die erste ist, dass die verheerendsten Infektionswellen die Menschen in der entscheidenden Phase des Ersten Weltkriegs, den letzten sechs Monaten, heimsuchten. Die Kriegserfahrungen und die Schicksale der Gefallenen waren so grauenhaft, dass die Pandemie daneben fast nebensächlich wirkte. Aber das war sie natürlich nicht. Doch der Verstand des Menschen kann nur ein gewisses Maß an Grauen ertragen, und vielleicht fiel es den Menschen schwer, zusätzlich zu den gefallenen Soldaten und den ganzen Verheerungen des Krieges die Todesfälle durch die Grippe seelisch zu verarbeiten. Doch diese Erklärung greift nicht in Regionen wie Indien, Westafrika und Südamerika, die weit entfernt vom Kriegsgeschehen lagen, aber dennoch furchtbar unter der Grippe litten.

Ein weiterer Faktor, der sich hauptsächlich auf Europa, die USA und Kanada auswirkte, war die Tatsache, dass die Möglichkeit, offen über die Pandemie zu sprechen, durch die im Krieg eingeführte Zensur stark eingeschränkt wurde, um die Moral der Bevölkerung nicht zu untergraben. Immer wieder wurden Reporter und andere verhaftet und wegen Volksverhetzung angeklagt, wenn sie das Elend des Krieges oder Rückschläge auf dem Schlachtfeld erwähnt hatten. Die Grippe war als Gesprächsthema tabu. Die Bürger wussten, was vor sich ging, da sie sahen, wie die Leichen in den Straßen aufgestapelt oder ohne Särge in Karren fortgeschafft wurden. Viele Eheleute schliefen im selben Bett wie ihr verstorbener Partner, weil sie den Leichnam nirgendwo hinbringen konnten und keinen anderen Platz zum Schlafen hatten. Das Grauen war überall, doch es durfte nicht offen darüber gesprochen werden. Vielleicht wirkte dieses drakonische Verbot nach Kriegsende noch fort, weil die Menschen es bereits zu sehr verinnerlicht hatten.

Und schließlich haben die Autorinnen Laura Spinney und Catharine Arnold in ihren Büchern über die Spanische Grippe die Auffassung vertreten, dass der Einfluss der Grippe zwar tiefgreifend *war*, aber in verborgener, gar unterbewusster Weise wirkte.[3] Die Romanciers John Steinbeck, Mary McCarthy und Dashiell Hammett hatten alle die Spanische Grippe überlebt. Arnold schreibt, dass »Steinbecks Weltsicht durch diese Erfahrung für immer verändert wurde«. Im Auftreten des Privatdetektivs Sam Spade, den Hammett in seinem Roman *Der Malteser Falke* kreierte, erkennt Spinney die Isolierung des Grippeopfers. Und sie weist darauf hin, dass ein anderer Autor, nämlich Thomas Wolfe, »einen fesselnden und überzeugenden

Bericht über den Tod seines Bruders durch die Spanische Grippe hinterließ, und zwar in seinem bekanntesten Roman *Schau heimwärts, Engel!*«. Spinney stellt fest, dass, selbst wenn die Spanische Grippe nicht ausdrücklich erwähnt wurde, Krankheiten und die durch sie verursachten Probleme in der Literatur der 1920er-Jahre eine wichtige Rolle spielten, vor allem in Werken von Virginia Woolf, James Joyce und Eugene O'Neill.

Literatur- und Kunstkritiken lassen vermuten, dass die Spanische Grippe zwar einen enormen Einfluss auf Kultur und Gesellschaft nach 1920 hatte, dieser Einfluss jedoch verborgen und untergründig war und die Grippe kaum jemals ausdrücklich erwähnt wurde. Die Pandemieerfahrung hatte sich ins Unterbewusstsein eingebrannt und wirkte sich indirekt aus, doch sie war da.

Das führt zu dem am stärksten unterschätzten und am wenigsten verstandenen Aspekt der Grippeepidemie von 1918, der außerordentlich relevant für unsere eigene Bewältigung von Covid-19 und der neuen Depression ist. Es handelt sich um die Schäden, die Viren im Gehirn und zentralen Nervensystem anrichten können.

Der Autor John M. Barry bietet einen umfassenden Überblick über Augenzeugenberichte, Krankengeschichten, Artikel in Fachzeitschriften und anekdotische Belege, die darauf hindeuten, dass die Spanische Grippe bei vielen ihrer Opfer eine tiefgreifende negative Wirkung auf die Wahrnehmung und die psychische Gesundheit entfaltete. Viele Patienten fielen auf dem Höhepunkt der Infektion in ein Delirium, begleitet von hohem Fieber, mangelhafter Versorgung der Organe mit Sauerstoff sowie Dehydrierung. Barry weist auf Berichte hin, die besagen, dass die psychischen Probleme noch lange anhielten, nachdem das Fieber abgeklungen war und die Patienten sich vermeintlich »erholt« hatten.

Barry zitiert aus einer großen Vielfalt von klinischen Beobachtungen, die aus zeitgenössischen Medizinjournalen und Archiven stammen:[4]

Aus Großbritannien: »[...] profunde geistige Trägheit in Verbindung mit völliger körperlicher Entkräftung. Sehr häufig kommt es zu einem Delirium. [...] Es variiert von einer bloßen Verwechslung von Ideen über alle Intensitäten bis hin zu manischer Erregtheit.«

Aus Italien: »[...] die grippalen Psychosen der akuten Phase [...] schwinden in der Regel in zwei bis drei Wochen. Doch die Psychose kann in einen Zustand von mentalem Kollaps übergehen, begleitet von krankhaftem Stumpfsinn, der anhalten und zu einer echten Demenz werden kann. In anderen Fällen [... kommt es zu] Depressionen und Ruhelosigkeit [... worauf] die große Zahl von Suiziden während der Grippepandemie zurückgeführt werden kann.«

Aus Frankreich: »[...] häufige und ernste psychische Störungen während der Konvaleszenz von und infolge der Grippe. [...] Die psychischen Störungen manifestieren sich manchmal als akutes Delirium mit Ruhelosigkeit, Gewaltausbrüchen, Angst und erotischer Erregung, zu anderen Zeiten waren sie depressiver Art [... wie etwa] Verfolgungswahn.«

Barry erstreckt seine Analyse auch auf das Verhalten von US-Präsident Woodrow Wilson während der Pariser Friedenskonferenz von 1919, auf der ein Friedensvertrag ausgehandelt wurde, um den Ersten Weltkrieg zu beenden. Während der frühen Verhandlungen im Februar und März 1919 war Wilson strikt dagegen, Deutschland harsche Reparationen aufzuerlegen. Dann infizierte Wilson sich im April 1919 während einer dritten Welle der Spanischen Grippe und erkrankte schwer. Während er noch auf dem Wege der Genesung war, fiel seinen Referenten auf, dass sein Verhalten sich verändert hatte, was sich unter anderem durch Anflüge von Paranoia und einen Verlust seiner bis dahin schnellen Auffassungsgabe für Details bemerkbar machte. Plötzlich erklärte Wilson sich einverstanden, als der französische Präsident Georges Clemenceau ruinöse Reparationszahlungen forderte und die gesamte Verantwortung für den Krieg den Deutschen zuschreiben wollte. Unter Historikern besteht Konsens, dass die harten Friedensbedingungen, die Deutschland 1919 diktiert wurden, eine der Ursachen für den Aufstieg Adolf Hitlers und der NSDAP in den 1920er-Jahren und den Ausbruch des Zweiten Weltkriegs im Jahr 1939 waren. Es wäre übertrieben, die Machtergreifung Hitlers auf die Spanische Grippe zurückzuführen, doch die historischen Belege lassen vermuten, dass ein gewisser Zusammenhang besteht zwischen dem Virus, Wilsons angeschlagener psychischer Gesundheit und zumindest einigen der Entwicklungen, die zu einem zweiten Krieg beitrugen.

Der angesehene Psychiater Karl Menninger veröffentlichte 1924 im *American Journal of Psychiatry* einen Artikel unter dem Titel »Influenza and Schizophrenia«.[5] Darin heißt es: »Unter den Psychosen, die in enger Verbindung mit Grippe auftreten und während der Pandemie von 1918 beobachtet wurden, ist das Schizophrenie-Syndrom das bei Weitem häufigste.« Laura Spinney zitiert den Fall der reichen Erbin Nancy Cunard, »die Anfang 1919 an der Grippe erkrankte, eine Lungenentzündung bekam und während ihrer langen Rekonvaleszenz von Depressionen heimgesucht wurde«.[6]

Diese und andere Quellen zeigen, dass die schädlichen psychischen Folgen der Spanischen Grippe lange anhalten und gravierend sein konnten. In vielen Fällen äußerten sich solche Störungen in Form von Gewalt, als Mord, Suizid oder häuslicher Missbrauch. In anderen Fällen manifestierten sie sich still in Form von lang anhaltenden Depressionen, Persönlichkeitsveränderungen oder kognitiver Konfusion. Selbst in ihrer mildesten Form beschwor die Grippe eine düsterere, fatalistischere Muse herauf, die in Büchern, Filmen und Gemälden zum Ausdruck kam, obwohl sie kaum einmal namentlich erwähnt wurde. Das Ende der Spanischen Grippe, die den Ersten Weltkrieg überdauerte, war ein Auftakt zu 70 turbulenten Jahren, die sich über die Große Depression erstreckten, den Zweiten Weltkrieg, den Holocaust, das Aufkommen von Atomwaffen, den Kalten Krieg und diverse Krisen dazwischen. Die Hinterlassenschaft der Spanischen Grippe war ein Jahrhundert voller Chaos.

Müssen wir uns 100 Jahre später, während wir Covid-19 zu bewältigen suchen, auf eine ähnliche Hinterlassenschaft voller Wut, Bitterkeit und gesellschaftlicher Verwerfungen einstellen? Wird die Reaktion auf die Pandemie, der Lockdown der Wirtschaft – eine Maßnahme, die bisher nur während der Spanischen Grippe und nur in eingeschränkter Form verhängt wurde –, ihre eigenen Traumata hervorbringen, die einer wirtschaftlichen Erholung im Wege stehen oder sie gar unmöglich machen? Auf diese Fragen gibt es bisher keine definitiven Antworten seitens der Medizin, doch wie bei der Spanischen Grippe sind die anekdotischen Belege besorgniserregend. Jede von der Pandemie bewirkte gesellschaftliche Verwerfung könnte von langer Dauer sein.

Die psychischen Schäden, die Covid-19 verursachen kann, können in zwei Formen auftreten, ebenso wie bei der Spanischen Grippe. Die erste sind kognitive Beeinträchtigungen, die durch physisches Eindringen des Virus in das zentrale Nervensystem verursacht werden können. Die zweite sind Verhaltensstörungen, die sich aufgrund von Quarantäne, Isolierung und den psychosozialen Auswirkungen des wirtschaftlichen Lockdowns entwickeln können. Im Folgenden gehen wir separat auf jedes dieser Probleme ein.

Es gibt bislang ungesicherte klinische Erkenntnisse, dass Covid-19 neben den offensichtlichen Schädigungen der Lunge und anderer Organe, über die in den Medien weithin berichtet wird, schwere neurologische Schäden verursachen kann. Am 31. März 2020 erschien in der Fachzeitschrift *Radiology* eine Studie, in der über den ersten Fall einer »akuten nekrotisierenden hämorrhagischen Enzephalopathie« berichtet wird, einen seltenen Befund, der im Zusammenhang mit Covid-19 beobachtet wurde.[7] Diese Störung ist eine gefährliche und potenziell tödliche Gehirnentzündung, die zu Anfällen und kognitiven Störungen führt. In der Studie wird berichtet, die Patientin, eine »Angestellte einer Fluglinie in einem Alter Ende 50«, habe »Husten, Fieber und einen veränderten Geisteszustand« gezeigt.

In der Fachzeitschrift *Psychology Today* wurde ein Artikel von Eugene Rubin veröffentlicht, der im Zusammenhang mit Covid-19 beobachtete psychische Probleme zusammenfasst und jeden Neurologen aufruft, sich durch entsprechende Recherchen über die potenziellen kognitiven Störungen zu informieren, die im Zusammenhang mit der Pandemie zu beobachten sind.[8] Rubin schreibt: »Covid-19 kann das zentrale Nervensystem schädigen und Atembeschwerden und andere Symptome verursachen, über die vielfach in den Medien berichtet wurde. Mindestens ein Drittel der Infizierten berichtet von akuten neurobehavioralen Symptomen wie Schwindelgefühlen, Kopfschmerzen, [...] Verlust von Geschmacks- und Geruchssinn sowie Denkstörungen.«

Dann sprach Rubin eine beunruhigende Warnung aus, die an die Zeit nach der Spanischen Grippe erinnert:

> Darüber hinaus können psychiatrische Symptome auftreten, die nicht direkt etwas mit dem Virus zu tun haben, sondern vielmehr mit den Folgen der Pandemie selbst. Wie häufig werden unter den an der Front stehenden Medizinern Symptome einer posttraumatischen Belastungsstörung auftreten? Wie viel häufiger wird es zu Angststörungen, Depressionen und Drogenmissbrauch kommen aufgrund von psychosozialem Stress, anhaltenden Angstzuständen, sozialer Isolation, Trauer, Arbeitslosigkeit, finanzieller Unsicherheit und verlorenen Zukunftsaussichten?

Tatsächlich machen sich schon heute die sozialen Belastungen und Verhaltensstörungen, die Rubin erwartet, bemerkbar. The Recovery Village, eine angesehene Organisation für Drogenentzugstherapien und Rehabilitation, hat am 29. Mai 2020 Umfrageergebnisse veröffentlicht, die für den Monat vor der Befragung eine Zunahme des Alkoholkonsums um 55 Prozent und des Drogenmissbrauchs um 36 Prozent zeigen.[9] Die Umfrage zeigt auch, dass der Alkoholkonsum in den Bundesstaaten, die von der Pandemie am stärksten betroffen waren (New York, New Jersey, Massachusetts, Rhode Island und Connecticut), im gleichen Zeitraum um 67 Prozent gestiegen war. Die Umfrage ergab, dass 53 Prozent der Befragten, die Drogen oder Alkohol konsumierten, auf diese Weise »versuchen, den Stress zu bewältigen«; 32 Prozent der Befragten »versuchen, mit psychischen Störungen wie Angstzuständen oder Depressionen fertigzuwerden«. Der Bericht kommt zu folgendem Schluss: »Im gesamten Verlauf der Pandemie ist ein Anstieg des Drogen- und Alkoholmissbrauchs zu erwarten und danach eine höhere Zahl von Abhängigen, aufgrund von Belastungen durch Isolierung, Langeweile, reduziertem Zugang zu Entzugstherapien sowie Arbeitslosigkeit.«

Die U.S. National Institutes of Health haben einen nach dem Peer-Review-Verfahren geprüften Artikel veröffentlicht, der folgende Warnung enthält:[10]

Covid-19 und die Strategien, die zur Bekämpfung des Virus eingesetzt werden, stellen eine signifikante Bedrohung für unsere individuelle und kollektive geistige Gesundheit dar. [...] Wir vertreten die Auffassung, dass die Covid-19-Krise unser menschliches Grundbedürfnis nach zwischenmenschlichen Kontakten erheblich gefährdet, was der entscheidende Umweltfaktor sein könnte, der dem generellen Angriff auf unsere geistige Gesundheit zugrunde liegen mag. Darüber hinaus könnten »Brain Styles«, [...] die auf einer neuronalen Taxonomie beruhen, mit der universellen Gefährdung unseres Bedürfnisses nach zwischenmenschlichen Kontakten interagieren, um die psychischen Auswirkungen von Covid-19 zu erklären. [...] Während die Krise sich entwickelt und andauert, wird es immer wichtiger für die wissenschaftliche Gemeinschaft werden, Untersuchungen über die Auswirkungen von Covid-19 auf die psychische Gesundheit durchzuführen. Die Ursachen von Beeinträchtigungen der psychischen Gesundheit im Kontext von Covid-19 sind multifaktoriell und umfassen wahrscheinlich biologische, verhaltenspsychologische und umweltbedingte Determinanten. [...] Wir vertreten diese Auffassung mit dem Ziel, Untersuchungen über die Auswirkungen von Covid-19 auf die psychische Gesundheit anzuregen, die von einer individualisierten, gehirnbasierten Perspektive ausgehen, welche die fundamentale Gefahr würdigt, die das Virus für unsere grundlegenden menschlichen Motivationen darstellt.

Die Covid-19-Pandemie ist *per definitionem* eine signifikante Gefahr für die Menschheit. Die Pandemie belastet unsere medizinischen und ökonomischen Systeme auf Arten, die signifikant und offenkundig sind. Außerhalb dieser Bereiche stellt Covid-19 eine profunde Gefahr für unsere grundlegendsten menschlichen Motivationen dar, vor allem für zwischenmenschliche Kontakte.

Des Weiteren wird in dem Artikel ein seit Langem vorliegender Bestand an psychologischer Forschung beschrieben, der das menschliche Bedürfnis nach Anschluss und Gemeinschaft zeigt. Die kürzlich eingeführte Kombination aus Quarantäne, Selbstisolierung, wirtschaftlichem Lockdown und schlichter Angst haben dieses unentbehrliche Gemeinschaftsgefühl untergraben und in manchen Fällen zerstört. Der Artikel weist darauf hin, »dass dieses noch nie da gewesene Ausmaß an physischer Isolierung mit unseren menschlichen Grundinstinkten und -motivationen unvereinbar ist«. Darüber hinaus werden in der Studie andere schädliche psychische Folgen hervorgehoben. Der Grundtenor des Artikels ist, dass Lockdowns und Quarantäne enormen Stress und antisoziale Reaktionen wie Depressionen, Suizid und »Funktionsstörungen im sozialen Bereich« produzieren.

In einem für die Pew Charitable Trusts verfassten Text berichtet Christine Vestal:

»Im ganzen Land bieten Call- und Textcenter für psychische Notfälle [...] einen frühen Eindruck davon, wie die Amerikaner die Coronavirus-Pandemie bewältigen. Solche Hotlines berichten, dass die Anzahl der Menschen, die Hilfe suchen, um 30 bis 40 Prozent zugenommen hat. [...] Psychologen und Psychotherapeuten erwarten im weiteren Verlauf der Pandemie eine lawinenartige Zunahme des Bedarfs an psychologischen Beratungs- und Therapieangeboten. Letzten Endes werden die psychischen Auswirkungen der Pandemie einer wesentlich größeren Zahl von Menschen schaden als das Virus selbst. Und die flächendeckenden emotionalen Traumata, die sie hervorruft, werden Experten zufolge lange anhalten. Schon jetzt geben vier von zehn Amerikanern an, pandemiebedingter Stress habe negative Auswirkungen auf ihre psychische Gesundheit. [...] »Es besteht kein Zweifel, dass die Coronavirus-Pandemie sich als die psychisch schädlichste Katastrophe im Leben der heutigen Generation erweisen wird«, sagt George Everly, der an der Johns Hopkins Bloomberg School of Public Health lehrt.«[11]

Ein wachsender Bestand an Forschungsstudien liefert Ergebnisse, die mit den oben beschriebenen übereinstimmen.[12] Obwohl die Forschung noch in den Kinderschuhen steckt, zeigen medizinische Studien (und ein umfangreicher Bestand an anekdotischen Berichten), dass die Covid-19-Pandemie bislang unbekannte neurologische und psychische Probleme hervorbringt. Zu ersteren kommt es, wenn das Virus ins Hirngewebe eindringt und Komplikationen verursacht, die zu einer schweren Entzündung bis hin zum Tod führen können, doch auch zu milderen, aber dennoch ernsten Störungen wie Desorientierung und kognitiven Beeinträchtigungen. Diese Schädigungen sind vergleichbar mit denen, wie sie durch eine akute Infektion mit der Spanischen Grippe hervorgerufen werden.

Die zweite Kategorie – psychische Probleme – kann nicht nur Menschen betreffen, die sich mit dem Virus angesteckt haben, sondern auch Nichtinfizierte. Psychische Störungen wie Depressionen und Angstzustände sowie gewalttätiges Verhalten sind die bitteren Folgen von Quarantäne, Selbstisolierung und einem erzwungenen Lockdown. Sobald Menschen von normalen zwischenmenschlichen Kontakten, Gesprächen und Besuchen bei Freunden und Verwandten abgeschnitten sind, warten sie nicht einfach ab, sondern ziehen sich zurück. Sie verbringen die Zeit, die sie sonst für Aufgaben brauchen würden, die zwar alltäglich sind, aber Kontakt zu anderen Menschen mit sich bringen, mit Angstzuständen, Wahnvorstellungen, Frustration und Wut über Zustände, auf die sie keinen Einfluss haben. Das ist schon schlimm genug, doch wenn diese Wut zur Waffe wird und sich gegen unbeteiligte Passanten oder Familienmitglieder richtet (die sich womöglich mit Gewalt zur Wehr setzen), sind die Voraussetzungen geschaffen für einen Zusammenbruch der gesellschaftlichen Ordnung.

Direkte neurologische Störungen durch eine SARS-CoV-2-Infektion sind ein ernstes Problem, das immer mehr Aufmerksamkeit von Wissenschaftlern auf sich zieht. Dennoch werden solche Störungen wahrscheinlich nicht annähernd die gesellschaftlichen Auswirkungen haben wie ähnliche Störungen während der Spanischen Grippe – es ist einfach eine Frage der Zahlen. Die Spanische Grippe infizierte über 500 Millionen Menschen und tötete bis zu 100 Millionen. Bis 1. Juli 2020 waren weltweit 10,5 Millionen SARS-CoV-2-Infizierte gemeldet worden (die tatsächliche Zahl ist höher, weil zu wenig getestet wird) sowie 510 000 Todesfälle. Jeder Todesfall ist eine Tragödie, und jeder Fall von neurologischen Schäden verdient Aufmerksamkeit, doch die direkten Folgen des Virus sind lediglich ein Bruchteil (unter 2 Prozent) der Anzahl der Grippeinfektionen in der Zeit von 1918 und 1919.

Das Gegenteil gilt, wenn es um die verhaltenspsychologischen Auswirkungen auf die größere Zahl von Menschen geht, die von dem Covid-19-Lockdown und den wirtschaftlichen Problemen betroffen waren, selbst wenn sie sich nicht infiziert hatten. Zu diesen Betroffenen zählen praktisch alle Männer, Frauen und Kinder in den Vereinigten Staaten – 330 Millionen Menschen –, und weltweit sind es Milliarden. Dieses durch den Lockdown bedingte Breakdown-Syndrom wird enorme gesellschaftliche und wirtschaftliche Konsequenzen nach sich ziehen – und tatsächlich treten diese Konsequenzen schon jetzt immer deutlicher zutage.

Bestimmte psychische Belastungen, die den Menschen aufgezwungen wurden, sind nicht klinisch in dem Sinne, wie ein Arzt ein Syndrom oder eine Störung identifizieren würde, doch ihre Auswirkungen auf das Wohlergehen der Menschen waren nicht weniger schädlich. Die Lebensumstände während einer Pandemie forderten ihren Tribut von vielen Millionen, ganz unabhängig davon, ob sie sich mit dem Virus infiziert hatten oder nicht.

Maryam Zadeh, die Inhaberin eines Fitnessstudios in Brooklyn, unweit des Epizentrums der Pandemie mit der weltweit höchsten Konzentration von Todesfällen, erinnert sich, dass ihr im April auf dem Höhepunkt des Ausbruchs ein feiner Aschestaub auffiel, der in der Luft schwebte und sich in einer dünnen Schicht auf die Autos vor ihrem Fitnessstudio in der Union Street niederschlug. Sie erschrak, als ihr plötzlich klar wurde, dass diese Asche aus den Überresten von Menschen stammte, die in dem nahe gelegenen Krematorium von Greenwood Heights eingeäschert wurden. Vor der South Brooklyn Casket Company, einem Sarghersteller an der Union Street im Stadtviertel Gowanus, der seit 1931 im Geschäft ist, sah Zadeh eine lange Reihe von Leichenwagen stehen. Die Fahrer waren gekommen, um Särge direkt vom Hersteller abzuholen, da die Bestattungsunternehmen keine mehr hatten und es keinen anderen Platz für die vielen Leichen gab. Auf der Straße standen Särge, die von Näherinnen mit Stoff ausgekleidet wurden, Handwerker brachten Griffe an, und dann wurden sie sofort in die Leichenwagen geschoben, um die

Virusopfer möglichst schnell zu ihrer letzten Ruhestätte oder ins Krematorium zu bringen. Zadeh erinnert sich auch an einen Nachbarn, der im Treppenhaus an dem Virus starb. Den Nachbarn des Toten wurde von Bediensteten der Stadt gesagt, sie sollten den Leichnam in ein Badezimmer legen und über Nacht die Fenster geöffnet lassen, bis der Verstorbene am nächsten Tag abgeholt werden könne. Zadehs Erfahrungen an den Frontlinien der Infektion waren so ähnlich wie das, was man in einem Krieg auf dem Schlachtfeld zu sehen und zu hören bekommt. Und in der Tat befanden sich Brooklyn und die Welt in einem Krieg gegen das Virus. Solche Erfahrungen wird man sein Leben lang nicht wieder los, selbst wenn das Virus schon im Nebel der Vergangenheit entschwunden ist.

Das Virus kennt keine Politik; wie oben beschrieben ist nicht einmal wissenschaftlich geklärt, ob ein Virus überhaupt lebt. Die bisher in wissenschaftlichen Studien und anekdotischen Berichten beschriebenen psychischen Folgen wie Depressionen, Angstzustände, Verlust sozialer Kompetenzen und eine gewisse Gewaltneigung betreffen Repräsentanten des Staates wie Politiker und Polizeibeamte genauso wie Bürger, Ladeninhaber und Protestdemonstranten. Kein Mensch ist vor ihnen geschützt, ungeachtet seiner politischen Überzeugungen. Diese Selbstverständlichkeit ist wichtig zu erwähnen, weil in einer polarisierten Gesellschaft die Neigung besteht, einzelne schlechte Verhaltensweisen der »Gegenseite« zu betonen und antisoziale Aktionen von denen, die man selbst unterstützt, herunterzuspielen. Antisoziales Verhalten hat politische Folgen, doch die verhaltenspsychologischen Auswirkungen von Covid-19 sind nicht politisch, sondern klinisch und epidemisch.

Dafür gibt es eine Fülle von Beispielen.

Am 5. Mai 2020 wurde Shelley Luther, Inhaberin eines Friseursalons in Dallas, von einem Richter zu sieben Tagen Haft und einer Geldstrafe von 500 Dollar pro Tag verurteilt. Sie war wegen Missachtung des Gerichts angeklagt worden, weil sie das Verbrechen begangen hatte, Haare zu schneiden. Angeblich hatte sie eine Lockdown-Vorschrift missachtet, die ihrerseits rechtlich fragwürdig ist. Die örtliche Polizei hätte sie wegen einer Ordnungswidrigkeit vorladen und mit einem nominalen Ordnungsgeld von 100 Dollar belegen können (ähnlich wie ein Strafzettel wegen Falschparkens), doch die Vorwürfe gegen sie wurden sowohl von der Polizei als auch dem Richter aufgebauscht. Laut Gerichtsprotokoll war ihr tatsächliches Vergehen, dass sie sich geweigert hatte, sich dem Gericht gegenüber zu »entschuldigen« und einzuräumen, dass ihr Verhalten »egoistisch« gewesen sei. Luthers legendäre Antwort: »Es ist nicht egoistisch, meine Kinder zu ernähren.« Der Vorfall machte Schlagzeilen, und Luther wurde als Volksheldin gefeiert, während der Richter mit Hohn und Spott überzogen wurde. Davon abgesehen sind aber vermutlich sowohl Luthers bewusste Aufsässigkeit als auch die übertriebene Reaktion des Richters auf dieselben Angstzustände und antisozialen Haltungen zurückzuführen, die von dem Lockdown hervorgebracht wurden.

Ein ähnlicher Vorfall spielte sich im Bundesstaat Maine ab, wo Rick Savage, der Inhaber eines beliebten Brauerei-Pubs in der Ortschaft Bethel, seine Gaststätte trotz des von Gouverneurin Janet Mills angeordneten Lockdowns wieder öffnete. Es kam noch hinzu, dass Savage am 3. Mai 2020 auch noch eine Ansprache vor einer Menschenmenge gehalten hatte, die vor dem Parlamentsgebäude in Augusta dafür demonstriert hatte, dass die Bürger von Maine wieder aus dem Haus gehen dürfen. Der Bundesstaat reagierte, indem er Savages Schanklizenz widerrief – und ihm dadurch letztlich sein Eigentum und seinen Lebensunterhalt entzog. Diese Aktion der Regierung von Maine war wahrscheinlich verfassungswidrig, nach dem 14. Zusatzartikel zur Verfassung der Vereinigten Staaten; der Rechtsstreit läuft noch. Wie bei dem Fall von Shelley Luther in Dallas hätte der Staat Savage vorladen und ihm eine kleine Geldstrafe aufbrummen können, aber stattdessen beschloss man, seine Existenzgrundlage zu zerstören, um ein Exempel zu statuieren. Auch hier haben sowohl der Bürger als auch der Staat aufgrund der Angstzustände agiert, die von der Pandemie und dem Zusammenbruch der Wirtschaft herbeigeführt worden waren. Politische Polarisierung bringt uns einer Lösung keinen Schritt näher – dafür müssen wir die Krankheit besser verstehen.

Je länger der Lockdown in Kraft blieb, desto größer wurden die Wut und die Androhungen von Gewalt sowohl seitens der Gegner des Lockdowns als auch der Polizeikräfte, die ihn durchsetzen sollten. Am 30. April 2020 versammelten sich Hunderte von Demonstranten, die zum Teil mit halb automatischen Gewehren bewaffnet waren, vor dem Kapitol des Bundesstaates in Lansing, um gegen die strengen Lockdown-Vorschriften zu protestieren, die von Gretchen Whitmer, der Gouverneurin von Michigan, verhängt worden waren. Einige bewaffnete Demonstranten drangen bis auf die Galerie der Senatshalle vor. Eine ähnliche Protestdemonstration mit bewaffneten Teilnehmern fand in Lansing am 14. Mai 2020 statt.

Am 15. Mai 2020 gab Lindsey Graham, die Inhaberin des Glamour Salon in Salem, Oregon, eine Pressekonferenz, um öffentlich zu machen, was ihr widerfuhr, weil sie trotz des Lockdowns, den Gouverneurin Kate Brown verhängt hatte, ihren Friseursalon wieder öffnen wollte. Die Occupational Safety and Health Administration (OSHA, »Behörde für Arbeitsschutz und Gesundheit«) des Bundesstaates Oregon hatte eine Geldstrafe in Höhe von 14 000 Dollar gegen den Salon verhängt. Die zuständige Zulassungsstelle drohte, die individuellen Lizenzen von 23 Friseurinnen, die für den Salon arbeiteten, zu widerrufen, wodurch sie nirgendwo in Oregon mehr hätten arbeiten dürfen. Doch das war noch nicht das Ende des juristischen Feldzugs. Am 7. Mai führten die Child Protective Services (das Jugendschutzamt) bei Graham eine Hausdurchsuchung durch. Die Beamten durchwühlten ihr Haus und verhörten ihr Kind in Abwesenheit beider Elternteile. Es lag keine Beschwerde oder andere Voraussetzung für die Hausdurchsuchung vor. Die von Gouverneurin Brown inszenierten Geldstrafen,

Widerrufe von Lizenzen und die Stasi-artige Hausdurchsuchung waren reine Einschüchterungsmaßnahmen, um eine Bürgerin zur Räson zu bringen, die so unverschämt gewesen war, sich Browns schikanösen Anordnungen zu widersetzen.

Die von der Pandemie und dem Lockdown hervorgerufenen Angstzustände manifestierten sich anders als durch Aufsässigkeit, Proteste und Polizeieinsätze. Am 14. Mai 2020 veröffentlichten Meinungsforscher von RealClear Opinion Research Umfrageergebnisse, denen zufolge 40 Prozent der US-Familien ihre Kinder wahrscheinlich auch nach Ende der Pandemie weiterhin per Homeschooling oder Online-Learning unterrichten wollen, anstatt sie wieder in eine staatliche Schule zu schicken. Als im Rahmen des Lockdowns ab März 2020 auch Schulen geschlossen wurden, hatten die betroffenen Eltern keine andere Wahl, als die Bildung ihrer Kinder per Homeschooling oder Fernunterricht fortzusetzen. Es bildeten sich Nachbarschaftshilfegruppen und Kooperativen, um den Unterricht gemeinsam zu organisieren und die speziellen Kenntnisse mancher Eltern zu nutzen. Solche Arrangements funktionierten erstaunlich gut – und zwar so gut, dass viele Eltern das Homeschooling auch nach dem Lockdown fortsetzen wollen.

Während Eltern und Geschäftsinhaber ihren Protest gegen staatliche Erlasse organisierten, brachten die Bundesstaaten sich gegen ihre Bürger in Stellung. Reuters berichtete, dass Arkansas, Hawaii, Kentucky und West Virginia in Betracht zogen, »GPS-fähige Fußbänder und Smartphone-Apps« einzusetzen, um unter Hausarrest stehende Covid-19-Patienten zu überwachen.[13] Laut Reuters deutete der Sprecher eines Lieferanten solcher Geräte an, die Bundesstaaten wollten die Hausarrest-Technologie auf die Bedürfnisse von »Patienten statt Häftlingen« anpassen.

Anfang Juni 2020 veröffentlichte eine Reihe hochrangiger Militäroffiziere im Ruhestand, darunter etliche Admiräle und Viersternegeneräle, bittere Klagen und Vorwürfe, die sich gegen den Oberbefehlshaber richteten, US-Präsident Donald Trump. Einer der prominentesten Kritiker war James N. Mattis, ein pensionierter Viersternegeneral der Marine und ehemaliger US-Verteidigungsminister. Er schrieb: »Donald Trump ist der erste Präsident in meiner Lebenszeit, der nicht versucht, das amerikanische Volk zu einen. [...] Stattdessen versucht er, einen Keil in die Gesellschaft zu treiben. Wir erleben die Konsequenzen von drei Jahren ohne verantwortungsbewusste politische Führung.« Der angesehene Historiker Victor Davis Hanson tadelte Mattis und andere hochrangige Offiziere, sie hätten Bemerkungen gemacht, die einem Landesverrat gleichkämen (General James Clapper hatte Trump als ein »Russian asset« bezeichnet, einen russischen Agenten) oder auf einen Staatsstreich hinausliefen (Admiral William McRaven meinte, Trump müsse aus dem Amt entfernt werden – »je eher, desto besser«).[14] Hanson rief zur Zurückhaltung auf: »In Krisenzeiten gefährdet dieser synchronisierte Chor von Vorwürfen, Unwahrheiten und parteipolitisch motivierten Aufrufen zum Widerstand genau die Verfassungsordnung, die zu verehren sie behaupten.«

Dann brach der Damm. Am 25. Mai 2020 wurde der 46-jährige Afroamerikaner George Floyd in Minneapolis, Minnesota, durch den weißen Polizeibeamten Derek Chauvin getötet, der Floyd verhaften wollte, weil er angeblich in einem Supermarkt mit Falschgeld bezahlt hatte. Zwei andere Beamte assistierten Chauvin bei der Verhaftung und sahen zu, wie er ein Knie fast neun Minuten lang auf Floyds Hals drückte. Floyd war mit Handschellen gefesselt, flehte um sein Leben und sagte mehrfach: »I can't breathe.« (»Ich kann nicht atmen«). Innerhalb von Tagen wurden die Polizisten gefeuert. Chauvin wurde wegen »third-degree murder« (vergleichbar mit »fahrlässiger Tötung«) und Totschlag angeklagt (später wurde die Anklage erweitert um »second-degree murder«, das entspricht nach deutschem Recht ungefähr einem »Mord mit bedingtem Vorsatz«). Die anderen Beamten wurden wegen Beihilfe und Mittäterschaft bei einem »second-degree murder« angeklagt. Für Chauvin wurde die Kaution auf

1,25 Millionen Dollar festgelegt, für die anderen zwei Beamten auf jeweils 1 Million Dollar. Die Polizisten sind in Untersuchungshaft und erwarten ihren Prozess.

In den Vereinigten Staaten und in vielen Ländern der Welt brach Chaos aus. Die Reaktion auf Floyds Tod war eine Mischung aus friedlichen Protesten, extremistischer Gewalt und kriminellen Plünderungen. In mehr als 750 großen und kleinen Städten überall in den Vereinigten Staaten und in mehr als 100 Städten in aller Welt fanden Proteste gegen Rassismus und Polizeigewalt statt. Bei manchen Demonstrationen kam es zu gewaltsamen Ausschreitungen, als organisierte Extremisten und kriminelle Banden Einsatzfahrzeuge der Polizei abfackelten, Denkmäler beschädigten, Schaufenster einschlugen und Läden plünderten. Bis zum 3. Juni hatten über 200 US-Städte eine Ausgangssperre verhängt. Mehr als 30 Bundesstaaten mobilisierten insgesamt über 24 000 Mann der Nationalgarde, um die Unruhen und Aufstände niederzuschlagen. Über 11 000 Demonstranten und Plünderer wurden festgenommen, und mindestens 21 kamen als direkte Folge der Gewalt ums Leben. Am 9. Juni besetzte eine von der Antifa angeführte Gruppe das Rathaus von Seattle und proklamierte die von ihnen so genannte »Capitol Hill Autonomous Zone« (CHAZ) in der Nähe des Polizeireviers Ost des Seattle Police Department. Die Polizei flüchtete aus der Bezirkswache. Die Besetzer, von denen einige bewaffnet waren, richteten rings um die CHAZ eine Sperrzone ein, unter Verwendung von Straßensperren der Polizei und improvisierten Barrikaden. Die Polizei zog sich aus der CHAZ zurück, Obdachlose wurden eingeladen, sich dort häuslich einzurichten. Schon sehr bald gingen der CHAZ die Lebensmittelvorräte aus.

In nur 90 Tagen haben sich die Wut, die Frustration und der Widerstandsgeist der Amerikaner Bahn gebrochen, in Form von aufsässigen Friseurinnen und bewaffneten Besetzern einer Großstadt. Der Rassismus in Amerika hat eine jahrhundertelange Geschichte und wurde lange vor der Verabschiedung des 13. Zusatzartikels zur

Verfassung der Vereinigten Staaten, mit der 1865 die Sklaverei beendet wurde, institutionalisiert und in die amerikanische Kultur eingewoben. Aber auch danach hat es zahlreiche ethnisch bedingte Ungerechtigkeiten gegeben, die weder so massenhafte friedliche Proteste noch so gewalttätige Aufstände provoziert haben, wie sie nach der Tötung von George Floyd zu beobachten waren. Es wäre übertrieben, die Aufstände in amerikanischen Städten auf Covid-19 zurückzuführen – ebenso übertrieben wie es wäre, den Zweiten Weltkrieg auf Woodrow Wilsons Kollision mit der Spanischen Grippe zurückzuführen. Die Antifa hat lange auf eine günstige Gelegenheit gewartet.[15] Doch es ist nicht übertrieben zu postulieren, dass die Angst vor Ansteckung, die antisoziale Konditionierung durch Quarantäne und Lockdown und die schiere Ungewissheit, ob und wann die Pandemie enden würde, ursächliche Faktoren waren für die flächendeckenden sozialen Unruhen in einem Ausmaß, wie es in US-Städten seit den Aufständen von 1968 nicht mehr beobachtet wurde. Angstzustände und Depressionen zersetzen die Gesellschaft. Wenn die Tötung von George Floyd ein Zündholz war, dann war Lockdown-Müdigkeit ein Teil des Zunders, der dann in Flammen aufging. Ob es nun eine Friseurin aus Dallas ist, die einem Richter die Stirn bietet, oder ein Extremist mit Baseballschläger, der sich dem New York Police Department (NYPD) widersetzt – den Amerikanern machen psychosoziale Effekten zu schaffen, die von Politikern verursacht wurden, die in der Pandemie eine Gelegenheit sahen, sich zum Operettendiktator aufzuschwingen.

Soziale Unruhen nach der Tötung von George Floyd wären auf jeden Fall kostspielig geworden. Die verlorenen Menschenleben, eingeschlagenen Schaufenster, geplünderten Waren, niedergebrannten Gebäude und ausgelöschte Moral von Geschäftsinhabern wären selbst in den besten Zeiten eine schwere Last. Doch dies waren nicht die besten Zeiten. Als Floyd getötet wurde, waren nach dem Lockdown erst wenige Geschäfte vorläufig wieder geöffnet worden. Die Kunden lebten nach wie vor in Angst vor dem Virus. Nach einem

Lockdown durch die Ausschreitungen von Aufständischen in den Ruin getrieben zu werden, konnte vielen Betrieben den Rest geben. Ein zigtausendfach abgerufener Videoclip, der in den Straßen von Midtown-Manhattan aus einem fahrenden Auto heraus aufgenommen wurde, zeigt Block für Block, wie Luxusgeschäfte ihre Schaufenster mit Sperrholzplatten vernagelt haben, so ähnlich wie Straßencafés, die einen Hurrikan erwarten. Doch dann war der Hurrikan gekommen, und er hatte einen schwarzen Helm auf dem Kopf und war mit einer Brechstange bewaffnet. Der Schaden war angerichtet. Dieser gesellschaftliche Zusammenbruch wird jede Erholung nach dem Virus-Lockdown verlangsamen.

Überall auf der Welt besteht die Gefahr, dass es durch die Pandemie zu sozialen Unruhen kommt, die wiederum zu einem Zerfall der wirtschaftlichen Ordnung führen können. Branko Milanović, ein Professor an der London School of Economics (LSE), hat in der Zeitschrift *Foreign Affairs* die sozioökonomischen Zusammenhänge beschrieben:[16]

Die wirtschaftlichen Auswirkungen der Pandemie des neuartigen Coronavirus dürfen nicht als gewöhnliches Problem betrachtet werden, das die makroökonomische Wissenschaft lösen oder lindern könnte. Vielmehr ist es denkbar, dass die Welt einen fundamentalen Wandel des eigentlichen Wesens der globalen Wirtschaft durchmacht. [...] Niedrigere Zinsen können nicht die Produktionsausfälle wettmachen, die entstehen, weil unzählige Arbeitnehmer nicht zur Arbeit gehen – genauso wie die Produktion einer im Krieg ausgebombten Fabrik in den folgenden Tagen, Wochen oder Monaten nicht durch einen niedrigeren Zins ausgeglichen werden kann. [...]

Die von der Krankheit geforderten Todesopfer werden der wichtigste Verlust sein und derjenige, der zu einem Zerfall der Gesellschaft führen könnte. Es kann gut sein, dass die Menschen, die keine

Hoffnung, keinen Job und keine Ersparnisse mehr haben, sich gegen andere wenden, denen es besser geht. [...] Wenn die Regierung paramilitärische oder militärische Kräfte einsetzen muss, um zum Beispiel Aufstände oder Anschläge auf Eigentum niederzuschlagen, könnte das der Anfang eines gesellschaftlichen Zerfalls sein. [...] Die wichtigste Rolle, welche die Wirtschaftspolitik unter diesen Umständen spielen kann, ist, die sozialen Bindungen zu stärken, die derart extremen Belastungen ausgesetzt sind.

Milanović hat seine Warnungen über »militärische Kräfte« und »Aufstände oder Anschläge auf Eigentum« geschrieben, *bevor* die Aufstände wegen George Floyd ausbrachen. Im Rückblick sind seine Worte beklemmend. Milanović ist ein Ökonom, der sich auf Einkommensverteilung und Einkommensungleichheit spezialisiert hat. Dass er betont, wie wichtig es sei, soziale Bindungen zu stärken, steht im Einklang mit dem, was Klinikärzte und Psychologen hinsichtlich der Covid-19-Pandemie und der Erholung vom Lockdown empfehlen. Wirtschaftswissenschaften und Politik waren schon vor langer Zeit zusammengewachsen; jetzt haben sich auch Ökonomik und Medizin die Hand gereicht.

Im Schlusswort zu meinem 2019 erschienenen Buch *Aftermath (Nach dem Kollaps)* schrieb ich:[17]

Es mag schwerfallen, sich ein schlimmeres Szenario als 2008 und dessen Nachwirren vorzustellen, doch solche Szenarien sind nicht selten; in der Geschichte der Vereinigten Staaten sind sie immer wieder zutage getreten. [...] Ein solches [Szenario] muss zwar finanzielle Verwerfungen berücksichtigen, aber auch darüber hinausgehen, da die zunehmende Größe von Kapitalmärkten und die schnelleren Ansteckungseffekte unter immer enger vernetzten Institutionen sich unweigerlich auch auf kritische Infrastruktur und schließlich auf die gesellschaftliche Ordnung selbst auswirken werden. [...]

Andere Katalysatoren können etwa eine Pandemie sein, ein Krieg oder die unerwartete Insolvenz einer großen Bank, bevor der Rettungswagen der Zentralbank den Ort des Geschehens erreichen kann. Obwohl jedes dieser Ereignisse eine niedrige Eintrittswahrscheinlichkeit hat, ist die Wahrscheinlichkeit, dass in den nächsten Jahren keines von ihnen passiert, so gut wie null. [...]

Soziologen und Historiker haben vielfach dokumentiert, wie dünn der Lack der Zivilisation ist. Sobald kritische Systeme zusammenbrechen, dauert das zivilisierte Verhalten vielleicht noch drei Tage an; dann herrscht wieder das Gesetz des Dschungels. Die Menschen greifen zu Mitteln wie Gewalt, Geld, Isolierung oder anderen Formen von Zwang, um ihre Stellung zu halten. [...] Hier geht es nicht um die Frage, ob solches Verhalten gerechtfertigt ist oder nicht, sondern vielmehr um die Tatsache, dass es unter extremen Umständen nicht etwa Wochen, sondern nur ein paar Tage dauert, bis bewaffnete Quasi-Milizen die Macht auf den Straßen übernehmen und eine Gewaltherrschaft errichten. Der Lack der Zivilisation ist hauchdünn.

Im letzten Kapitel werden wir auf die Frage eingehen, wie die Dinge sich in der neuen wirtschaftlichen Ordnung entwickeln werden, und spezifische Hinweise geben, wie sich in der post-pandemischen Welt Wohlstand bewahren und ausbauen lässt. Das ist nicht so schwierig, wie man denken könnte; rigorose Analyse und frühes Handeln sind die Schlüssel zum Erfolg.

Ich erinnere an den im Vorwort zur deutschen Ausgabe erwähnten Hugo Stinnes, der Anfang der 1920er-Jahre, in der schlimmsten Phase der Hyperinflation, ein Vermögen machte. Er nahm, wie oben beschrieben, Kredite in Reichsmark auf und kaufte dafür Sachwerte. Der Wert seiner Akquisitionen stieg ins Unermessliche, als die Währung kollabierte. Er zahlte seine Schulden in wertlosen Reichsmark zurück und behielt die erworbenen Werte.

Gegen Ende der 1920er-Jahre machte Joseph P. Kennedy, der Vater des späteren US-Präsidenten John F. Kennedy, an der Wall Street ein Vermögen, indem er während der Börsenblase die Aktienkurse hochtrieb und dann während des Crashs von 1929 durch Leerverkäufe enorme Gewinne mitnahm. Nach dem Crash waren die meisten Investoren ruiniert – Kennedy war dagegen reicher denn je.

Solche Beispiele zeigen, dass man selbst in einer Hyperinflation und während eines Börsencrashs profitabel investieren kann. Um das zu erreichen, muss man eine genaue Prognose erstellen, die politische Reaktion der Regierung vorhersehen und geschickt investieren, bevor das Chaos ausbricht. Profitables Investieren ist relativ einfach, wenn es Ihnen gelingt, die politische Reaktion auf die Krise vorherzusehen. Das wiederum ist gar nicht so schwer, wenn die Prognose richtig ist. Der schwierigste Teil ist, eine richtige Prognose zu stellen; in dieser Hinsicht sind Investoren im Vorteil, die Modelle nach der Komplexitätstheorie einsetzen.

KAPITEL SECHS

INVESTIEREN IN EINER
POST-PANDEMISCHEN WELT

*Von allen sonderbaren und erstaunlichen Dingen [...] war für mich
am merkwürdigsten das Verhältnis der Alltagsgewohnheiten unserer
gesellschaftlichen Ordnung zu den ersten Anzeichen jener Ereignisse,
welche diese gesellschaftliche Ordnung über den Haufen werfen sollten.*

H. G. Wells, *Der Krieg der Welten* (1898)[1]

Zwar hat H. G. Wells seinen Science-Fiction-Klassiker *Der Krieg der
Welten* 20 Jahre vor dem Ausbruch der Spanischen Grippe geschrieben, doch in historischen Berichten über die Grippe wird häufig darauf Bezug genommen. Der Grund dafür liegt auf der Hand: Wells
beschreibt eine Invasion der Erde durch Marsmenschen, die durch
nichts und niemanden aufzuhalten ist. Die Kriegsmaschinen der
Marsmenschen stehen auf Stativen mit spindeldürren Beinen, sind
jedoch durch Hitzekanonen und Giftgas so überlegen, dass die Menschen mit ihren Waffen und ihrer militärischen Macht so gut wie
nichts dagegen ausrichten können. Die Marsmenschen wüten entsetzlich, massakrieren zahllose Menschen, zerstören Gebäude und

brennen Farmen nieder. Als die Menschheit schon damit rechnet, ausgerottet zu werden, fallen die Marsmenschen plötzlich um wie die Fliegen. Wells beschreibt die Szene so:[2]

> Und überall zerstreut, einige in den umgestürzten Kriegsmaschinen [...], lagen die Marsleute – *tot!* – erwürgt von fäulnis- und krankheitserregenden Bakterien, gegen die ihre körperliche Beschaffenheit widerstandslos war; [...] erwürgt, nachdem alle Anschläge der Menschen fehlgeschlagen waren, von den niedrigsten Wesen, die Gott in seiner Weisheit ins Leben gerufen hat. [...] Auf dem Mars gibt es keine Bakterien, und von dem Augenblick an, als jene Eindringlinge auf der Erde anlangten, als sie aßen und tranken, machten unsere mikroskopischen Verbündeten sich ans Werk, sie zu vernichten. Schon damals, als ich sie beobachtete, waren sie unwiderruflich dem Tode verfallen. [...]

Wells' Buch erfreute sich großer Beliebtheit und wurde auf der ganzen Welt gelesen. Seine Formulierung, »Bakterien, gegen die ihre körperliche Beschaffenheit widerstandslos war«, sprach die Menschen an, die unter der Spanischen Grippe litten, von der die meisten damaligen Wissenschaftler glaubten, sie werde von Bakterien verursacht. Dass die wahre Ursache der Krankheit ein Virus ist, konnte erst 1931 nachgewiesen werden, und erst kurz nachdem 1935 das Elektronenmikroskop erfunden worden war, konnten Wissenschaftler solche Viren tatsächlich in Augenschein nehmen. Die Opfer der Spanischen Grippe waren gegen das Virus ebenso anfällig wie die fiktiven Marsmenschen gegen Bakterien, und viele von ihnen wurden aus dem Leben gerissen. Heute ist *Der Krieg der Welten* wieder in den Nachrichten, im Kielwasser von SARS-CoV-2, noch einem Virus, gegen das die Opfer keine Immunität haben.

Wells griff in seinem Roman ein weiteres Thema auf, das auch für heutige Investoren noch relevant ist. Dieses Thema ist die Lücke zwischen Wahrnehmung und Realität. Sie entsteht, wenn eine objektive Realität existiert, die Menschen aber entweder nicht bereit sind, sie zu akzeptieren, oder sich ihrer nicht bewusst sind. Im *Krieg der Welten* waren die Marsmenschen tatsächlich auf der Erde gelandet und begannen, ihre Kriegsmaschinen aufzubauen, doch die meisten Menschen wollten das nicht glauben, oder es war ihnen egal. Die Nachricht breitete sich damals nur langsam aus, vom Landeplatz der Marsmenschen in konzentrischen Kreisen auswärts, in die nächstgelegenen Städte und schließlich bis nach London und rings um die Welt, doch auf jeder Etappe wurde die Nachricht entweder desinteressiert zur Kenntnis genommen oder nicht geglaubt. Schließlich wurde den Menschen klar, was sich tatsächlich abspielte, aber da war es schon zu spät – die Marsmenschen wüteten entsetzlich, und es blieb nicht genug Zeit, um zu fliehen. Wells meinte das als Warnung – nicht über Marsmenschen, sondern über Technologie und das menschliche Desinteresse an ihren Gefahren. Im Jahr 1957 prägte der US-amerikanische Sozialpsychologe Leon Festinger den Begriff »kognitive Dissonanz« für dieses Phänomen, doch das Phänomen selbst ist so alt wie die menschliche Zivilisation.

Nach und nach erzeugt die Wahrnehmungslücke zwischen Realität und persönlichen Überzeugungen psychische Spannungen. Dann muss entweder die betreffende Person ihre Ansichten der Realität anpassen, oder die Realität wird sie überwältigen, was psychisch sehr schädlich sein kann. Es ist ungefähr so, als würde die Person auf einem Bahngleis stehen, einen Zug auf sich zufahren sehen und sich irgendwie einreden, es gäbe keinen Zug oder er führe nicht oder er würde rechtzeitig anhalten. Am Ende muss sie sich entweder zu der Einsicht durchringen, dass es tatsächlich ein fahrender Zug ist, oder sie wird überfahren und getötet.

Die Wahrnehmungslücke ist der Schlüssel zu Profiten

Kognitive Dissonanz ist die beste Erklärung für das Verhalten, das die meisten Marktteilnehmer heute an den Tag legen. Einerseits grassieren in den USA die schlimmste Pandemie seit der Spanischen Grippe, die schlimmste Depression seit der Weltwirtschaftskrise von 1929/1930 und die schlimmsten Unruhen seit 1968, *und das alles zugleich.* Andererseits haben die großen US-Aktienindizes die im Februar und März erlittenen Verluste bis Anfang Juni zum großen Teil wieder wettgemacht; am 23. Juni 2020 erreichte der NASDAQ Composite Index mit 10 131 Punkten ein neues Allzeithoch.

Die Bullen an den Börsen behaupten, die Märkte würden nicht die aktuelle Lage beurteilen, sondern in die Zukunft schauen und künftige Entwicklungen schon heute in die Kurse einpreisen. Eine positive Prognose rechtfertige den neuen Bullenmarkt. Das ist die Wahrnehmung mancher Anleger, doch die Realität sieht völlig anders aus.

Die Arbeitslosigkeit wird zurückgehen, aber ausgehend von dem höchsten Stand seit 75 Jahren, und sie wird mindestens fünf Jahre oder länger nicht wieder auf das Vor-Pandemie-Niveau zurückkehren. Es wird wieder Wachstum entstehen, aber langsam. Das Produktionsniveau von 2019 wird frühestens 2023 wieder erreicht werden. Vor den Insolvenzgerichten stehen Anwälte Schlange, um eine rekordverdächtige Zahl von Insolvenzanträgen großer Unternehmen einzureichen. Viele kleine und mittlere Betriebe werden nie wieder ihre Türen öffnen, trotz diverser Rettungspakete und günstiger Kredite. Die Kurs-Gewinn-Verhältnisse der Aktien im S&P-500-Index sind so hoch wie seit 2000 nicht mehr, dem Anfang der Dotcom-Blase. Viele Kleinanleger, die sich zum ersten Mal an die Aktienmärkte wagen, nehmen ihren Bailout-Scheck vom Finanzministerium und eröffnen damit ein Depotkonto, um Aktien von Hertz zu kaufen, einer Firma, die bereits im Insolvenzverfahren steckt. Die völlig unerfahrene Anlegerin Dayanis Valdivieso sagt über ihren Bail-out-Scheck: »Wissen Sie, eigentlich war das geschenktes Geld, also habe ich beschlossen, damit zu zocken. [...] Es ist wie im Casino.«³ Sobald ein Insolvenzverfahren eröffnet ist, fällt oftmals der Aktienkurs des betreffenden Unternehmens auf null. Dennoch konnten Neulinge wie Valdivieso ihren Einsatz verdreifachen, als die Hertz-Aktie in der ersten Juniwoche von 0,72 Dollar auf 5,50 Dollar stieg, ausschließlich durch Spekulation. Dann brach der Kurs der Aktie ein, als die New York Stock Exchange (NYSE) sie am 10. Juni aus dem Handel nahm und solchen Neulingen eine schnelle Lektion in Insolvenz- und Börsenrecht erteilte.

Wie wird es mit der Wirtschaft weitergehen? Kommen ein schneller Aufschwung und eine Rückkehr zur Normalität, eine günstige Gelegenheit, Aktien zu kaufen, solange sie noch billig sind? Oder wird es eine langsame Erholung werden mit schwachem Wachstum, hoher Arbeitslosigkeit, einer Produktionslücke und einer weiteren Aktienblase, die nur darauf wartet zu platzen? Es kann nur eines dieser Szenarien eintreten – eines davon muss die Realität sein und das andere Verdrängung. Diese Lücke zwischen Wahrnehmung und Realität ist ein Beispiel für die kognitive Dissonanz, die Marktteilnehmer an den Tag legen. Diese Wahrnehmungslücke eröffnet Anlegern ein riesiges Gewinnpotenzial. Wenn der Aktienmarkt recht hat, wird die Wirtschaft bald boomen, und Investoren werden in Sektoren wie Gewerbeimmobilien, Geschäftskrediten, Emerging Markets, Tourismus und Gastronomie Gewinne einstreichen können. Wenn der Aktienmarkt dagegen falschliegt, werden profitträchtige Chancen eher aus Aktien-Leerverkäufen, dem Kauf von Treasury Notes (mittelfristigen US-Schatzwechseln), US-Dollar-Leerverkäufen und dem Kauf von Gold entstehen. Welches Szenario wird es sein?

Dieses Gedankenexperiment in kognitiver Dissonanz demonstriert mehrere für Investoren kritische Tatsachen. Die erste ist, dass man in jeder Art von Markt Geld machen kann. Die Idee, dass man in einem Bärenmarkt schnell in Cash umschichten und sich dann zurückziehen sollte, ist falsch. Auf diese Weise kann ein Investor vielleicht seinen Wohlstand bewahren, doch er verpasst Profitchancen, die es selbst in einem Bärenmarkt gibt. Leider wird Kleinanlegern eingeredet, Aktien, Schatzwechsel und Cash seien die einzigen Anlageklassen, die sie in Betracht ziehen sollten (und 401(k)-Pläne sind genau so strukturiert). Doch es gibt liquide Märkte in Immobilien, Unternehmensbeteiligungen, alternativen Investments, Rohstoffen, Gold, Devisen, Kunstwerken, Tantiemen, verbrieften Versicherungsansprüchen und anderen Anlageklassen. Diese Anlageklassen erhöhen nicht nur die Bandbreite überstrapazierter Allokationen auf Aktien und Anleihen, sondern bieten auch echte Diversifizierung – eine der wenigen Möglichkeiten, die Gewinne zu steigern, ohne entsprechend höhere Risiken einzugehen.

Die zweite Lehre aus dem Phänomen »kognitive Dissonanz« ist, dass sich reichlich Profitchancen auftun, wenn Ihnen klar ist, dass es auf den Märkten nicht darum geht, richtig- oder falschzuliegen, sondern vielmehr um Informationen. Es gibt den Mythos, die Märkte seien effiziente Preisfindungsmechanismen, die ständig sämtliche eingehende Informationen effizient verarbeiten und sich auf neue Kursniveaus einpendeln, bevor ein Anleger sich hinreichend informieren und seine Chancen erkennen könnte. Das ist noch nie wahr gewesen und heute ist es das weniger denn je. Diese »Markteffizienzhypothese« wurde in den 1960er-Jahren in der »Faculty Lounge« an der University of Chicago herbeifantasiert und seither vielen Studentenjahrgängen mit auf den Weg gegeben. Es gibt keinerlei empirische Belege, die sie stützen würden; sie sieht in Form von geschlossenen Gleichungen einfach nur elegant aus. Märkte sind *nicht* effizient; beim ersten Anzeichen von Problemen frieren sie ein. Sie verändern sich *nicht* kontinuierlich zwischen verschiedenen Kursniveaus; sie schlagen in riesigen Kurssprüngen nach oben oder unten aus. Das kann unerwartete Gewinne für Longs produzieren oder vernichtende Verluste für Shorts. So ist das Leben nun mal; man darf nur nicht so tun, als sei es effizient. Die Markteffizienzhypothese wurde vor allem eingesetzt, um Anleger in Indexfonds, ETFs und passive Anlageinstrumente zu drängen, basierend auf der Idee »You can't beat the market« (»Du kannst den Markt nicht schlagen«), also solle man einfach dem Trend folgen. Das funktioniert für Wall-Street-Vermögensverwalter, die einfach nur Provisionen kassieren auf Depotsalden und neue Akquisitionen. Doch es funktioniert nicht für Anleger, die alle zehn Jahre oder so 30 Prozent Verlust einstecken und dann wieder von vorn anfangen müssen, um die Verluste wieder reinzuholen. Man kann den Markt durchaus schlagen, mit guten Prognosen, gutem Market-Timing und einer völlig legalen Form von Insiderwissen. So machen es die Profis, so machen es die Roboter – und auch Kleinanleger können es so machen.

DIE MÄRKTE LIEGEN NUR SELTEN RICHTIG

Tatsächlich liegen Märkte in ihren Prognosen häufiger falsch als richtig. Wenn die Prognose der Märkte falsch ist, können Investoren von der Lücke zwischen Wahrnehmung und Realität profitieren. Die Finanzkrise von 2007 bis 2009 zeichnete sich im Frühjahr 2007 ab, als die Ausfallquote bei Hypothekendarlehen hochschnellte. Im August 2007 kam es zu Liquiditätsstress, zwei Hypotheken-Hedgefonds und ein Geldmarktfonds schlossen ungefähr zu dieser Zeit ihre Türen. Dann schien das Problem zu verschwinden. Im September kündigte US-Finanzminister Hank Paulson das Super-SIV an (ein »Special Investment Vehicle«, das konzipiert wurde, um außerbilanzielle Verbindlichkeiten von Geschäftsbanken zu refinanzieren; daraus wurde nie etwas, aber damals klang es gut). Im Oktober 2007 erreichten die Aktienmärkte ein neues Allzeithoch (also sechs Monate *nach* dem

Beginn der Krise), unter anderem aufgrund unbegründeter Zusagen von Paulson und Ben Bernanke. Im Dezember 2007 retteten einige Staatsfonds, von Abu Dhabi bis Singapur, die Geschäftsbanken, indem sie in deren Vorzugsaktien und Anleihen investierten. Alles war wieder gut, so schien es zumindest.

Doch im März 2008 ging die Investmentbank Bear Stearns pleite. Sie wurde rasch von JPMorgan Chase übernommen, und die Märkte atmeten erleichtert auf. Dann gerieten im Juni die Hypothekendarlehen-Giganten Fannie Mae und Freddie Mac ins Wanken. Der Kongress verabschiedete eilig ein Bailout-Gesetz, und die Märkte gingen wieder zum Alltag über – noch einmal war das Schlimmste verhindert worden!

Es war klar, dass wir nach der Warnung im August 2007 eine Pleiteserie erlebten. Und es war ebenso klar, dass die Serie noch nicht zu Ende war. Lehman Brothers war seit 1998 das schwächste Glied in der Wall-Street-Kette gewesen, und viele Insider erwarteten, dass die Bank die nächste Firma wäre, die in der neuen Krise untergehen würde. Im August 2008 erklärte ich den Ökonomen in John McCains Wahlkampfteam die Gefahr; ich wurde ausgelacht und nicht wieder eingeladen. Die Märkte verhielten sich weiterhin, als sei alles in Ordnung.

Dann, am 15. September 2008, reichte Lehman Brothers einen Insolvenzantrag ein. Das war der Tag, an dem die Lücke zwischen Wahrnehmung (»Die Krise ist zu Ende«) und Realität (»Die Krise fängt gerade erst an«) sich schlagartig schloss. Viele Anleger verloren alles. Der springende Punkt ist, dass die Märkte die Katastrophe *nicht* hatten kommen sehen, und auch Fed-Chef Bernanke nicht, der noch 2007 gesagt hatte, die Probleme am Hypothekenmarkt würden vorübergehen. Die Märkte waren keine effizienten Preisfindungsmechanismen, die künftige Ereignisse einpreisen. Kognitive Dissonanz hatte dazu geführt, dass Investoren rosige Erwartungen hatten, ungeachtet der grimmigen Realität. Die Märkte schwebten auf Wolke sieben, und in jenem September wurden sie brutal auf den Boden der Tatsachen zurückgeholt.

Die Märkte sahen 2008 den Crash nicht kommen. Und sie sahen 2020 den Crash nicht kommen. Das können Märkte nicht. Sie müssen schon selbst vorhersehen, was als Nächstes kommt.

WIE SIE DEN MARKT SCHLAGEN KÖNNEN

Wie können Sie den Markt schlagen? Dazu gehören drei Schritte: die richtige Prognose stellen, richtig vorhersehen, wie die Politik reagieren wird, und beim Investieren beidem zuvorkommen. Im Folgenden erklären wir diese drei Schritte, anhand von eigenen Modellen und optimalen Aktionsplänen. Dann setzen wir diese Methode in konkrete Anlageempfehlungen um.

Bevor wir uns in die Methodik und Empfehlungen vertiefen, brauchen wir noch eine weitere allgemeine Strategie: *Die Hauptsache ist, gut informiert zu bleiben und schnell und flexibel zu agieren.*

Das Wall-Street-Mantra »Set it and forget it« ist eine prima Methode, um Geld zu verlieren. Die Idee, dass Sie einen Indexfonds kaufen und »auf lange Sicht investieren« können, ist Unsinn. Wenn Sie alle zehn Jahre 30 bis 50 Prozent Ihres Portfoliowerts verlieren, gibt es keine »lange Sicht«. Der Umstand, dass die Märkte irgendwann die Verluste wieder wettmachen, bedeutet keineswegs, dass Sie überhaupt Verluste erleiden sollten. Wenn der Dow-Jones-Index bei 29 000 Punkten steht und dann auf 18 000 fällt, wird er vielleicht irgendwann wieder auf 29 000 steigen, aber das kann fünf bis zehn Jahre dauern. Die Wall Street sagt: »Ja schon, aber zumindest hast du deinen Verlust wieder reingeholt!« Aber das stimmt nicht wirklich. Tatsächlich ist es ja vielmehr so, dass Sie nach fünf Jahren im Tal des Todes wieder da angekommen sind, wo Sie angefangen haben. Stattdessen hätten Sie bei 28 000 aussteigen können (womit

Sie die letzten 3,5 Prozent der Rallye verpasst hätten), bei 19 000 wieder einsteigen (womit Sie die ersten 5,5 Prozent der neuen Rallye verpasst hätten) und dann die Rallye bis 29 000 mitnehmen können. Dann hätten Sie auf der Rundreise über die Höhen und Tiefen des Marktes 53 Prozent hinzugewonnen. Der auf lange Sicht orientierte Investor, der die umgekehrte Reise auf null und dann wieder hoch gemacht hätte, wäre bei 0 Prozent gelandet. Aber das sagen Ihnen die Wall-Street-Vermögensberater nicht. Diese Leute wollen nur Ihr Geld im Depot sehen, damit sie Provisionen kassieren können – Sie, Ihr Portfolio und Ihr Ruhestand sind ihnen völlig egal.

Diese Technik (»Bleibe gut informiert und agiere schnell und flexibel«) kann nicht nur im Aktienmarkt eingesetzt werden, sondern in jeder Anlageklasse, etwa Anleihen, Unternehmensbeteiligungen und Gold. Ich begegne immer wieder Leuten, die erstaunt sind über eine bestimmte Empfehlung, die ich ausspreche. Letztlich sagen sie mir: »Vor einem halben Jahr haben Sie doch das Gegenteil gesagt!« Ja, das stimmt. Anlageideen, die vor sechs Monaten perfekt waren, haben sich vielleicht wie erwartet entwickelt, beträchtliche Gewinne eingebracht, und jetzt ist es Zeit, die Position zu schließen, die Gewinne mitzunehmen und etwas Neues anzufangen. Das gilt vor allem für die Devisen- und Rohstoffmärkte, auf denen die Kurse nur in einem bestimmten Bereich schwanken und vorhersehbare Richtungswechsel vollziehen. Der EUR/USD-Wechselkurs wird vielleicht zwischen 1,00 Dollar und 1,60 Dollar schwanken, aber er wird nie auf null fallen, wie etwa der Aktienkurs einer insolventen Firma, oder einen exorbitanten Höhenflug antreten wie Apple. Es ist eine wichtige Trading-Technik, an kritischen Wendepunkten einen Richtungswechsel zu vollziehen. Die Märkte ändern sich, die Umstände ändern sich, und die Nachrichten ändern sich jeden Tag. Sie müssen die Zusammenstellung Ihres Portfolios zumindest in manchen Aspekten ändern, wenn Sie besser abschneiden wollen als die Märkte.

Dies ist kein Day-Trading (das ich nicht empfehle). Es ist vielmehr ein mittelfristiger Anlagehorizont (sechs Monate in die Zukunft), bei ständiger Aktualisierung. Das bedeutet keineswegs, dass eine Position nicht auch einmal fünf oder zehn Jahre lang profitabel sein kann – das kommt durchaus vor. Dennoch sollten Sie Ihre Positionen aufgrund eines gleitenden Zeitfensters von sechs Monaten beurteilen, um einem herannahenden Zug aus dem Weg gehen zu können, wenn es denn sein muss. Darin sind die Märkte nicht gut; oft lassen sie sich vom Zug überfahren und reißen dann viele Anleger mit in den Abgrund. Aber mit den richtigen Modellen und den richtigen vorausschauenden Trades können auch individuelle Anleger diese Strategie umsetzen.

Ein Wort zu Modellen: Ich sehe seit Jahren die meisten ökonomischen Modelle extrem kritisch. Modelle wie die Phillips-Kurve, NAIRU (»Non-accelerating inflation rate of unemployment«, »inflationsneutrale Arbeitslosenquote«), R-Star (»Natural rate of interest«, »natürlicher Zins«), der »Wealth Effect« (»Wohlstandseffekt«), das Black-Scholes-Modell, die »Risk-Free Rate« (»risikoloser Zins«) und andere mehr sind pseudowissenschaftlicher Humbug. Sie haben nichts mit der Realität zu tun. Sie sind eine der wichtigsten Ursachen der Lücke zwischen Wahrnehmung und Realität, die immer wieder zu Schocks führt, wenn die Realität die Tür zur Faculty Lounge aufsprengt. Diese Modelle (bekannt als »Dynamic Stochastic General Equilibrium«- oder DSGE-Modelle) gehören auf den Müll. Aber dort werden sie nicht landen, weil drei Generationen akademischer Ökonomen zu viel Zeit und Mühe investiert haben, um sie zu entwickeln und zu propagieren. Aber das macht nichts – der Verlust der Akademiker ist Ihr Gewinn. Wenn die Politik sich von fehlerhaften Modellen leiten lässt und Sie diese Fehler kennen, können Sie der Politik zuvorkommen.

Ein Wort zur Diversifizierung: Sie funktioniert. Diversifizierung ist eine zuverlässige Methode, um höhere Gewinne zu machen, ohne entsprechend höhere Risiken einzugehen. Das Problem ist allerdings, dass die meisten Anleger nicht verstehen, was Diversifizierung ist, und ihr Vermögensberater auch nicht. Ihr Vermögensberater wird Ihnen sagen: Wenn Sie 30 Aktien halten, die verteilt sind auf zehn verschiedene Branchen (zum Beispiel Energiewirtschaft, Rohstoffe, Industrieaktien, »Consumer Discretionary Goods« [Nicht-Basiskonsumgüter] et cetera), dann sind Sie diversifiziert. Aber das sind Sie nicht. Sie haben zwar 30 Aktien aus zehn verschiedenen Branchen, aber es sind allesamt Aktien – also nur *eine einzige Anlageklasse*. Die Kurse verschiedener Aktien korrelieren immer stärker untereinander und mit dem Gesamtmarkt – sie steigen und fallen zusammen. Es gibt Ausnahmen, aber nicht genug davon, um die Risiken zu hoher Konzentration zu reduzieren. Es gibt Gründe für diese Korrelation, etwa passive Anlagestrategien, Index-Investieren, Hot Money, ETFs und Robotrading. Sie müssen sich mit diesen Einflussfaktoren nicht auskennen; es genügt, wenn Sie wissen, dass Sie durch den Erwerb unterschiedlicher Aktien keine Diversifizierung erreichen. Echte Diversifizierung entsteht nicht *innerhalb* einer Anlageklasse, sondern über *verschiedene Anlageklassen hinweg*. Es ist in Ordnung, einen gewissen Anteil an Aktien zu halten; doch darüber hinaus sollten Sie auch in Anleihen, Gold, Immobilien, Unternehmensbeteiligungen und andere Anlageklassen investieren, die keine starke Korrelation mit Aktien aufweisen. Das ist der Weg zu höheren Gewinnen.

Ein Wort zum algorithmischen Handel, dem sogenannten Robotrading: Über 90 Prozent des Aktienhandels werden heute nicht mehr von Menschen abgewickelt, sondern von Robotern. Aber ganz egal, wie oft man diese Tatsache wiederholt – die meisten Anleger begreifen es nicht. Diese Robotrader sind nicht nur Order Matching Systems (Bestellsysteme), die Anonymität und niedrige Handelsgebühren bieten; solche Systeme gibt es schon seit den 1990er-Jahren. Heute wird der Handel von echten Robotern erledigt, die aufgrund von programmierten Algorithmen Kauf- und Verkaufsentscheidungen treffen und innerhalb von Nanosekunden ausführen, ohne dass ein Mensch eingreift. Wenn Sie Anlageentscheidungen treffen, sollten Sie daran denken, dass Sie nicht mit anderen Menschen konkurrieren, sondern mit Robotern.

Das ist eine gute Nachricht, weil Roboter dumm sind. Sie tun genau das, was ihnen gesagt wird. Wenn Sie den Ausdruck »künstliche Intelligenz« hören, sollten Sie das Wort »Intelligenz« nicht so wichtig nehmen und lieber auf das Wort »künstlich« achten. Roboter werden programmiert mit Code von Softwareentwicklern, von denen viele noch nie an der Wall Street waren. Solche Roboter nutzen große Datenbestände, Korrelationen und Regressionen, und sie suchen Schlagzeilen und Inhalte auf Schlüsselwörter ab. Wenn sie auf bestimmte Schlüsselwörter stoßen oder wenn ein Aktienkurs von einer vorher festgelegten Linie abweicht, treten die Roboter in Aktion und führen eine Kauf- oder Verkaufsorder aus. Das ist so ziemlich alles.

Wenn Sie erst einmal die Algorithmen von Robotern verstanden haben, ist es leicht, ihnen zuvorzukommen. Roboter gehen davon aus, dass die Zukunft der Vergangenheit ähneln wird. Aber das tut sie nicht. Das menschliche Wesen ändert sich vielleicht nicht, doch die Umstände ändern sich ständig. Darum haben wir eine Geschichte. Roboter gehen davon aus, dass Menschen, die Schlüsselwörter äußern, wissen, was sie tun – aber das wissen sie nicht. Von all den großen ökonomischen Institutionen hat die Fed die schlechteste Prognosebilanz, und der IWF ist auch nicht besser. Auf offizielle Prognosen sollte man zwar achten, sich aber nie auf sie verlassen. Die zuständigen Beamten wissen nicht, was sie tun. Die riesigen Datenbanken der Roboter enthalten vielleicht Unmengen an Daten, doch diese Daten reichen nicht weit genug zurück. Ein Zeitraum von 20 oder 30 Jahren ist nicht lang genug, um eine gute Datenbasis zu bilden – 90 Jahre sind besser, 200 Jahre noch besser. Roboter folgen routinemäßig der Devise »Buy the dips«, jagen dem Momentum der Märkte nach und glauben der Fed. Wenn Sie wissen, dass die Roboter den Markt auf einen Absturz zusteuern, können Sie der unvermeidlichen Korrektur zuvorkommen und sich die blinden Flecken der Roboter zunutze machen. Auch in solchen Fällen profitieren Sie wieder von der Lücke zwischen Realität und Wahrnehmung.

Ein Wort zum Insiderhandel: Er ist legal (jedenfalls in den meisten Fällen). Insiderhandel bedeutet, wesentliche, nicht öffentliche Informationen zu nutzen, um großen Kurssprüngen zuvorzukommen und den Markt zu schlagen. Das ist nur dann illegal, wenn Sie solche Informationen stehlen oder von jemandem bekommen, der eine Schweigepflicht missachtet hat, etwa ein Anwalt, Steuerberater, Direktor, Beamter oder irgendjemand anders, der einen »heißen Tipp« hat, und Sie glauben, dass diese Person auf illegale Weise an diese Information gekommen ist. Falls Sie auf legalem Wege an Informationen kommen, indem Sie sie selbst entwickeln, etwa durch bessere Analysen, bessere Modelle oder urheberrechtlich geschützte Systeme, die Sie selbst entwickelt oder abonniert haben, dann haben Sie diese Informationen nicht gestohlen, und dann ist es völlig legal, sie für Anlageentscheidungen zu nutzen. Tatsächlich gibt es sogar akademische Studien, die zeigen, dass der *einzige* Weg, den Markt zu schlagen, darin besteht, ihm aufgrund von Insiderwissen zuvorzukommen. Darum betonen wir, dass es wichtig ist, gute Modelle mit Market-Timing zu kombinieren. Diese Kombination ist der Schlüssel zu überdurchschnittlichen Gewinnen. Sie erklärt auch, warum Sie schnell und flexibel reagieren müssen, da der Output von Modellen sich aufgrund von aktualisierten Informationen und bedingten Korrelationen ständig ändert.

Um es zusammenzufassen:

- Nutzen Sie Modelle, die funktionieren (wie nachfolgend beschrieben).
- Aktualisieren Sie Ihr Portfolio ständig (mit einem gleitenden Zeitfenster von sechs Monaten).
- Diversifizieren Sie (über Anlageklassen hinweg, nicht innerhalb einer Anlageklasse).

- Beschaffen Sie sich Insiderinformationen (auf legalem Wege).
- Nutzen Sie Market-Timing (um der Masse zuvorzukommen).
- Seien Sie schneller als die Roboter (so schlau sind sie nicht).
- Behalten Sie die Wahrnehmungslücke im Blick (am Ende gewinnt immer die Realität).
- Agieren Sie schnell und flexibel.

Das ist das Drehbuch. Sehen wir uns jetzt einige spezifische Modelle und spezifische Portfolio-Allokationen an.

EIN PRÄDIKTIVES ANALYTISCHES MODELL

Im vorigen Abschnitt haben wir die fehlerhaften Modelle beschrieben, die von Politikern und Wall-Street-Vermögensberatern verwendet werden. Welche Prognosemodelle funktionieren denn nun tatsächlich?

Wenn wir Modelle konstruieren, stützen wir uns auf vier Zweige der Wissenschaft, die mit der Realität im Einklang stehen und auch Ungewissheiten auflösen können. Der erste Zweig ist die Komplexitätstheorie. Sie lehrt uns, dass Ereignisse in komplexen dynamischen Systemen im Hinblick auf ihren zeitlichen Verlauf nicht vorhersehbar sind, doch in Bezug auf die Gradverteilung von Schocks sind sie dagegen sehr gut vorhersehbar. Etwas einfacher ausgedrückt bedeutet das, dass wichtige Ereignisse, die starke Kursausschläge verursachen, häufiger auftreten, als Normalverteilungsmodelle und Gleichgewichtsmodelle (DSGE-Modelle) es erwarten lassen. Wenn das Normalverteilungsmodell vorhersagt, dass ein extremes Ereignis nur alle 100 Jahre eintreten wird, Sie aber wissen (aufgrund der Komplexitätstheorie und der Exponentialkurve), dass dieses Ereignis alle sieben bis zehn Jahre eintreten wird, dann sind Sie gut positioniert, um von diesem Ereignis zu profitieren, während die anderen kopflos herumrennen und »Schwarzer Schwan!« schreien. Die Komplexitätstheorie lehrt uns auch, dass die Eigenschaften extremer Ereignisse (emergente Eigenschaften) selbst aus vollständiger Kenntnis aller Wirkfaktoren im System nicht abgeleitet werden können. Das erklärt, warum Schocks nicht nur häufiger auftreten, als die Wall Street erwartet, sondern auch anders geartet sind. Das bedeutet nicht, dass Sie den nächsten Schock präzise vorhersagen können; doch es bedeutet, dass Sie mit einer gewissen Häufigkeit etwas Unerwartetes erwarten können. Allein dieses Wissen macht Sie schon zu einem besseren Anleger.

Der zweite Wissenschaftszweig, auf den wir uns beim Konstruieren von Modellen stützen, ist das Bayes-Theorem, eine Formel aus der angewandten Mathematik. Das Bayes-Theorem ist das Werkzeug, das Sie einsetzen, wenn Sie nicht genug Informationen haben, um ein Problem durch Schlussfolgern zu lösen. Wenn sämtliche Informationen, die gebraucht werden, um ein Problem zu lösen, vor Ihnen auf dem Tisch lägen, könnte ein aufgeweckter Highschool-Schüler es lösen. Was tun Sie also, wenn Sie nicht genug Informationen haben (also meistens)? Was tun Sie, wenn Sie *gar keine* Informationen haben? Dann wenden Sie das Bayes-Theorem an. Es hilft auch, den Unsicherheitsfaktor in der Komplexitätstheorie zu überwinden, und darum funktionieren sie gut im Tandem. Ich habe gelernt, wie man das Bayes-Theorem anwendet, als ich von 2003 bis 2014 für verschiedene US-Geheimdienste arbeitete. Die CIA und das Los Alamos National Laboratory setzen es für alle möglichen Zwecke ein, von der Terrorismusbekämpfung bis hin zur Simulation von Atomexplosionen – im Gegensatz zur Wall Street, die es so gut wie gar nicht nutzt. Abermals ist ein Defizit der Wall Street Ihr Gewinn.

Sie gehen das Problem an, indem Sie eine intelligente Vermutung anstellen, eine Näherungslösung. Diese Vermutung drücken Sie in Form von Wahrscheinlichkeiten aus, die auf Erfahrung, historischen Fakten, Intuition, Anekdoten oder irgendwelchen anderen Informationsschnipseln basieren, die Sie haben. Konventionelle Statistiker und akademische Ökonomen verabscheuen solche Vermutungen; sie fordern mehr Daten. Doch wenn Sie keine Daten haben und das Problem zu wichtig ist, um es liegen zu lassen, ist eine intelligente Vermutung das Beste, was Sie tun können. Als Nächstes aktualisieren Sie diese erste Vermutung aufgrund später bekannt werdender Informationen. Wenn die neuen Daten eingehen, fragen Sie sich: Wie hoch ist die bedingte Wahrscheinlichkeit, dass der zweite Datenpunkt auftreten kann, wenn die erste Vermutung richtig (oder falsch) war? Das ist nicht ganz einfach, weil Sie ehrlich mit sich selbst sein müssen (wenn die anfängliche Vermutung falsch war) und einen Bestätigungsfehler vermeiden müssen (da Sie alle neuen Daten berücksichtigen wollen, nicht nur die Schnipsel, die Ihnen passen). An diesem Punkt ist Demut Ihr bester Freund.

Über kurz oder lang wird die Wahrscheinlichkeit, dass die Vermutung richtig ist, abnehmen (dann verwerfen Sie sie) oder steigen (dann können Sie echtes Geld darauf setzen). Wenn die Wahrscheinlichkeit, dass Sie mit der Vermutung richtigliegen, 90 Prozent erreicht, können Sie sogar im Fernsehen auftreten und kategorische Prognosen machen, wie ich es 2016 tat, als ich richtig vorhersagte, dass Donald Trump die Wahl gewinnen und die britischen Bürger für den Brexit stimmen würden (diese Vorhersagen traf ich angesichts überwältigender Prognosen, dass Hillary Clinton die Wahl gewinnen und die Briten für »Remain« stimmen würden). In beiden Fällen verließ ich mich nicht nur auf Umfragedaten, sondern nutzte auch anekdotische Informationen; so habe ich zum Beispiel aus einem Greyhound-Bus heraus in Vorgärten aufgestellte Wahlplakate gezählt, eine evangelikale Gemeinde in den Ozark Mountains besucht und bei sich bietenden Gelegenheiten mit Taxifahrern, Hotelangestellten und Londoner Kneipiers gesprochen. Ich würde Wall-Street-Analysten empfehlen, sich öfter mal von ihren Bildschirmen loszureißen und vor die Tür zu treten, um mit ganz normalen Bürgern zu sprechen – doch das tut kaum einer von ihnen.

Der dritte Wissenschaftszweig, auf den wir uns stützen, ist Geschichte. Akademische Ökonomen und Wall-Street-Analysten verabscheuen Geschichte oder ignorieren sie einfach, weil sie nicht quantifiziert und in Gleichungen eingesetzt werden kann. Das ist ein großes Defizit; die Geschichte ist die beste Lehrerin der Welt. Bestimmte Handlungsverläufe werden sich womöglich nicht genau wiederholen, doch die Muster durchaus. Geschichte ist vielleicht schwierig zu quantifizieren, doch Sie können sie nutzen, um Faktorknoten in eine kognitive Karte einzutragen. Der Grad der Interaktionen dieser Knoten mit anderen Knoten *kann* quantifiziert werden. Die Komplexitätstheorie kann helfen, die Karte zu zeichnen, und das Bayes-Theorem kann angewendet werden, um den Outputs der Knoten ihr numerisches Maß zuzuweisen. Dieses Verfahren illustriert, wie verschiedene Wissenschaftszweige interdisziplinär zusammenarbeiten können.

Es ist interessant zu hören, wenn Analysten von heute sich auf die Falle des Thukydides beziehen, eine Idee, die auf den Politikwissenschaftler Graham Allison zurückgeht.[4] Am Beispiel des Peloponnesischen Kriegs im 5. Jahrhundert vor Christus zwischen einer aufstrebenden Macht (Athen) und einer etablierten Macht (Sparta) warnt er vor einem aufkommenden Konflikt zwischen einer neuen aufstrebenden Macht (China) und der etablierten Macht von heute (den Vereinigten Staaten). Das ist ein gutes Beispiel dafür, wie historische Ereignisse genutzt werden können, um heute die Makroanalyse zu bereichern. Für Prognosezwecke weise ich meine Leser darauf hin, dass Sparta diesen Krieg gewann, und zwar unter anderem wegen einer Pandemie.

Der vierte Zweig ist die Verhaltenspsychologie. Sie ist eine Disziplin, die zwar in der Ökonomik enormes Interesse geweckt hat, in makroökonomischen Modellen jedoch kaum zur Anwendung kommt. In gewisser Hinsicht ist sie die wissenschaftliche Erforschung des gesunden Menschenverstands, die zeigt, dass Menschen sich oft »irrational«

verhalten, jedenfalls in dem Sinne, wie Ökonomen diesen Begriff definieren. Mit wohldurchdachten Experimenten konnten verschiedene kognitive Voreingenommenheiten nachgewiesen werden, und es konnte gezeigt werden, dass diese Tendenzen die Entscheidungsfindungsprozesse des Menschen steuern – ganz egal, ob Ökonomen das gefällt oder nicht. Die berühmtesten Praktiker in diesem Feld sind heute Daniel Kahneman, ein (emeritierter) Professor der Princeton University und Nobelpreisträger (der die Leistungen seines verstorbenen Kollegen Amos Tversky hervorhebt), sowie Dan Ariely, Professor an der Duke University. Zu den zahlreichen kognitiven Verzerrungen, die sie erforscht haben, zählen das »Confirmation Bias« (der Bestätigungsfehler; wir neigen dazu, Daten zu akzeptieren, mit denen wir einverstanden sind, und Daten zu verwerfen, mit denen wir nicht einverstanden sind), das »Anchoring Bias« (der Ankereffekt; wir halten an einer alten Idee fest und ändern unsere Überzeugungen trotz gegenteiliger Belege nicht) und das »Recency Bias« (der Rezenzeffekt; wir werden von der neuesten Idee unverhältnismäßig stark beeinflusst). Falls Sie das Gefühl haben, dass einige dieser kognitiven Tendenzen gegensätzlich wirken, haben Sie völlig recht; das ist Teil der allgemeinen Irrationalität. Diese Tendenzen wirken sich auf unterschiedliche Verhaltensweisen aus, sind aber besonders nützlich, um Kapitalmärkte zu analysieren. Die Verhaltenspsychologie kann helfen, Börsenblasen zu erklären (aufgrund des Bestätigungsfehlers ignorieren Investoren Warnsignale) sowie Crashs (aufgrund ihres »Loss Aversion Bias«, ihrer »Verlustaversion«, ist es Investoren wichtiger, Verluste zu vermeiden, als Gewinne zu machen). Diese Arbeiten sind außerordentlich nützlich. Wall-Street-Analysten machen Lippenbekenntnisse zu solchen verhaltenspsychologischen Erkenntnissen und lassen sich auf Cocktailpartys gern darüber aus, doch in den meisten Modellen finden sie keine Verwendung. Die üblichen Risikomanagementmodelle gehen nach wie vor davon aus, dass die Zukunft der Vergangenheit ähneln wird, es keine Börsenblasen gibt und Börsencrashs

»Jahrhundertereignisse« sind (obwohl sie eigentlich ständig passieren). Im Gegensatz zur Wall Street nutzen wir die Erkenntnisse der Verhaltenspsychologie in unseren prädiktiven analytischen Modellen.

Die Fusion von Komplexitätstheorie plus Bayes-Theorem plus Geschichte plus Verhaltenspsychologie in unseren Modellen ist nur der Anfang. Auf dieser Grundlage konstruieren wir kognitive Karten, die aus Knoten (einzelnen Zellen, die kritische Faktoren oder anlagerelevante Erkenntnisse darstellen) und Kanten (Linien, die die Knoten zu einem dichten Netzwerk verbinden) bestehen. Für jeden Markt und jede Anlageklasse (Anleihen, Aktienindizes, Devisen, Rohstoffe et cetera) werden separate Karten angelegt, mit der Hilfestellung von Experten zum jeweiligen Thema, die den besten Überblick über alle relevanten Faktoren haben. Den Kanten wird eine Richtung zugewiesen (A —> B) und eine Gewichtung zugeordnet. Manche Kanten sind aufgrund von rekursiven Funktionen omnidirektional (A <—> B). Die Knoten enthalten programmierte Anweisungen, die auf einem neuen Zweig der angewandten Mathematik basieren. Schließlich werden in die Knotenprozesse sowohl Marktdaten eingespeist als auch die Fähigkeit, Texte in natürlicher Sprache zu lesen, die aus massiven Newsfeeds stammen und wesentlich aufschlussreichere Informationen liefern als bloße Schlagzeilenleser. Die Kantengewichtungen und Knoten werden ständig aktualisiert, damit sie die Marktbedingungen und die politische Lage richtig reflektieren. Der anlagerelevante Output-Knoten ist normalerweise auf ein Zeitfenster von sechs Monaten ausgelegt, das bei Bedarf verlängert oder verkürzt werden kann.

Das ist unser prädiktives analytisches System. Es ist nichts für Day-Trader. Wir können Ihnen nicht sagen, was morgen passieren wird. Wir können Ihnen aber sagen, was in sechs Monaten passieren wird. Das eröffnet dem Anleger die Möglichkeit, den Märkten zuvorzukommen, was der Schlüssel ist für konsistente risikobereinigte Profite und überschüssige Gewinne. Und es ist der Schlüssel, um Börsencrashs aus dem Weg zu gehen.

Was sagen unsere Modelle?

Hier ist eine Zusammenfassung unserer prädiktiven analytischen Prognosen über die post-pandemische Welt von 2021 und 2022:

- Deflation (oder eine starke Desinflation) wird vorherrschen.
- Aktien haben die Talsohle noch nicht erreicht.
- Die Zinsen werden weiter fallen.
- Anleihen sind weiterhin im Aufwind.
- Der Goldpreis wird deutlich zulegen.
- Die wirtschaftliche Erholung von der Covid-19-Pandemie wird langsam und schwach sein.
- Die Arbeitslosenquote wird oberhalb von 10 Prozent bleiben.
- Gewerbeimmobilien werden weiter fallen.
- Wohnimmobilien sind eine attraktive Gelegenheit.
- Auf kurze Sicht wird der Dollar stark sein, aber bis spätestens 2022 schwächer werden.
- Öl wird aufgrund von zurückgefahrener Produktion und Sanktionen positiv überraschen.

Es folgen spezifische Portfolio-Allokationen auf der Grundlage dieser Ergebnisse unserer prädiktiven Analysen.

Aktien

Aktien werden weiter fallen. Die Aktienrallye von April bis Juni 2020 wurde von mehreren Faktoren gestützt, doch keiner davon ist nachhaltig, und alle sind weit entfernt von der tatsächlichen Realität der US-Wirtschaft und den Neigungen der Menschen.

Der erste Treiber der Aktienrallye ist der Einfluss von Robotern. Deren Algorithmen sind darauf ausgelegt, Aktien zu kaufen, wenn die Fed die Geldpolitik lockert, Aktien zu kaufen, wenn Regierungsbeamte positive Ankündigungen machen, Aktien zu kaufen, um dem Momentum des Marktes nachzujagen, und auch bei Rücksetzern Aktien zu kaufen. Diese Programme haben keinen Rückgang des Dow Jones von 29 551 Punkten am 12. Februar 2020 auf 18 591 Punkte am 23. März vorhergesehen; ein Verlust von immerhin 37 Prozent in kaum sechs Wochen. Und das, obwohl die Roboter wussten, dass auf jede Talfahrt in den vergangenen elf Jahren eine von der Fed gestützte Rallye folgte. Sobald die Fed auf einer nicht angekündigten Sitzung am 15. März die Zinsen auf null senkte, hatten die Roboter grünes Licht »to buy the dip«. Auch die Verabschiedung des 2,3 Billionen Dollar schweren Konjunkturpakets durch den Kongress, des CARES Act, der am 27. März in Kraft trat, bestärkte die Roboter darin, dass die geldpolitischen Anreize von fiskalpolitischen Anreizen in praktisch unbegrenzter Höhe begleitet werden würden. Analysen der Fundamentaldaten und Gewinnprognosen waren nicht nötig; die Algorithmen sahen Gelddrucken und Deficit-Spending (und mehr davon kommen) und hoben die Aktienmärkte aus der Talsohle. Von da an verbanden sich weiteres Gelddrucken und fiskalpolitische Anreize mit einem positiven Narrativ von einer v-förmigen Erholung, und reines Momentum schob die Aktienmärkte den ganzen Weg bis kurz vor ihrem Allzeithoch weiter nach oben. Der zweite Treiber für Aktien ist die allzu optimistische Erwartung, dass die US-Wirtschaft einen simplen v-förmigen Aufschwung hinlegen und sich schnell von ihrem Kollaps im März 2020 erholen werde. Es ist zweifellos richtig, dass der Aktienmarkt selbst ein »V« gezeichnet hat, als ob er das Szenario von einem unmittelbar bevorstehenden Aufschwung der Wirtschaft vorwegnehmen wolle.

Es gibt drei Probleme mit diesem hoffnungsfrohen Ausblick. Erstens deutet nichts darauf hin, dass ein v-förmiger Wirtschaftsaufschwung zu erwarten wäre. Eine schwache, von einem extrem niedrigen Niveau ausgehende Erholung ist schwerlich als Aufschwung zu werten, und sie ist auf jeden Fall zu erwarten. Bis jetzt waren die

Kursgewinne unbedeutend und wurden hauptsächlich angetrieben von beispiellosem Deficit-Spending und Nullzinsen. Diese Treiber können nicht wiederholt werden; man kann nur einmal auf null gehen, ohne zuerst wieder die Zinsen zu erhöhen. Fed-Chef Powell hat am 10. Juni 2020 erklärt, die Märkte sollten vor 2022 keine Zinserhöhungen erwarten. Neue fiskalische Defizite sind politisch – wenn auch nicht rechtlich – tot, soweit sie über den derzeitigen Trend und die bereits beschlossenen Maßnahmen, etwa höhere Arbeitslosenunterstützung, hinausgehen. Da diese Tools vom Tisch sind, wird es ohne steigende Gesamtnachfrage durch Verbraucher und Unternehmen keinen Aufschwung geben. Beide haben im Moment nicht das Bedürfnis, Geld auszugeben. Das zweite Problem ist, dass selbst die Vertreter eines v-förmigen Aufschwungs einen eher flachen Verlauf des rechten V-Schenkels erwarten. Es ist eher eine schwache Erholung als eine schnelle Rückkehr zu dem früheren Volumen der Gesamtproduktion. Drittens werden Aktien durch pure Spekulation von Kleinanlegern beflügelt sowie durch Hedgefonds, die dem Momentum des Marktes nachjagen, und durch die Dominanz von Indexfonds, die keine andere Wahl haben, als die Werte in ihrem Index zu kaufen.

Das Problem ist, dass diese Dynamiken nicht mit der Realität unter einen Hut zu bringen sind. Wegen exzessiver Staatsverschuldung funktionieren fiskalpolitische Anreize nicht mehr. Wegen sinkender Umlaufgeschwindigkeit des Geldes funktionieren geldpolitische Anreize nicht mehr. Die Wirtschaft und die Umsätze der Konzerne werden sich nur langsam wieder erholen, wenn überhaupt. Zwischen Aktienkursen und wirtschaftlicher Realität klafft eine Wahrnehmungslücke. Da die Realität feststeht wie ein Fels in der Brandung, werden die Aktienkurse fallen müssen, um wieder auf den Boden der Realität zurückzukehren. Aber das wird nicht von heute auf morgen geschehen; Realitätschecks brauchen Zeit.

Natürlich werden einzelne Branchen und Unternehmen besser abschneiden als diese neue Talfahrt der Aktienmärkte. Es ist zu erwarten, dass die Aktien von Rüstungsunternehmen von höheren Militärausgaben profitieren werden, während die internationalen Spannungen um Hotspots wie Taiwanstraße, Südchinesisches Meer, Nordkorea, Syrien, Iran und Venezuela sich verschärfen. Die Widersacher der Vereinigten Staaten werden die Konzentration des öffentlichen Interesses auf die Pandemie nutzen, um sowohl die Geduld der USA auf die Probe zu stellen als auch von ihren eigenen Pandemie-Problemen abzulenken. Die Rohstoffbranche (Öl, Wasser, Landwirtschaft, Bergbau) wird von einem globalen Gerangel um unentbehrliche Inputs und Rohstoffe profitieren, während Lieferketten gestört sind und nach Alternativen gesucht wird. Die Technologiebranche wurde von der Pandemie eindeutig am wenigsten in Mitleidenschaft gezogen, doch diese Aktien sind ohnehin schon so hoch bewertet, dass fraglich ist, wie weit sie noch steigen können; freilich könnten sie durch reines Momentum noch weiter nach oben geschoben werden.

Während das dritte und das vierte Quartal 2020 ins Land gehen und allmählich die neue Realität von schwachem Wachstum, faulen Krediten, hartnäckig hoher Arbeitslosigkeit und Deflation sich in den Kursen niederschlägt, werden die Aktienkurse wieder auf den Boden der Tatsachen zurückkehren, und die Lücke zwischen Wahrnehmung und Realität wird sich schließen. Wir erwarten, dass bis spätestens Mitte 2021 der Dow Jones auf 16 000 Punkte fällt und der S&P 500 auf 1750, wobei die Branchen Verteidigung, Rohstoffe und Technologie sich überdurchschnittlich gut halten dürften.

Gold

Warum Gold?

Das ist eine Frage, die mir häufig gestellt wird. Die Fragesteller tun mir leid. Die Tatsache, dass die Menschen heute Gold nicht mehr verstehen, ist nicht ihre Schuld. Ökonomische Eliten, Politiker,

Akademiker und Zentralbanker haben die Reihen fest geschlossen um die Idee, dass Gold tabu sei. In Bergakademien ist Gold ein Unterrichtsthema, aber wehe, jemand wagt es, an einer ökonomischen Fakultät darüber zu lehren. Wenn Sie in einem monetären Kontext ein freundliches Wort für Gold haben, werden Sie als »gold nut«, »Neandertaler« oder Schlimmeres bezeichnet und von dem Gespräch ausgeschlossen.

Das war aber nicht immer so. Im Jahr 1974 studierte ich internationale Wirtschaftswissenschaften. Damals glaubten viele Beobachter, der Goldstandard habe am 15. August 1971 geendet, als US-Präsident Nixon für ausländische Handelspartner die Konvertierbarkeit von Dollar in Gold aussetzte. Doch das ist nicht genau das, was tatsächlich geschah.

Nixons Ankündigung war eine große Sache, obwohl er die Konvertierbarkeit nur *vorübergehend* aussetzen wollte und das in seiner Erklärung auch sagte. Er wollte eine Auszeit ausrufen für das Recht, Dollar in Gold umzutauschen. Er hatte die Absicht, eine neue internationale Währungskonferenz nach dem Vorbild von Bretton Woods abzuhalten, den Dollar gegen Gold und andere Währungen abzuwerten und dann wieder zum Goldstandard zurückzukehren, bei neuen Wechselkursen. Dieser Plan wurde mir von zwei Beratern Nixons bestätigt, die 1971 in Camp David dabei waren, als er die Ankündigung machte. In den vergangenen Jahren habe ich darüber mit Kenneth Dam gesprochen, einem Anwalt der Exekutive und späteren Deputy Secretary of the Treasury (»stellvertretender Finanzminister«), und auch mit Paul Volcker, der 1971 stellvertretender Finanzminister war und später zum Chef der Federal Reserve berufen wurde. Beide bestätigten mir, dass die Konvertierbarkeit von Dollar in Gold nur vorübergehend ausgesetzt werden sollte und die Absicht bestand, wieder zu einem Goldstandard zurückzukehren, bei einem neuen Dollar-Goldpreis.

Ein Teil dessen, was Nixon wollte, geschah tatsächlich, anderes dagegen nicht. Die internationale Währungskonferenz fand im Dezember 1971 in Washington, D.C., statt und führte zum Smithsonian Agreement. Eines der Ergebnisse dieses Abkommens war, dass der Dollar von 35 Dollar pro Unze Gold auf 38 Dollar pro Unze abgewertet wurde (später auf 42,22 Dollar pro Unze). Zudem wurde der Dollar auch gegen wichtige Währungen wie Deutsche Mark, japanischen Yen und britisches Pfund abgewertet.

Doch zu einer echten Rückkehr zu einem Goldstandard kam es nie. Es war eine chaotische Zeit in der Geschichte der internationalen Währungspolitik. Unter dem fehlgeleiteten Einfluss von Milton Friedman, der die Rolle von Wechselkursen im Welthandel und bei ausländischen Direktinvestitionen nicht verstand, gaben Deutschland und Japan ihre Wechselkurse frei. Frankreich stemmte sich dagegen und bestand darauf, zu einem echten Goldstandard zurückzukehren. Nixon war dann mit seiner Kampagne zur Wiederwahl im Jahr 1972 beschäftigt, worauf dann bald der Watergate-Skandal folgte, sodass er Gold aus dem Blick verlor. Am Ende war der Dollar zwar abgewertet worden, doch seine Konvertierbarkeit in Gold wurde nie wiederhergestellt.

Dieses internationale währungspolitische Gerangel hielt ein paar Jahre an. Erst 1974 verkündete der IWF offiziell, dass Gold kein »monetary asset« (»monetärer Vermögenswert«) mehr sei (obwohl der IWF mehrere Tausend Tonnen Gold in seinen Büchern hatte; auch heute noch hält er 2814 Tonnen, nach den USA und Deutschland den drittgrößten Goldbestand der Welt).

Das führte dazu, dass mein Jahrgang an der Universität der letzte war, dem gelehrt wurde, dass Gold ein »monetary asset« sei – ein Wert, der die Eigenschaften von Geld besitzt. Für alle Studenten, die später kamen, wurde Gold in die Geschichtsbücher verbannt. Niemand lehrte mehr über Gold und niemand lernte etwas darüber, und so ist es kein Wunder, dass heute die meisten Anleger Gold nicht verstehen.

Aber Gold verschwand nicht völlig von der Bildfläche. Im Jahr 1974 unterzeichnete US-Präsident Gerald Ford ein Gesetz, mit dem

Franklin D. Roosevelts Executive Order 6102 aufgehoben wurde. Im Jahr 1933 hatte Roosevelt es US-Bürgern verboten, Gold zu besitzen, und letzten Endes Gold zu Konterbande erklärt. Im Jahr 1974 machte Ford den Besitz von Gold wieder legal. Zum ersten Mal seit über 40 Jahren durften Amerikaner wieder legal Goldmünzen und -barren besitzen. Der offizielle Goldstandard war tot, doch ein neuer, privater Goldstandard begann sich zu entwickeln.

Dann, als Gold wieder frei gehandelt wurde, begann die Ära von Bullen- und Bärenmärkten im Goldmarkt; unter einem Goldstandard kann das nicht passieren, weil der Goldpreis festgelegt ist.

Die beiden großen Gold-Bullenmärkte fanden von 1971 bis 1980 statt (Gold stieg um 2200 Prozent) und von 1999 bis 2011 (Gold legte um 760 Prozent zu). Zwischen diesen Bullenmärkten lagen zwei Bärenmärkte (1981 bis 1998 und 2011 bis 2015), doch der Langzeittrend ist unbestreitbar – seit 1971 hat der Goldpreis um mehr als 5000 Prozent zugelegt, trotz zweier Bärenmarkt-Episoden. Wenn Investoren heute wegen der Schwankungsanfälligkeit des Goldpreises und seiner gelegentlichen Rücksetzer beunruhigt sind, übersehen sie diese machtvolle langfristige Dynamik.

Der dritte große Gold-Bullenmarkt begann am 16. Dezember 2015, dem Tag, an dem Gold nach dem vorherigen Bärenmarkt die Talsohle erreicht hatte. Seither hat der Dollar-Goldpreis um mehr als 70 Prozent zugelegt. Das ist zwar durchaus beachtlich, aber immer noch ein bescheidener Zugewinn im Vergleich zu den Höhenflügen von 2200 Prozent und 760 Prozent in den beiden vorangegangenen Bullenmärkten. Diese Entwicklung lässt vermuten, dass die größten Zugewinne des Goldpreises erst noch kommen werden.

Kein Börsenkurs verläuft in einer geraden Linie. Zwischen 16. Dezember 2015 und 6. Juli 2016 kam es zu einer kraftvollen anfänglichen Rallye des Goldpreises, die sowohl von der Befürchtung, Hillary Clinton könne die Präsidentschaftswahlen 2016 gewinnen, als auch von einem kurzen »fear trade« nach der Brexit-Volksabstimmung am 23. Juni 2016 angetrieben wurde. Danach kam es zu einem starken Einbruch durch Gewinnmitnahmen und einer Zinserhöhung der Fed. Danach kletterte Gold wieder auf 1303 Dollar pro Unze, aufgrund des »fear trade« wegen Hillary, und brach dann wieder ein, nachdem Trump die Wahl gewonnen hatte. Trumps Wahlsieg signalisierte, dass der Ausblick für Aktien günstig war; nach der Wahl fiel Gold auf 1125 Dollar pro Unze zurück.

Von Anfang 2017 bis Anfang 2019 verlief der Goldpreis seitwärts, aufgrund einer Risk-on-Risk-off-Dynamik und der Entwicklungen im Handelskrieg zwischen Trump und China. Am 20. Juni 2019 wurde Gold für 1365 Dollar pro Unze gehandelt – zum exakt gleichen Preis wie am 8. Juli 2016, unmittelbar nach der Brexit-Abstimmung. Auf dem Weg gab es Höhen und Tiefen, doch für Anleger mit einem langfristigen Horizont hatte der Goldpreis sich drei Jahre lang seitwärts bewegt. Doch dann hob Gold ab wie eine Rakete: Bis 30. Juni 2020 war der Goldpreis auf 1800 Dollar pro Unze hochgeschossen, eine Steigerung um 30 Prozent innerhalb eines Jahres. Diese Rallye wurde angetrieben von niedrigen Zinsen, Inflationsängsten und anhaltenden Sorgen im Hinblick auf Aktien aufgrund der Auswirkungen der Pandemie auf Unternehmensgewinne.

Wie wird es von jetzt an mit Gold weitergehen?

Der Goldpreis wird von drei Hauptfaktoren getrieben. Der erste ist das Streben nach Sicherheit, der sogenannte Angstfaktor. Er wird durch geopolitische Entwicklungen, finanzielle Kriegsführung, Kurseinbrüche im Aktienmarkt und die neue Pandemie aktiviert. Der zweite Faktor ist das Zinsniveau, das sich wiederum aus den nominalen Zinsen und der Inflationsrate ergibt. Gold hat keine Rendite und konkurriert mit anderen Cash-Äquivalenten um das Geld der Anleger. Wenn die realen Zinsen höher sind, wird Cash attraktiver, und das drückt den Dollar-Goldpreis. Der dritte Faktor sind Angebot und Nachfrage – in dieser Hinsicht unterscheidet Gold sich nicht von anderen Rohstoffen. Wenn das Angebot reichlich ist und die Nachfrage wegen schlechter Stimmung schwach, drückt das den Dollar-Gold-preis. Zu jedem beliebigen Zeitpunkt können diese drei Faktoren in die gleiche Richtung wirken oder auch nicht. Vielleicht werden alle drei zugleich den Goldpreis hochtreiben, alle drei ihn drücken, oder sie können gegensätzlich wirken – vielleicht einer oder zwei als Hemmschuh, während der dritte den Goldpreis hochtreibt.

Der Angstfaktor ist volatil (schwankungsanfällig). In den frühen Phasen der Pandemie war Angst einer der Faktoren, die den Gold-preis hochtrieben. Sinkende Infektionsraten in den USA und stei-gende Aktienkurse zwischen April und Juni 2020 dämpften dann diese Ängste mehr oder weniger. Diese Atempause wird nicht andau-ern. Wenn eine schwache wirtschaftliche Erholung, fallende Aktien-kurse, eine zweite SARS-CoV-2-Infektionswelle und Konfrontationen mit China in Ostasien zusammenkommen, wird Angst wieder die Oberhand gewinnen und dafür sorgen, dass der Goldpreis auf kurze Sicht steigen wird.

Die realen Zinsen waren ein anhaltender Gegenwind für Gold, weil die Fed von 2015 bis 2018 zugleich auf zwei Arten straffte, indem sie sowohl die Zinsen erhöhte als auch die Geldmenge reduzierte. Das ist vorbei. Inzwischen hat die Fed die Zinsen auf null gesenkt (und wird sie bis auf Weiteres dort belassen), und die Geldmenge wird sich innerhalb weniger Monate verdreifachen (von 3,5 Billionen auf 10 Billionen Dollar). Der Realzinsen-Gegenwind ist zum Rücken-wind geworden, da selbst niedrige Inflationsraten zu negativen Real-zinsen führen, wenn die nominalen Zinsen bei null liegen.

Der dritte Faktor, Angebot und Nachfrage, ist für Gold positiv ge-wesen. China, Russland, der Iran, die Türkei und andere Länder ha-ben Hunderte von Tonnen an Gold gekauft, ohne bisher Preisstei-gerungen auszulösen, die zu ungeordneten Marktverhältnissen hätten führen können. Zugleich stagniert die weltweite Goldproduk-tion. Seit 2015 liegt die weltweite Jahresproduktion unverändert bei rund 3100 Tonnen. Diese De-facto-Deckelung der Goldproduktion ist darauf zurückzuführen, dass viele Goldminen in den Haupterzeugerländern (China, Australien, Russland, USA und Kanada) nach dem Kollaps des Goldpreises im Jahr 2013 stillgelegt wurden. Ein Teil dieser Kapazitäten wird jetzt wieder aktiviert, aber das braucht Zeit. Es kann fünf bis sieben Jahre dauern, um das erforderliche Kapital, die Lizenzen und die Bohr- und Mahlausrüstung zu beschaffen, die gebraucht werden, um eine stillgelegte Mine wieder in Betrieb zu nehmen oder eine neue zu erschließen. In dieser Zeit stagniert die Produktionskapazität, bei anhaltend starker Nachfrage – ein Rezept für höhere Preise.

Was wird den Goldpreis aus seiner jüngsten, durch die Pandemie verursachten Konsolidierungsphase herausbringen und ihn deutlich über 2000 Dollar pro Unze und mehr hochtreiben? Es gibt drei Treiber:

Der erste ist ein Vertrauensverlust in den US-Dollar aufgrund von massivem Gelddrucken zu dem Zweck, Investoren vor Verlusten durch die Pandemie zu schützen. Falls die Zentralbanken gezwungen sein sollten, Gold als Anker zu verwenden, um dieses Vertrauen wiederherzustellen, wird der Goldpreis bei 10 000 Dollar pro Unze oder höher liegen müssen. Ein niedrigerer Preis würde die Zentralbanken zwingen, ihre Geldmengen zu verringern, um die Parität zu wahren, was hochgradig deflationär wirken würde.

Der zweite Treiber ist einfach eine Fortsetzung des Gold-Bullenmarkts. Wenn wir die beiden vorigen Bullenmärkte zum Vergleich heranziehen, würde ein Durchschnitt aus jenen Zugewinnen und Zeitdauern bedeuten, dass der Goldpreis bis spätestens 2025 auf 14 000 Dollar pro Unze steigt. Es besteht nicht unbedingt ein Zusammenhang zwischen den vorigen Bullenmärkten und diesem, doch deren Verläufe liefern nützliche Anhaltspunkte für Prognosen.

Der dritte Treiber sind Panikkäufe als Reaktion auf eine neue Katastrophe. Das könnte zum Beispiel eine zweite SARS-CoV-2-Infektionswelle sein, das Unvermögen eines Gold-ETFs oder der Rohstoffbörse COMEX, physisches Gold zu liefern, oder ein unerwarteter, plötzlich aufflammender Konflikt auf der geopolitischen Bühne. Der Goldmarkt hat bis jetzt keine dieser Entwicklungen eingepreist. Es wird nicht alle drei dieser Ereignisse brauchen, um den Goldpreis höherzutreiben – eines davon würde genügen. Keines der drei kann ausgeschlossen werden. Diese Ereignisse oder andere könnten Gold auf deutlich über 2000 Dollar pro Unze hochtreiben, auf den Weg zu 3000 Dollar pro Unze und letzten Endes noch höher, aus den oben beschriebenen Gründen.

Goldminenaktien folgen in der Regel dem Goldpreis und steigen oder fallen entsprechend, allerdings mit Verzögerung und Hebelwirkung. Wenn der Goldpreis im Laufe des Jahres 2021 steigt, werden auch Goldminenaktien eine Rallye hinlegen. Doch sie wird normalerweise der Preisrallye des Edelmetalls selbst hinterherhinken, um sechs Monate oder mehr. Daher ist zu erwarten, dass Goldminenaktien bis Ende 2021 deutlich zugelegt haben werden. Eine solche Entwicklung ist oftmals frustrierend für Goldminen-Investoren, die zusehen müssen, wie der Edelmetallpreis davonzieht, und nicht verstehen, warum die Minenaktien nicht mithalten. Doch das werden sie; es dauert nur eine Weile. Goldminenaktien fungieren auch als gehebelte Wetten auf Goldmünzen und -barren, und zwar wegen des Mix aus festen und laufenden Kosten in der Goldminenindustrie. Es braucht eine gewisse Zeit, bis genug Umsatz generiert wurde, um die festen Kosten zu decken, doch sobald das geschafft ist, fließen zusätzliche Umsätze fast vollständig in den Gewinn ein, lediglich vermindert um die ständig anfallenden laufenden Kosten (die relativ niedrig sein können). Der Markt wendet auf wiederkehrende Umsätze einen Multiplikator an, den der Aktienkurs reflektiert. Es ist keineswegs ungewöhnlich, dass Goldminenaktien um 300 Prozent zulegen, wenn Gold um 100 Prozent steigt (allerdings wie gesagt mit einer Verzögerung).

Diese Dynamiken der Goldaktienkurse im Verhältnis zu den Edelmetallpreisen sind seit Langem bekannt und werden sich nicht

ändern. Das bedeutet freilich nicht, dass Goldminenaktien ein Selbst-
läufer sind, sobald der Goldpreis weitersteigt. Aktien haben ihre Ei-
genarten – nicht alle Goldproduzenten sind gleich. Der wichtigste
einzelne Faktor für den Aktienkurs (abgesehen vom Goldpreis selbst)
ist die Kompetenz des Management- und Ingenieurteams. Manche
Goldminen werden sehr gut geführt, von einem erfahrenen Team
und unter strikter finanzieller Aufsicht. Andere sind spekulative Ope-
rationen, die auf Sicht fahren, manche mit unfähigem Management,
und wieder andere sind schlicht und einfach Betrüger. Der Goldpreis
wird stark sein, aber nicht alle Managementteams sind es auch. Nur
Goldminen, die von sehr professionellen und erfahrenen Teams betrieben werden, können sich im bevorstehenden Goldpreisboom als
Gewinner erweisen. Abgesehen von dieser Einschränkung sind kleinere Goldminen wertvoller, weil sie unter Umständen einen Über-
nahme-Aufpreis erzielen können, da große Bergbaukonzerne es
leichter finden, zusätzliche Reserven von Junior-Minenbetreibern zu
erwerben, als selbst welche zu erschließen.

Der Preis für Goldmünzen und -barren wird von 1750 Dollar pro
Unze bis spätestens Anfang 2021 auf über 2000 Dollar pro Unze steigen. Von da an sind bis spätestens 2025 weitere Steigerungen auf
bis zu 14 000 Dollar pro Unze wahrscheinlich. Das wird im Laufe
der kommenden vier Jahre Zugewinne um 700 Prozent bringen. Aktien von gut geführten Goldminenbetreibern werden wahrscheinlich im selben Zeitraum um 2000 Prozent zulegen, mit einer Verzögerung von sechs Monaten im Vergleich zu den Steigerungen des
Goldpreises.

Immobilien

Im Gegensatz zu physischem Gold, einem chemischen Element mit
der Ordnungszahl 79, das immer und überall gleich bleibt, sind keine
zwei Immobilien gleich. Daher ist die Bewertung von Immobilien

eher Kunst denn Wissenschaft. Die Schlüsselvariablen zur Bewertung einer Immobilie sind Verwendungszweck (Wohn- oder Gewerbeimmobilie), Lage, Bauqualität, Baujahr, Mieter, Miethöhe, Finanzierungskosten sowie fundamentale Faktoren wie wirtschaftliche Bedingungen und Höhe der Zinsen. Das kann heterogene Immobilien-Investments zur gleichen Zeit attraktiv und unattraktiv machen, abhängig vom Mix der Faktoren. Es gibt kein einheitliches Patentrezept, das für sämtliche Immobilien-Investments anzuwenden wäre. Dies vorausgeschickt, ergibt sich auf der Grundlage unserer wirtschaftlichen Prognosen folgendes Bild:

Gewerbeimmobilien insgesamt haben noch Luft nach unten. Die Gründe dafür sind sowohl das schwierige Umfeld wegen des pandemiebedingten Lockdowns und der neuen Depression als auch Faktoren im Immobiliensektor selbst: Insolvenzen von großen Einzelhandelskonzernen, Geschäftsschließungen auch bei solventen Einzelhändlern, Rückzieher von kreditgebenden Banken, ein De-facto-Mietstreik vieler Mieter, verbreitete Neuverhandlung von Mietverträgen sowie generell deflationäre Tendenzen.

Neben diesen anhaltenden Faktoren gibt es etliche einmalige Faktoren, die das Bild weiter eintrüben. Die während der Aufstände im Juni 2020 angerichteten Schäden werden die Wiederanlaufphase nach der Lockerung des Lockdowns verlängern, während Mieter Aufräum- und Renovierungsarbeiten erledigen. Plünderungen der Geschäfte von Luxusartikel-Einzelhändlern und die dadurch verursachten Sachschäden an den Immobilien werden die Versicherungsprämien in die Höhe treiben. Manche Einzelhändler werden ihr Geschäft nicht wieder öffnen, andere werden in weniger dicht besiedelte Gegenden umziehen, was zu einem Überhang an leer stehenden Immobilien in High-End-Shopping-Bezirken führen wird. Am 21. Juni 2020 klagte das Haute-Couture-Modehaus Valentino gegen seinen Vermieter in der 693 Fifth Avenue in New York, um aus dem langfristigen Mietvertrag über vier Etagen mit großzügig bemessenen

Einzelhandelsflächen entlassen zu werden. Valentinos Argument: »Das gesellschaftliche und wirtschaftliche Umfeld hat sich radikal verändert, auf eine Art und Weise, die es Valentino [...] nahezu unmöglich macht, ein High-End-Einzelhandelsgeschäft zu betreiben.«[5] Dieser Prozess erinnert daran, wie schnell die Wahrnehmungen von Einzelhändlern und Kunden sich verändern können, und er zeigt, warum der Gewerbeimmobilienmarkt auch weiterhin unter Abwärtsdruck bleiben wird.

Parallel zu diesen Schwierigkeiten für Einzelhändler werden zahlreiche Gewerbe- und Industrieunternehmen, von Warenlagern bis hin zu Fabriken, aus angeschlagenen Städten wie Minneapolis und New York in sicherere Städte und Regionen umziehen. Das wird eine Weile dauern, und manche Gebäude werden, zumindest zum Teil, unterdessen leer stehen.

Die wirtschaftlichen Schäden in Branchen wie Tourismus, Gastronomie, Hotellerie und Glücksspiel waren eine offenkundige Folge der Pandemie und des Lockdowns; sie können nicht über Nacht aus der Welt geschafft werden. Die Betriebe werden nur nach und nach wieder öffnen, und die früheren Kapazitäten werden durch Social Distancing und andere Schutzmaßnahmen reduziert werden. Die Kunden werden nicht so schnell wieder zurückkommen, selbst wenn viele Betriebe wieder geöffnet sind, weil sie immer noch Angst vor Ansteckung und ein geringeres verfügbares Einkommen haben.

Darüber hinaus wird sich für Bürogebäude ein neuer Standard entwickeln. Sowohl Arbeitgeber als auch Arbeitnehmer waren erstaunt über den Erfolg des Arbeitens im Homeoffice. Ungeachtet der Kosten in Form von weniger sozialen Kontakten, lagen die Vorteile solcher Homeoffice-Arrangements auf der Hand – ein geringerer Bedarf an teuren Büroflächen in erstklassiger Großstadtlage. Das wird zu einem extremen Nachfragerückgang am Büroimmobilienmarkt führen.

Und schließlich gibt es noch den Überhang an betrieblichen Problemen aus prä-pandemischer Zeit. Das bekannteste davon ist die

Beinahepleite von WeWork, einem großen Office-Sharing-Unternehmen mit Immobilien in erstklassiger Lage in den meisten großen US-Städten. Die meisten dieser Objekte gehören nicht WeWork, sondern sind gepachtet, doch diese Pachtverträge wurden in der Zeit der Marktspitze zwischen 2017 und 2019 mit Fremdkapital finanziert. Überall ist die Nachfrage nach WeWork-Büroarbeitsplätzen eingebrochen, sowohl wegen der Pleitewelle unter Kleinunternehmern, die als Mieter fungierten, als auch wegen der neuen Homeoffice-Arbeitsmodelle, die mittlerweile gesellschaftlich akzeptiert sind. Mit über 826 000 Quadratmetern ist WeWork der größte Mieter von Büroräumen in New York City, neben anderen hochpreisigen Lagen hauptsächlich in Penn Plaza, Chelsea, Gramercy Park und an der Wall Street. Mit Blick auf WeWork als wichtigsten Mieter wurden neue Bauprojekte in Angriff genommen, darunter das prachtvolle Techcenter Dock 72 am Brooklyn Navy Yard. Diese und andere Pachtverhältnisse werden jetzt ausgesetzt werden oder in Rückstand geraten, während WeWork sich neu organisiert. Das führt zur denkbar ungünstigsten Zeit zu zusätzlichem Abwärtsdruck auf Mieten und höherem Leerstand.

Einige Städte werden von diesem Faktorenmix besonders hart betroffen sein, darunter Seattle, Minneapolis, Chicago und New York. Anderen Städten wird es etwas besser ergehen, weil sie attraktive Ausweichstandorte und bessere wirtschaftliche Fundamentaldaten bieten können, zum Beispiel Phoenix/Scottsdale, Miami und Washington, D.C.; wie immer bei Immobilien kommt es auf die Lage an.

Der Gewerbeimmobilienmarkt wird sich wieder erholen, doch das wird noch eine Weile dauern. Ganz unabhängig von den langfristigen Aussichten ist es nicht sinnvoll, in diesen Markt zu investieren, solange die Talsohle nicht in Sicht ist. Niemand kann genau sagen, wann der Tiefpunkt kommt, aber wir haben genug Informationen, um davon auszugehen, dass die Talsohle wohl frühestens Ende 2021 erreicht sein wird. Es wird eine Weile dauern, bis Faktoren wie Neuverhandlung von Mietverträgen, Umzüge, Pleiten, Zwangsräumungen und die Homeoffice-Revolution sich in Form von niedrigeren Preisen bemerkbar machen. Aber man sollte diese Branche im Blick behalten und dafür sorgen, dass etwas trockenes Pulver in Form von Cash und Fremdkapital zur Verfügung steht, falls sich attraktive Gelegenheiten bieten. Hier lohnt es sich, geduldig zu sein, anstatt zu früh zuzugreifen und sich die Finger zu verbrennen.

Wohnimmobilien sind eine andere Sache. Die Völkerwanderung aus den Innenstädten in die Vorstädte (oder größeren Einzugsgebiete) als Reaktion auf Covid-19 beginnt gerade erst. Sie wird angetrieben von einer hohen Bevölkerungsdichte in einigen Stadtvierteln, zunehmenden Freiheiten hinsichtlich des Wohnorts infolge von Homeoffice-Arbeitsmodellen sowie dem Bedürfnis, städtische Unruhen und höhere Kriminalität hinter sich zu lassen, während die »Defund the Police«-Bewegung an Fahrt aufnimmt. Extrem niedrige Hypothekenzinsen an attraktiven Orten in Verbindung mit extrem hohen Steuern in Städten, die durch Aufstände verwüstet werden, erleichtern eine solche Entscheidung. Dieser Trend wird auch durch den demografischen Wandel angetrieben, wenn 2021 ein durchschnittlicher Millennial 30 Jahre alt wird und die ältesten Millennials auf die 40 zugehen. Investmentchancen in bereits vorhandenen Wohnimmobilien sind dünn gesät, doch es gibt durchaus Gelegenheiten, die gute Renditen versprechen: Neubauprojekte in attraktiven, kleineren Städten mit niedrigen Steuersätzen und guten Schulen, weitab von urbanen Konfliktzonen. Wie bei Goldminenaktien ist das wichtigste Kriterium für Investitionen in Bau- und Entwicklungsunternehmen, die Beteiligungen für Anleger anbieten, ein kompetentes und erfahrenes Managementteam.

Zusammenfassend lässt sich sagen, dass Gewerbeimmobilien die Talsohle noch nicht erreicht haben, jedoch ab Ende 2021 attraktive Investmentchancen bieten werden. Wohnimmobilien sind schon heute attraktiv, falls der Anbieter der Beteiligung von einem erfahrenen Managementteam geführt wird und sich das Objekt an einem attraktiven Standort befindet, weitab von älteren Städten und in einer Region mit niedrigen Steuern und Lebenshaltungskosten.

Cash

Cash ist die vielleicht am meisten unterschätzte Anlageklasse in dem Mix. Vor dieser Fehleinschätzung sollten Anleger sich hüten, da Cash in den nächsten zwei bis drei Jahren zu den profitabelsten Anlageklassen zählen wird.

Cash wird abqualifiziert, weil es eine niedrige Rendite bringt. Das ist richtig; die Rendite ist praktisch null. Doch diese banale Erkenntnis lässt ein paar wichtige Aspekte außer Acht. Selbst wenn die nominale Rendite gleich null ist, kann die reale Rendite in einem deflationären Umfeld ziemlich hoch sein. Wenn Sie 100 000 Dollar auf einem unverzinsten Bankkonto liegen haben, ist Ihre nominale Rendite gleich null. Wenn jedoch über eine Haltezeit von einem Jahr 2 Prozent Deflation stattfinden, steigt die reale Rendite auf 2 Prozent. Der Geldbetrag ändert sich nicht, doch die Kaufkraft dieses Geldes nimmt um 2 Prozent zu (entsprechend dem durchschnittlichen Preisrückgang in jenem Jahr), sodass die reale Rendite plus 2 Prozent beträgt. Der Rechenschritt ist auf den ersten Blick nicht ganz offensichtlich, aber er funktioniert: $0 + -(-2) = 2$. In einem deflationären Umfeld werden andere Anlageklassen wahrscheinlich an Wert verlieren, während Cash eine reale Rendite im niedrigen einstelligen Bereich einbringen kann. Das ist eine profitable Allokation.

Ein weiterer unterschätzter Vorteil von Cash ist Optionalität. Wenn Sie ein Investment machen, kann es gut laufen oder nicht, aber auf jeden Fall entstehen Kosten, wenn Sie aussteigen wollen, um Ihr Portfolio umzuschichten. Sie werden zumindest eine Maklerprovision zahlen oder die Handelsspanne verlieren oder beides. Im Falle einer illiquiden Investition wie einer Unternehmensbeteiligung,

einer Immobilie oder einem Hedgefonds werden Sie vielleicht mehrere Jahre lang überhaupt nicht aussteigen können. Dagegen verursacht Cash keinerlei Ausstiegskosten. Wenn Sie es haben, können
Sie schnell und flexibel agieren (was wir sehr empfehlen) und rasch
reagieren, wenn sich neue Investmentchancen auftun, die andere
vielleicht übersehen oder verpasst haben. Cash ist Ihre Kaufoption
auf jede andere Anlageklasse, die es auf der Welt gibt. Optionalität ist
ein Vorteil, den die meisten Anleger nicht verstehen, aber er ist real
und macht Ihren Cashbestand wertvoller.

Und schließlich reduziert Cash die Volatilität ihres Gesamtportfo-
lios. Der nominale Wert von Cash bleibt in jedem Land der Welt unverändert (wenn auch der reale Wert schwanken kann, wie wir oben
gesehen haben). Ein diversifiziertes Portfolio enthält schwankungs-
anfällige Anlagewerte wie Aktien, Gold und Anleihen. Cash reduziert
die Volatilität des Portfolios im Verhältnis zur Volatilität dieser sepa-
raten Anlageklassen. Aus funktionaler Sicht ist Cash das Gegenteil
von Fremdkapital (Leverage), welches die Volatilität des Portfolios erhöht. Heute gibt es schon mehr als genug Volatilität auf der Welt.
Cash glättet die Portfoliorenditen und lässt den Anleger nachts besser schlafen.

Zusammenfassend lässt sich sagen, dass Cash kein steriler Anla-
gewert ist. In einer Deflation bringt es reale Renditen, eröffnet dem
Anleger die Möglichkeit, schnell und flexibel zu agieren, und es reduziert die Volatilität des Portfolios. Das ist eine attraktive Dreierwette.

U.S. Treasury Notes

U.S. Treasury Notes gibt es mit unterschiedlichen Laufzeiten, von
Zwei-Jahres-Schatzwechseln bis hin zu 30-Jahres-Staatsanleihen, mit
diversen Laufzeiten dazwischen. Generell liefert eine längere Rest-
laufzeit (die sogenannte »duration« oder »Kapitalbindungsdauer«)
höhere Renditen auf Kosten einer höheren Volatilität als Reaktion auf

Zinsänderungen. Längere Laufzeiten bieten auch ein höheres Potenzial für Veräußerungsgewinne, falls die Zinsen fallen, oder Veräußerungsverluste, falls sie steigen. Laufzeiten von fünf bis zehn Jahren sind ein guter Kompromiss, der gute Liquidität, etwas bessere Renditen und ein ansehnliches Potenzial für Veräußerungsgewinne bietet.

Die immer lauter werdende Kritik an Treasury Bonds (US-Staatsanleihen) besteht darin, dass die Zinsen so niedrig seien, dass sie nur noch steigen könnten. Die Bären berufen sich auf die Tatsache, dass wir uns am Ende des größten Anleihen-Bullenmarkts der Geschichte befinden und kurz vor einem neuen Super-Bärenmarkt stehen. Sie empfehlen, Anleihen abzustoßen, auf fallende Anleihenkurse zu spekulieren, Aktien zu kaufen und deren Höhenflug zu genießen.

Zumindest taten sie das bis März 2020. Tatsächlich hat sich gezeigt, dass Treasury-Bond-Bären – darunter bekannte Namen wie Bill Gross, Jeff Gundlach und Dan Ivascyn – völlig falschlagen. Die Zinsen sind heute nicht weit entfernt von ihren Allzeittiefs, während die Veräußerungsgewinne auf Treasury Bonds höher denn je waren. Einige der weniger bekannten Bond-Bären wurden mit den Füßen voran vom Spielfeld getragen, nachdem ihre Fonds gescheitert waren und die Anleger das Weite gesucht hatten.

Was haben die Bond-Bären übersehen? Sie haben den entscheidenden Unterschied zwischen nominalen Renditen und realen Renditen nicht begriffen. Es ist richtig, dass die nominalen Renditen seit 40 Jahren immer weiter gefallen sind. Wir haben auf dem Anleihenmarkt eine der größten Rallyes der Geschichte erlebt. Als die Renditen sich immer weiter der Nullmarke näherten, schien es so, als ob die Party zu Ende sei. Doch die realen Renditen sind keineswegs niedrig, sondern im Gegenteil ziemlich hoch, was einer der Gründe dafür ist, dass die Aktienmärkte im vierten Quartal 2018 abstürzten und dann noch einmal im ersten Quartal 2020. Eine reale Rendite ist die nominale Rendite (die Verzinsung, die Sie in den Wirtschaftsnachrichten zu sehen bekommen) minus Inflation. Ich habe 1980 einen Kredit aufgenommen, zu einem Zins von 13 Prozent. War das ein hoher Zinssatz? Keineswegs. Damals lag die Inflationsrate bei 15 Prozent, ich zahlte 50 Prozent Einkommenssteuern, und die Zinsen konnte ich von der Steuer absetzen. Also lag mein realer Zinssatz nach Steuern bei *minus* 8,5 Prozent: $13 \times 0{,}50 - 15 = -8{,}5$. Die Bank zahlte mir 8,5 Prozent, damit ich ihr Geld nahm. Das ist ein niedriger Zinssatz. Heute, da die Steuersätze und die Inflationsrate niedriger sind, beträgt der reale Zins nach Steuern ungefähr -0,75 Prozent, was eine Größenordnung höher ist als die -8,50 Prozent, die ich 1980 zahlte.

Davon abgesehen: Können die Zinsen noch niedriger fallen, als sie heute sind? Die Antwort: Ja, das können sie, und das werden sie. Noch niedrigere Zinsen bringen das Konzept von negativen Zinsen ins Spiel. Die marktübliche Rückzahlungsrendite einer Treasury Note mit zehn Jahren Laufzeit kann weit in den negativen Bereich fallen, selbst wenn die Fed bei null stoppt und keine Negativzinspolitik für Tagesgeld einführt. Und zwar weil ein Käufer auf dem Sekundärmarkt für Treasury Notes, die positive nominale Renditen haben, dem Verkäufer einen Aufschlag anbieten kann, der höher ist als der Gegenwartswert der Coupon-Zinszahlungen. Das ergibt eine negative Rückzahlungsrendite, weil der Käufer aus den künftigen Zinszahlungen diesen Aufschlag nicht in voller Höhe abdecken kann. Der Aufschlag des Käufers ist für den Verkäufer ein Veräußerungsgewinn. Mit anderen Worten: Der Anleihen-Bullenmarkt kann noch lange weiterlaufen, solange die Gefahr einer Deflation besteht und die realen Renditen zu hoch sind, um eine Erholung der Wirtschaft zu stimulieren. Beide Voraussetzungen sind heute gegeben. Der Bullenmarkt in Anleihen ist keineswegs tot; lang möge er leben.

***

Der vorstehende Überblick über Marktbedingungen, rigoroses Modellieren, das Erstellen zutreffender Prognosen und verschiedene Anlageklassen eröffnet den Blick auf eine optimale Allokation verschiedener Anlagewerte für ein Portfolio, das immun gegen Deflation und Inflation ist, in einer anhaltenden Krise seinen Wert bewahrt und sowohl in Szenarien einer langsamen als auch einer schnellen Erholung der Wirtschaft attraktive risikobereinigte Renditen liefert. Es sieht folgendermaßen aus:

Cash	30 Prozent des investierbaren Vermögens
Gold	10 Prozent des investierbaren Vermögens
Wohnimmobilien	20 Prozent des investierbaren Vermögens
Treasury Notes	20 Prozent des investierbaren Vermögens
Aktien	10 Prozent des investierbaren Vermögens
Alternative Investments	10 Prozent des investierbaren Vermögens

Einige Vorbehalte sind angebracht. Die Cash-Allokation kann vorübergehend sein; sie soll Optionalität bieten, doch gegen Ende 2022 wird es unter Umständen so weit sein, dass der Anleger klarer sieht und umschichtet, entweder in Aktien (falls die Erholung besser läuft als erwartet), in Gold (falls die Inflationsrate früher steigt als erwartet) oder in Gewerbeimmobilien. Gold und Treasury Notes kommen der »Buy and hold«-Strategie am nächsten. Die Zugewinne bei Gold werden sich über fünf Jahre hinziehen, und daher wird es nicht nötig sein, aufgrund von kurzfristiger Volatilität die Allokation zu ändern.

Entsprechend sind auch Treasury Notes ein klassischer asymmetrischer Trade. Vielleicht werden die Zinsen fallen (was ich erwarte), doch sie werden mit ziemlicher Sicherheit nicht steigen (wie es die Fed versprochen hat), also werden Sie entweder Geld machen oder zumindest ihren Wohlstand bewahren; das Verlustrisiko ist gering. Die Aktienallokation sollte auf Rohstoffe, Bergbau, Gebrauchsartikel, Energiewirtschaft, Wasserwirtschaft, Landwirtschaft und Verteidigung aufgeteilt werden. Dies sind die wirklich antizyklischen Werte, die in einem Bärenmarkt gut abschneiden und in einem Bullenmarkt überdurchschnittlich hohe Zugewinne einbringen werden. Immobilien und Gold sind Inflationsversicherungen, Treasury Notes und Cash sind Deflationsversicherungen. Dieses Portfolio bietet echte Diversifizierung, bewahrt Wohlstand, ist immun gegen Schocks und bietet ein beträchtliches Gewinnpotenzial – optimal in einer von Pandemie, Depression, Aufständen und globalen Bedrohungen geprägten Zeit.

Schlussbemerkungen

Die Regierung kann verlorenen Wohlstand nicht wiederherstellen.
Nur risikobereite Unternehmer können das. Die Amerikaner
müssen ihre Angst vor dem Virus überwinden und es wagen, wieder
arbeiten zu gehen. [...] Die Zinsen sind niedrig. Das Benzin ist so
billig wie seit Jahren nicht mehr. Inflation ist nicht in Sicht. Die
Menschen sind es leid, zu Hause bleiben zu müssen. Sie wollen
wieder zur Arbeit gehen, um Geld zu verdienen und auszugeben.

Das Einzige, was fehlt, ist Vertrauen.

Victor Davis Hanson, *Townhall*, 14. Mai 2020[1]

Die Covid-19-Pandemie und die neue Große Depression sind eng
miteinander verflochten, und sie sind mehr als nur eine weitere Episode in einer langen Serie von Paniken und Börsencrashs. Es ist nicht
schwer, eine Liste aufzustellen, die mit dem Crash der Aktienmärkte
im Jahr 1929 und der ersten *Great Depression* anfängt, mit dem Flash-
Crash im Oktober 1987 weitergeht, mit der Tequila-Krise von 1994,
der Russland/LTCM-Krise von 1998, dem Platzen der Dotcom-Blase
im Jahr 2000 und der globalen Finanzkrise von 2008. Auf dem langen Weg erduldete die Welt die Asiatische Grippe von 1957, die Hongkong-Grippe von 1968 und die Schweinegrippe von 2009. Ein ent-
nervter Beobachter könnte sagen, Börsencrashs und Pandemien sind
nichts Neues, was wir erleben, ist alles schon einmal da gewesen, und
dieses Mal ist es auch nicht anders – es wird vorbeigehen, wie immer.

Das wäre ein Fehler. Das heutige Zusammenwirken einer viralen und einer wirtschaftlichen Krise ist in der Tat etwas anderes, und es ist schlimmer. Während der Weltwirtschaftskrise gab es keine Pandemie. Während der Asiatischen Grippe gab es keinen Börsencrash. Diese Krisen kamen nacheinander, nicht zur gleichen Zeit. Jetzt haben wir sowohl eine Pandemie als auch eine Depression, und wir stehen am Rande eines gesellschaftlichen Aufruhrs. Das ist nicht bloß ein Zufall. Im März 2011 war im japanischen Fukushima eine regional begrenzte Version davon zu beobachten: Ein Erdbeben verursachte einen Tsunami, der in einem Atomkraftwerk eine Kernschmelze verursachte, die einen Börsencrash verursachte. Ein ähnliches Phänomen vollzieht sich jetzt, mit Pandemie, Depression und gesellschaftlichen Unruhen – aber in einer ganz anderen Größenordnung; und dieser Unterschied in Ausdehnung und Größenordnung ist nicht kumulativ, er ist exponentiell.

Die Weltgeschichte hat Wendepunkte. Der Unterschied zwischen einem echten Wendepunkt und einer weiteren Krise ist nicht das Ereignis selbst, sondern das, was danach kommt. Die Kubakrise von 1962 war ein Wendepunkt; nach dieser Krise war der Kalte Krieg nie mehr derselbe. Die Krise löste eine mehrere Jahrzehnte lange Ära von Abrüstungsabkommen aus, mit denen das Wettrüsten unter Kontrolle gebracht werden sollte. Der Flash-Crash von 1987 war kein Wendepunkt; danach änderte sich nicht viel, abgesehen davon, dass an der New York Stock Exchange sogenannte »Circuit Breaker« eingeführt wurden. Die Ölkrise von 1973 war ein Wendepunkt; sie markierte den Beginn der Verwendung von Öl als geopolitischer Waffe und der Schaffung von Henry Kissingers Petrodollar-Standard, der seither gilt. Die Finanzkrise von 2008 war kein Wendepunkt; sie kam und ging, und bald darauf hieß es an der Wall Street wieder »Business as usual«: Sparer wurden ausgeplündert und Börsenblasen aufgepumpt. Die Pandemie/Depression von 2020 *ist* dagegen ein Wendepunkt, weil sie unser Leben für immer verändern wird. Es wird

Jahre dauern, bis all ihre Implikationen zum Tragen kommen, aber wir werden nicht zum »Business as usual« zurückkehren. Eine Depression ist etwas völlig anderes.

Dieser neue Wendepunkt bringt sowohl Gutes als auch Schlechtes mit sich. Das Schlechte sehen wir überall um uns herum. Schon vor der Doppelkrise war die US-Gesellschaft extrem polarisiert; heute ist sie es noch mehr. Debatten über Probleme wie den Nutzen von Gesichtsmasken, um die Ausbreitung des Virus einzudämmen, hätten auf wissenschaftliche Kreise beschränkt werden sollen, um dann der amerikanischen Öffentlichkeit klare Informationen zu präsentieren. Stattdessen wurde das Tragen einer Maske zu einer Marotte von Progressiven (Anhängern der Demokratischen Partei), weil es Respekt für »Wissenschaft« und staatliche Kontrolle signalisiert; keine Maske zu tragen, wurde dagegen zu einer Marotte von Konservativen (Anhängern der Republikanischen Partei), weil es im Namen der »Freiheit« die Ablehnung von zu viel staatlicher Einmischung signalisiert. Die von Seattle bis Atlanta ausgebrochenen Unruhen sind ebenso sehr ein Symptom der gesellschaftlichen Zerrissenheit, die der Lockdown hervorbrachte, wie sie ein neuer Grund zur Sorge sind. An Ironie hat es nicht gefehlt: Bürger, die am liebsten die Grenze zu Mexiko öffnen wollten, applaudierten plötzlich, als die Gouverneurin von Rhode Island die Polizei des Bundesstaates anwies, Autofahrer mit einem New Yorker Kennzeichen zurückzuweisen. Vielleicht sollte Rhode Island eine Mauer bauen. Dem Virus war das alles natürlich egal.

Die gute Nachricht: Die Lage ist so ernst und die Herausforderungen so entmutigend, dass dies eine gute Gelegenheit für alle Bürger sein könnte, an einem Strang zu ziehen und sich gemeinsam für das Landeswohl einzusetzen statt jeder für sich für das Wohl einer Ideologie. Zum Sieg der Alliierten im Zweiten Weltkrieg haben viele Faktoren beigetragen – tapfere Soldaten, mutige Führungspersönlichkeiten und die Standhaftigkeit des Vereinigten Königreichs, als

Großbritannien und das Commonwealth fast allein mit dem Rücken zur Wand standen. Doch die meisten Historiker sind sich darüber einig, dass der kriegsentscheidende Faktor die US-Industrie war. Der Quasi-Sozialist Franklin D. Roosevelt arbeitete Hand in Hand mit Ikonen des Kapitalismus zusammen, mit Henry Ford, Henry Kaiser und anderen, um Schiffe, Flugzeuge, Panzer, Bomben und anderes Kriegsmaterial in so großen Stückzahlen zu produzieren, dass die USA und ihre Alliierten die Deutschen, Italiener und Japaner einfach überrannten. Unsere Feinde konnten nicht mithalten. Im Krieg waren wir alle Patrioten, bis hin zu jungen Hausfrauen mit kleinen Kindern, die hinter dem Haus Gemüse anbauten, um große Lieferanten von landwirtschaftlichen Produkten zu entlasten, damit sie die Truppe versorgen konnten. Die politischen Auseinandersetzungen konnten bis nach dem Krieg warten. Eine solche gemeinsame Anstrengung macht es notwendig, dass Politiker aus beiden Lagern ihre Kontroversen und Bitterkeiten überwinden. Davon ist bis jetzt noch nichts zu spüren; doch die Krise wird noch eine Weile andauern; vielleicht wird die erforderliche Solidarität sich im Laufe der Zeit entwickeln.

In diesem Buch haben wir die Wissenschaft von Viren erkundet, die Ursachen der Pandemie, das Lockdown-Debakel, die Schwere der Depression sowie das zu erwartende Versagen der geld- und fiskalpolitischen Reaktionen. Dann haben wir das Blickfeld erweitert, um zu überlegen, warum es zu gesellschaftlichen Unruhen gekommen ist und wie diese Unruhen durch zerstörtes Vertrauen die Depression verlängern werden, in einer Zeit, in der viele Geschäftsleute gerade wieder aus ihren Bunkern kommen. Und schließlich haben wir spezifische Vorschläge gemacht, wie man Wohlstand bewahren und in einer post-pandemischen Welt prosperieren kann, mit einer optimalen Kombination aus prädiktiven analytischen Modellen, Diversifizierung und gesundem Menschenverstand; alle drei sind unter Vermögensverwaltern und Bankmanagern dünn gesät.

Bevor wir uns auf einen Ausweg aus der US-amerikanischen und globalen Depression festlegen, müssen wir zuerst die spezifischen Ursachen des Problems erkennen. Heute ist die Staatsverschuldung das größte wirtschaftliche Problem der Vereinigten Staaten. Die Höhe der Verschuldung untergräbt die Wirkung von geld- und fiskalpolitischen Hilfen. Geldpolitische Maßnahmen wirken kaum, weil viele Amerikaner aus Sorge um die Staatsverschuldung lieber sparen, als Geld auszugeben. Das bremst die Umlaufgeschwindigkeit des Geldes aus und macht Gelddrucken wirkungslos. Niedrige Zinsen helfen nicht, weil sie noch intensiveres Sparen erzwingen, um die persönlichen Sparziele zu erreichen. Fiskalpolitische Maßnahmen verlaufen aus demselben Grund im Sande. Bei einer so hohen Staatsverschuldung erwarten die Amerikaner einen Staatsbankrott, höhere Steuern oder Inflation. Alle drei sind Gründe, um heute mehr zu sparen, weil schlechte Zeiten erwartet werden. Wir befinden uns in einer Liquiditätsfalle, die schlimmer ist als jene in den 1930er-Jahren, weil die Regierung nicht den Verbraucher ersetzen kann; die Regierung ist vielmehr das Problem.

Es ist nicht nötig, US-Staatsschulden zu negieren, da die Vereinigten Staaten nach wie vor die Dollars drucken können, die sie brauchen, um diese Schulden zurückzuzahlen. Höhere Steuern könnten helfen, Schulden zu annullieren, aber Steuern würden der Wirtschaft anderweitig zu schaffen machen und mehr Schaden anrichten als Nutzen bringen. Es ist möglich, aus einem Schuldenproblem herauszuwachsen (wie es die USA von 1945 bis 1980 getan haben), aber dafür wird Inflation gebraucht. Schulden sind ein nominales Problem, und Inflation führt zu nominalem Wachstum, aber nicht zu realem Wachstum. Reales Wachstum kann folgen, wenn die nominale Verschuldung unter Kontrolle ist. Wenn eine Inflation erzeugt werden kann, die höher ist als die Zinssätze (eine Konstellation, die als »finanzielle Repression« bekannt ist), schmilzt der Schuldenberg einfach ab. Wenn zum Beispiel die Inflationsrate bei 4 Prozent liegt und der Zins bei 2 Prozent, sinkt der reale Wert des Dollars in 35 Jahren um die Hälfte, wodurch auch die reale Schuldenlast um die Hälfte reduziert wird. Die Fed kann die Zinsen festlegen, hat aber keine Ahnung, wie sie Inflation erzeugen kann.

Um es klar zu sagen: Hier geht es nicht darum, »die Staatsschuld zurückzuzahlen«. Das ist überhaupt nicht nötig; das letzte Jahr, in dem die USA schuldenfrei waren, war 1837. Was erreicht werden muss, ist, die Staatsverschuldung tragbar zu machen. Die Verschuldung kann in nominalen Begriffen wachsen, solange der reale Wert der Schulden abnimmt und die Schuldenquote zurückgeht. Das kann durch reales Wachstum erreicht werden. Wenn jedoch reales Wachstum nicht in Sicht ist, funktionieren Inflation und nominales Wachstum auch ganz gut.

Das Problem ist also eine Staatsverschuldung, die durch Deflation verschärft wird. Was wir bisher nicht gezeigt haben, ist ein Ausweg aus der Wildnis, ein Lösungsweg für die neue Depression. Zwei Präsidenten haben einst eine Lösung gefunden – Franklin D. Roosevelt und Richard M. Nixon –, und sie ist auch heute ein gangbarer Weg. Die Lösung ist eine Abwertung des Dollars – nicht gegenüber anderen Währungen, sondern gegenüber Gold.

Im Jahr 1933 standen die USA kurz vor einem Ansturm auf die Banken und am Ende der schwersten deflationären Episode der Geschichte des Landes. Roosevelt wurde im März 1933 als Präsident vereidigt. Er wusste, dass die Amerikaner Gold horteten, um ihren Wohlstand zu bewahren. Solange sie horteten, gaben sie kein Geld aus; es war eine ähnliche Konstellation wie heute, abgesehen davon, dass die Amerikaner heute Dollars auf Bankkonten horten statt Goldbarren im Tresor. Am 5. April 1933 ordnete Roosevelt mit der Executive Order 6102 an, dass alles Gold zu einem festgelegten Preis von 20,67 Dollar pro Unze an das U.S. Treasury verkauft werden müsse, zahlbar in Papiergeld, das nicht wieder in Gold umgetauscht werden konnte. Ganz so, wie heute die Fed Liquidität injiziert, indem sie

Staatsanleihen kauft, hat Roosevelt Liquidität injiziert, indem er Gold kaufte. Doch er ließ es nicht bei seiner Executive Order bewenden, sondern kaufte darüber hinaus Gold am offenen Markt. Als Gold in den USA allmählich knapp wurde, kaufte er mehr von ausländischen Händlern. Bei jedem Schritt kaufte er Gold und injizierte Liquidität in die Wirtschaft. Und er tat noch etwas anderes: Er erhöhte nach und nach den Preis. Als seine Goldkäufe sich zwischen Oktober und Dezember 1933 beschleunigten, erhöhte er den Preis in kleinen Stufen. Amity Shlaes erzählt diese Geschichte in ihrem Buch *Der vergessene Mann:*[2]

> Eines Morgens teilte Roosevelt seiner Gruppe mit, dass er darüber nachdachte, den Goldpreis um 21 Cent zu erhöhen. Weshalb um genau diesen Betrag? »Es ist eine Glückszahl«, antwortete Roosevelt, »weil es dreimal sieben ist.« Wie Morgenthau später schrieb: »Wenn jemand gewusst hätte, wie wir den Preis für Gold wirklich festlegten, aus einer Kombination von Glückszahlen und so weiter, ich glaube, alle hätten sich furchtbar geängstigt.«

Roosevelt hatte – im Gegensatz zu seinen Zeitgenossen – verstanden, dass er durch Erhöhen des Dollar-Goldpreises im Endeffekt *den Dollar abwertete.* Wirtschaftliche Veränderungen einer solchen Tragweite vollziehen sich nicht ohne Folgen; wenn der Dollar abwertet, steigt der Preis von Gold – *und auch alle anderen Preise.* Und genau das war Roosevelts Ziel. Er musste der Deflation das Genick brechen, und um das zu erreichen, musste es ihm gelingen, Inflation herbeizuführen. Der Weg, um Inflation zu erzeugen, ist, den Dollar-Goldpreis zu erhöhen. Diese Strategie hatte kaum etwas zu tun mit Gold, aber sehr viel mit dem Dollar. Am 22. Oktober 1933 gab Roosevelt einen »Fireside Chat«, der im Radio übertragen wurde und in dem er den Bürgern sagte, er wolle »den Dollar dauerhaft unter Kontrolle halten«. Seine Hörer fassten das als Ankündigung auf, dass Roosevelt seine

Goldpolitik fortsetzen wolle. Der Kurs von Weizen-Futures (Termin-kontrakten) stieg noch während der Sendung um 40 Prozent. Roose-velts Strategie funktionierte: Die Preise stiegen, die Aktienkurse gin-gen auf Höhenflug, und bald begann eine wirtschaftliche Erholung (die freilich 1938 von der Fed zum Entgleisen gebracht wurde). Defla-tion war Roosevelts Feind; Inflation war sein Freund, und er führte Inflation gegen den Widerstand der Banken und der Fed herbei, in-dem er den Dollar-Goldpreis hochtrieb. Roosevelt beendete sein er-folgreiches geldpolitisches Experiment im Januar 1934 mit einem Ge-setz, das den Goldpreis auf 35 Dollar pro Unze festschrieb, wo er bis zum August 1971 verharrte. Von März bis Dezember 1933 war der Dollar-Goldpreis um 69,3 Prozent gestiegen. Gemessen am Dol-larpreis einer Unze Gold wurde der Dollar im selben Zeitraum um 41 Prozent abgewertet. In nur neun Monaten war eine machtvolle In-flationswelle herbeigeführt worden.

Ab 1971 tat Richard Nixon das Gleiche, obwohl dieses Manöver erst 1980 zum Abschluss kam, sechs Jahre, nachdem Nixon abge-treten war. Er hatte es mit anderen Problemen zu tun als Roosevelt; 1971 war Deflation kein ernstes Problem. Stattdessen gab es einen Ansturm auf das U.S. Bullion Depository, das Goldlager der USA in Fort Knox, weil ausländische Halter von US-Dollars allmählich das Vertrauen in die Dollar-Goldbindung verloren. Nixon schloss das »Gold Window« am 15. August 1971 und sagte ausländischen Hal-tern von Dollars, sie könnten zwar in US-Anlagewerte investieren, aber »vorübergehend« kein US-Gold bekommen. Nixons Plan, den Dollar abzuwerten und eine neue Goldbindung zu einem höheren Preis einzuführen, wie Roosevelt es getan hatte, scheiterte. Die Län-der, mit denen die USA Handel trieben, gaben ihre Wechselkurse frei, und das »Gold Window« wurde nie wieder geöffnet. Im Jahr 1974 wurde es den Amerikanern wieder erlaubt, Gold zu besitzen, zum ersten Mal seit 1933. Es war der Auftakt der Ära eines privaten Goldstandards anstelle eines staatlichen. Roosevelt hatte einen neuen

Goldstandard eingeführt, nachdem er sein Inflationsziel erreicht und damit den Geist der Inflation wieder in die Flasche gesperrt hatte. Nach 1971 gab es nie wieder einen staatlichen Goldstandard, und das Schreckgespenst der Inflation lief Amok; bis 1979 war die Inflationsrate auf 13,3 Prozent gestiegen. Im Januar 1980 erreichte der Goldpreis die Marke von 800 Dollar pro Unze. Es wurden ein Leitzins von 18 Prozent und eine schwere Rezession (1981 bis 1982) gebraucht, um schließlich den Geist der Inflation wieder in die Flasche zu sperren. Seither ward er nicht mehr gesehen.

Roosevelts Gold-Manöver war kontrolliert und erfolgreich. Nixons Gold-Manöver war ungeplant und ein massiver Fehlschlag. Roosevelt stimulierte Wachstum und half den USA, einen Weg aus der Depression zu finden. Nixon richtete Chaos an – eine Beinahe-Hyperinflation und drei Rezessionen zwischen 1973 und 1981. Diese historischen Entwicklungen zeigen, dass Einmischungen in die Beziehung zwischen Dollar und Gold so riskant sind wie Arbeiten an den Steuerstäben eines Atomreaktors. Machen Sie alles richtig, ist der Reaktor eine nützliche Energiequelle; machen Sie aber nur einen einzigen Fehler, können Sie eine Kernschmelze verursachen.

Die Behauptung, der Dollar könne gegen Euro oder Yen abgewertet werden, ist Unsinn. Wenn man den Dollar gegenüber dem Euro schwächt, führt das einfach dazu, dass der Euro gestärkt wird und die europäischen Volkswirtschaften durch höhere Preise für ihre Exporte und touristischen Angebote in Bedrängnis bringt. Das Gleiche gilt für den Yen. Vergeltungsmaßnahmen dieser Handelspartner sind nur eine Frage der Zeit. Währungskriege funktionieren nicht. Sie sind schlimmer als ein Nullsummenspiel, nämlich ein Negativsummenspiel. In Wahrheit sitzen alle Papierwährungen in einem Boot. Diese Währungen können nicht alle gleichzeitig gegenüber allen anderen abwerten; das ist mathematisch unmöglich. Wenn Sie mehrere Währungen gleichzeitig abwerten wollen, um Inflation zu erzeugen und die Schuldenlast zu reduzieren, brauchen Sie eine objektive

Messlatte, die keine dieser Währungen ist und keine Vergeltungs-maßnahmen ergreifen kann. Und diese Messlatte ist Gold.

Drei Generationen lang haben Ökonomen Gold abqualifiziert, so-dass sie vergessen haben, welch ein nützliches geldpolitisches Werk-zeug es sein kann. Die Behauptung, ein Goldstandard würde die geldpolitische Entscheidungsfreiheit einschränken, ist falsch; von 1913 bis 1971 hatten die USA beides. Die Behauptung, der Goldstan-dard habe entweder die Weltwirtschaftskrise 1929/1930 verursacht oder die geldpolitischen Reaktionen darauf eingeschränkt, ist ebenso falsch. Während der *Great Depression* durfte die Basisgeldmenge bis zu 250 Prozent des Goldbestands betragen, bei einer Bewertung von 20,67 Dollar pro Unze. Zu keinem Zeitpunkt überstieg die Geld-menge 100 Prozent. Mit anderen Worten: Die Fed hätte unter dem geltenden Goldstandard die Geldmenge verdoppeln können, unter-ließ es jedoch. Nicht der Goldstandard war schuld an der *Great De-pression*, sondern die Fed.

Hinzu kommt: Wenn heute der Dollar-Goldpreis steigt, macht das keinen neuen Goldstandard notwendig. Die Fed könnte einfach Gold zu immer höheren Preisen kaufen und ihre Absichten im Vo-raus bekannt geben. Das ist eine einfache Offenmarktoperation mit Gold anstelle von Treasury Notes. Mit steigendem Goldpreis würde der Dollar (wie auch andere Währungen) abgewertet, und wie von selbst würde sich Inflation einstellen. Die Inflation würde die Staats-verschuldung abschmelzen, die Depression würde enden, und rea-les Wachstum würde wieder entstehen. Aber halten Sie nicht die Luft an, bis dieses Programm kommt. Es liegt außerhalb des Begriffsho-rizonts von US-Zentralbankern (obwohl die russische und die chi-nesische Zentralbank so viel Gold kaufen, wie sie finden können). Sie müssen nicht auf die Zentralbanken warten; Sie können heute schon Gold kaufen, für sich selbst. Falls die USA sich entscheiden, den Goldpreis zu erhöhen, machen Sie einen Gewinn. Falls die USA den Goldpreis nicht erhöhen, wird er trotzdem steigen, wegen der enormen Staatsverschuldung und verlorenem Vertrauen in den Dollar. Auch dann machen Sie einen Gewinn.

Die Pandemie wird vorübergehen, wenn auch vielleicht langsamer, als manche erwarten. Eine zweite, todbringendere Welle liegt im Bereich des Möglichen; wir sollten beten, dass sie nicht kommt. Das Wirtschaftswachstum wird jahrelang schwach bleiben, die Arbeitslosigkeit jahrelang hoch. Das soziale Leben wird langsam wiederkommen, doch es wird anders sein; wir werden uns daran gewöhnen. Die gesellschaftlichen Unruhen werden zunehmen, sodass Amerika schwere Entscheidungen bevorstehen, um sie unter Kontrolle zu bringen. Eines steht fest: Je länger Amerika wartet, desto schwerer werden diese Entscheidungen werden. Der Faktor, der nicht von selbst verschwinden wird, ist die Schuldenlast. Schulden führen zu Deflation, wodurch diese Last noch schwerer wird. Die richtige Strategie ist, Inflation zu erzeugen, um der Deflation das Genick zu brechen. Franklin D. Roosevelt hat uns gezeigt, wie wir das erreichen können. Seine Lösung war Gold. Unsere Lösung heute ist die gleiche.

DANKSAGUNG

Dieses Buch wurde in deutlich kürzerer Zeit fertiggestellt als meine vorigen Bücher, vielleicht in kürzerer Zeit als jedes andere ähnlich komplexe Buch in den vergangenen Jahren. Das bedeutet keineswegs, dass wir Dinge weglassen oder unseren Qualitätsanspruch gesenkt hätten; das haben wir nicht. Es bedeutet aber, dass unser Team so nahtlos zusammengearbeitet hat, als hätten wir einen zwei Minuten langen Vorstoß durchgeführt, während wir weit auf unsere Seite des Spielfelds zurückgedrängt waren und nach Punkten im Rückstand waren. Dank dieser Teamarbeit haben wir den Punkt gemacht.

Ich bin dankbar für die Unterstützung des Teams bei Portfolio/Penguin Random House, allen voran Verleger Adrian Zackheim, Redaktionschefin Niki Papadopoulos und Redaktionsassistentin Kimberly Meilun. Ihre hervorragende Arbeit wurde ergänzt durch die Hilfe meiner brillanten Geschäftsführerin und Medienberaterin Ali Rickards und durch meinen Lektor William Rickards. Und wie immer wäre dieses Buch gar nicht entstanden ohne all die katalytischen Anregungen von meiner Staragentin Melissa Flashman.

Ich habe das Glück, ein Netzwerk von Korrespondenten, Social-Media-Kontakten, Kollegen und Freunden zu haben, die mich bestens versorgen mit Analysen, Nachrichten und Studien, die ich sonst vielleicht nicht gesehen hätte. Wenn sie wissen, dass ich an einem Buch arbeite, wird dieser Informationsfluss zu einer Flut, für die ich dankbar bin. Zu dieser Gruppe gehören Art Santelli, Larry White, Chris Whalen, Dave »Davos« Nolan, TraderStef, Velina Tchakarova,

Maryam Zadeh, Chris Blasi, Terry Rickard, Stephen »Sarge« Guil-
foyle, Ronnie Stoeferle und Mark Valek. Ich danke euch allen.

In dieser von Covid-19 geprägten Zeit ein Buch zu schreiben,
bringt ganz eigene Herausforderungen mit sich, über das normale
Bedürfnis nach einem ruhigen Arbeitsplatz mit schöner Aussicht, an
dem es sich gut nachdenken und schreiben lässt, hinaus. Der Lockdown hat die Dinge *zu* ruhig und isoliert gemacht. Soziale Interaktionen sind wichtig, wenn man den Rückgang sozialer Interaktionen
beschreiben will. Das ist einer der Gründe, warum eine große Familie ein Segen ist. Wir werden uns vielleicht von der Welt isolieren,
aber nicht von unserer Familie. Ein Buch zu schreiben, ist ein Mara-
thonlauf, den ich nicht hätte durchstehen können ohne die Liebe und
Unterstützung meiner Frau Ann; meines Sohnes Scott, seiner Frau
Dominique und ihrer Kinder Thomas, Samuel, James und Pippa;
meiner Tochter Ali und ihres Mannes Rob (und ihrer Kätzchen Pliny
und Leo); und meines Sohnes Will und seiner Frau Abby (und ihrer
Welpen Ollie und Reese). Sie alle waren für mich da, in Person oder
in Gedanken, von Angesicht zu Angesicht oder über Video, und sie
alle gaben mir die Ermutigung, die ich brauchte, um bis zur Ziellinie
durchzuhalten. Ich liebe euch alle.

Und falls dieses Buch noch Fehler enthalten sollte, sind es ausschließlich meine Fehler.

Anmerkungen

Einführung

1 Arundhati Roy, »The pandemic is a portal«, *Financial Times*, 3. April 2020, https://www.ft.com/content/10d8f5e8-74eb-11ea-95fe-fcd274e920ca.

2 Transkript eines Interviews mit Lionel Shriver in »The Brendan O'Neill Show«, *Spiked*, 11. Mai 2020, https://www.spiked-online.com/2020/05/11/there-is-nothing-unprecedented-about-the-virus-itself.

3 Die wissenschaftliche Bezeichnung für das Virus ist »SARS-CoV-2«, die von dem Virus verursachte Krankheit heißt »Covid-19«. Die Bedeutung dieser beiden Begriffe und der Unterschied zwischen einer Bezeichnung für ein Virus und einer Bezeichnung für eine Krankheit sind erklärt in »Naming the coronavirus disease (Covid-19) and the virus that causes it«, World Health Organization, https://www.who.int/emergencies/diseases/novel-coronavirus-2019/technical-guidance/naming-the-coronavirus-disease-(covid-2019)-and-the-virus-that-causes-it.

4 Siehe John M. Barry, *The Great Influenza: The Story of the Deadliest Pandemic in History*, New York: Penguin Books, 2018, Kapitel 7, für eine ausführliche Erörterung über Aufbau und Verhalten von Viren, auf der diese Beschreibung basiert.

5 Barry, *The Great Influenza: The Story of the Deadliest Pandemic in History*, S. 98-99.

6 John Maynard Keynes, *The General Theory of Employment, Interest, and Money*, New York: Harvest/Harcourt, 1964, S. 249. [Deutsche Ausgabe: *Allgemeine Theorie der Beschäftigung, des Zinses und des Geldes*, 11. Aufl., Berlin: Duncker & Humblot, 2009, S. 210.]

7 Siehe Sino Biological Research, *Hong Kong Flu (1968 Influenza Pandemic)*, https://www.sinobiological.com/research/virus/1968-influenza-pandemic-hong-kong-flu, sowie Eric Spitznagel, »Why American life went on as normal during the killer pandemic of 1969«, *New York Post*, 16. Mai 2020, https://nypost.com/2020/05/16/why-life-went-on-as-normal-during-the-killer-pandemic-of-1969.

Kapitel eins: Ein neues Virus

1 John M. Barry, *The Great Influenza: The Story of the Deadliest Pandemic in History*, New York: Penguin Books, 2018, S. 262.

2 Hannah Hagemann, »U.K.'s Boris Johnson Says His Battle with Coronavirus ›Could Have Gone Either Way‹«, NPR, 3. Mai 2020, https://www.npr.org/sections/coronavirus-live-updates/2020/05/03/849770082/u-k-s-boris-johnson-says-his-battle-with-coronavirus-could-have-gone-either-way.

3 Sharon Begley, »New analysis recommends less reliance on ventilators to treat coronavirus patients«, *Stat News*, 21. April 2020, https://www.statnews.com/2020/04/21/coronavirus-analysis-recommends-less-reliance-on-ventilators, sowie Arjen M. Dondorp, Muhammad Hayat, Diptesh Aryal, Abi Beane und Marcus J. Schultz, »Respiratory Support in Novel Coronavirus Disease (Covid-19) Patients, with a Focus on Resource-Limited Settings«, The American Society of Tropical Medicine and Hygiene, 21. April 2020, https://www.ajtmh.org/content/journals/10.4269/ajtmh.20-0283.

4 Betsey McKay und Daniela Hernandez, »Coronavirus Hijacks the Body from Head to Toe, Perplexing Doctors«, *The Wall Street Journal*, 7. Mai 2020, https://www.wsj.com/articles/coronavirus-hijacks-the-body-from-head-to-toe-perplexing-doctors-11588864248.

5 Bill Gertz, »Wuhan lab ›most likely‹ coronavirus source, U.S. government analysis finds«, *The Washington Times*, 28. April 2020, https://www.washingtontimes.com/news/2020/apr/28/wuhan-laboratory-most-likely-coronavirus-source-us.

6 Josephine Ma, »Coronavirus: China's first confirmed Covid-19 case traced back to November 17«, *South China Morning Post*, 13. März 2020, https://www.scmp.com/news/china/society/article/3074991/coronavirus-chinas-first-confirmed-covid-19-case-traced-back.

7 Sofern nicht anders angegeben, stammen alle Daten über bestätigte Krankheits- und Todesfälle in diesem Kapitel aus dem Covid-19 Dashboard des Center for Systems Science and Engineering (CSSE) der Johns Hopkins University (JHU), siehe https://gisanddata.maps.arcgis.com/apps/opsdashboard/index.html#/bda7594740fd40299423467b48e9ecf6.

8 Derek Scissors, »Estimating the True Number of China's Covid-19 Cases«, The American Enterprise Institute, April 2020, https://www.aei.org/wp-content/uploads/2020/04/Estimating-the-True-Number-of-Chinas-COVID-19-Cases.pdf.

9   Steve Watson, »US Intel Officials Believe 45,000 Corpses Were Incinerated in One Fortnight in Wuhan«, Summit News, 28. April 2020, https://summit. news/2020/04/28/us-intel-officials-believe-45500-corpses-were-incinerated-in-one-fortnight-in-wuhan.

10 Siehe Kristine A. Moore, Marc Lipsitch, John M. Barry und Michael T. Osterholm, »The Future of the Covid-19 Pandemic: Lessons Learned from Pandemic Influenza«, Center for Infectious Disease Research and Policy, University of Minnesota, 30. April 2020, https://www.cidrap.umn.edu/sites/default/files/ public/downloads/cidrap-covid19-viewpoint-part1_0.pdf.

11 Moore, Lipsitch, Barry und Osterholm, »The Future of the Covid-19 Pandemic: Lessons Learned from Pandemic Influenza«, S. 3.

12 Roy M. Anderson, Hans Heesterbeek, Don Klinkenberg und T. Déirdre Hollingsworth, »How will country-based mitigation measures influence the course of the Covid-19 epidemic?«, *The Lancet*, 21.-27. März 2020, S. 395.

13 Siehe Moore, Lipsitch, Barry und Osterholm, »The Future of the Covid-19 Pandemic: Lessons Learned from Pandemic Influenza«, S. 6.

14 Siehe Marina Medvin, »Israeli Professor Shows Virus Follows Fixed Pattern«, *Townhall*, 15. April 2020, https://townhall.com/columnists/marinamedvin/2020/04/15/israeli-professor-shows-virus-follows-fixed-pattern-n2566915, sowie Isaac Ben-Israel, »The end of exponential growth: The decline in the spread of coronavirus«, *Times of Israel*, 19. April 2020, https://www.timesofisrael. com/the-end-of-exponential-growth-the-decline-in-the-spread-of-coronavirus.

15 Sheri Fink, »Hospitals Move into Next Phase as New York Passes Viral Peak«, *The New York Times*, 20. Mai 2020, https://www.nytimes.com/2020/05/20/ nyregion/hospitals-coronavirus-cases-decline.html.

16 Lizhou Zhang, Cody B. Jackson, Huihui Mou, Amrita Ojha, Erumbi S. Rangarajan, Tina Izard, Michael Farzan und Hyeryun Choe, »The DG614G mutation in the SARS-CoV-2 spike protein reduced SI shedding and increases infectivity«, bioRxiv (pre-print, not peer-reviewed), 12. Juni 2020, https://www.biorxiv.org/ content/10.1101/2020.06.12.148726v1.full, sowie Sarah Kaplan und Joel Achenbach, »This coronavirus mutation has taken over the world. Scientists are trying to understand why«, *The Washington Post*, 29. Juni 2020, https://www. washingtonpost.com/science/2020/06/29/coronavirus-mutation-science.

17 Stephanie Hegarty, »The Chinese doctor who tried to warn others about coronavirus«, BBC News, 6. Februar 2020, https://www.bbc.com/news/ world-asia-china-51364382.

18 William Davis, »How China's Coronavirus Cover-Up Happened«, *The Daily Caller*, 19. April 2020, https://dailycaller.com/2020/04/19/coronavirus-china-activities-timeline-trump-cover-up.

19 Kiernan Corcoran, »An infamous WHO tweet saying there was ›no clear evidence‹ Covid-19 could spread between humans was posted for ›balance‹ to reflect findings from China«, *Business Insider*, 18. April 2020, https://www.businessinsider.com/who-no-transmission-coronavirus-tweet-was-to-appease-china-guardian-2020-4.

20 Rachael Rettner, »Coronavirus outbreak is ›public health emergency of international concern‹, WHO declares«, Live Science, 30. Januar 2020, https://www.livescience.com/who-coronavirus-outbreak-emergency-international-concern.html.

21 »Coronavirus: US to halt funding to WHO, says Trump«, BBC News, 15. April 2020, https://www.bbc.com/news/world-us-canada-52289056.

22 Tom Howell und Dave Boyer, »Trump pulls U.S. out of World Health Organization, slaps penalties on China over Hong Kong action«, *The Washington Times*, 29. Mai 2020, https://www.washingtontimes.com/news/2020/may/29/trump-pulls-us-out-world-health-organization-slaps.

23 Robert G. Webster, »Wet markets: A continuing source of severe acute respiratory syndrome and influenza?«, *The Lancet*, 17. Januar 2004, https://www.ncbi.nlm.nih.gov/pmc/articles/PMC7112390.

24 Shi Zhengli-Li et al., »A SARS-like cluster of circulating bat coronaviruses shows potential for human emergence«, *Nature Medicine*, 9. November 2015, https://www.ncbi.nlm.nih.gov/pmc/articles/PMC4797993.

25 Declan Butler, »Engineered bat virus stirs debate over risky research«, *Nature*, 12. November 2015, https://www.nature.com/news/engineered-bat-virus-stirs-debate-over-risky-research-1.18787.

26 Josh Rogin, »State Department cables warned of safety issues at Wuhan lab studying bat coronaviruses«, *The Washington Post*, 14. April 2020, https://www.washingtonpost.com/opinions/2020/04/14/state-department-cables-warned-safety-issues-wuhan-lab-studying-bat-coronaviruses.

27 Lee Brown, »Wuhan lab admits to having three live strains of bat coronavirus on site«, *New York Post*, 24. Mai 2020, https://nypost.com/2020/05/24/wuhan-lab-admits-to-having-three-live-strains-of-bat-coronavirus.

28 David Ignatius, »How did Covid-19 begin? Its initial origin story is shaky«, *The Washington Post*, 2. April 2020, https://www.washingtonpost.com/opinions/

global-opinions/how-did-covid-19-begin-its-initial-origin-story-is-shaky/2020/04/02/1475d488-7521-11ea-87da-77a8136c1a6d_story.html.

29 Tom Cotton, »Coronavirus and the Laboratories in Wuhan«, *The Wall Street Journal*, 21. April 2020, https://www.wsj.com/articles/coronavirus-and-the-laboratories-in-wuhan-11587486996.

30 Chaolin Huang et al., »Clinical features of patients infected with 2019 novel coronavirus in Wuhan, China«, *The Lancet*, 24. Januar 2020, https://www.thelancet.com/journals/lancet/article/PIIS0140-6736(20)30183-5/fulltext#fig1.

31 Gu Liping, »Official: Wuhan seafood market may be the victim of coronavirus«, Ecns.com, 26. Mai 2020, http://www.ecns.cn/news/politics/2020-05-26/detail-ifzwqsxz6424882.shtml.

32 Kristian G. Andersen, Andrew Rambault, W. Ian Lipkin, Edward C. Holmes und Robert F. Garry, »The proximal origin of SARS-CoV-2«, *Nature Medicine*, April 2020, S. 450, https://www.nature.com/articles/s41591-020-0820-9.pdf.

33 Bill Gertz, »Coronavirus origins in lab not ruled out by scientific studies«, *The Washington Times*, 21. April 2020, https://www.washingtontimes.com/news/2020/apr/20/coronavirus-origins-lab-not-ruled-out-scientific-s.

34 Sharri Markson, »Coronavirus may have been a ›cell-culture experiment‹ gone wrong«, Sky News, 24. Mai 2020, https://www.skynews.com.au/details/6158843835001.

35 B. Sørensen, A. Susrud und A. G. Dalgleish, »Biovacc-19: A Candidate Vaccine for Covid-19 (SARS-CoV-2) Developed from Analysis of Its General Method of Action for Infectivity«, *Quarterly Review of Biophysics*, 28. Mai 2020, https://www.cambridge.org/core/services/aop-cambridge-core/content/view/DBBC-0FA6E3763B0067CAAD8F3363E527/S2633289220000083a.pdf/biovacc19_a_candidate_vaccine_for_covid19_sarscov2_developed_from_analysis_of_its_general_method_of_action_for_infectivity.pdf.

36 David Nikel, »Norway Scientist Claims Report Proves Coronavirus Was Lab-Made«, *Forbes*, 7. Juni 2020, https://www.forbes.com/sites/davidnikel/2020/06/07/norway-scientist-claims-report-proves-coronavirus-was-lab-made/#7769e43c121d.

37 Sharri Markson, »Coronavirus NSW: Dossier lays out case against China bat virus program«, *The Daily Telegraph*, 3. Mai 2020, https://www.dailytelegraph.com.au/coronavirus/bombshell-dossier-lays-out-case-against-chinese-bat-virus-program/news-story/55add857058731c9c71c0e96ad17da60.

38 Minnie Chan und William Zheng, »Meet the major general on China's coronavirus scientific front line«, *South China Morning Post*, 3. März 2020, https://www.

scmp.com/news/china/military/article/3064677/meet-major-general-chinas-co-ronavirus-scientific-front-line?mod=article_inline.

39 Fu Ying, »Shape global narratives for telling China's stories«, *China Daily*, 4. April 2020, https://global.chinadaily.com.cn/a/202004/21/WS5e9e-313ba3105d50a3d178ab.html.

Kapitel zwei: Hundert Tage – Chronik eines Lockdowns

1   Siehe »Travelers Prohibited from Entry to the United States«, Centers for Disease Control and Prevention, https://www.cdc.gov/coronavirus/2019-ncov/travelers/from-other-countries.html.

2   Michael J. Reitz, »What's Wrong With Gov. Whitmer's Stay-At-Home Order«, Mackinac Center for Public Policy, 15. April 2020, https://www.mackinac.org/whats-wrong-with-gov-whitmers-stay-at-home-order.

3   »Advisory: Hospital Discharges and Admissions to Nursing Homes«, New York State Department of Health, 25. März 2020, http://www.hurlbutcare.com/images/NYSDOH_Notice.pdf.

4   »Advisory: Hospital Discharges and Admissions to ACFs«, New York State Department of Health, 7. April 2020, https://coronavirus.health.ny.gov/system/files/documents/2020/04/doh_covid19_acfreturnofpositiveresidents_040720.pdf.

5   Bernard Condon, Jennifer Peltz und Jim Mustian, »AP count: Over 4,500 virus patients sent to NY nursing homes«, ABC News, 22. Mai 2020, https://abcnews.go.com/Health/wireStory/ap-count-4300-virus-patients-ny-nursing-homes-70825470.

6   John M. Barry, *The Great Influenza: The Story of the Deadliest Pandemic in History*, New York: Penguin Books, 2018, S. 358-359.

7   Helen Branswell, »Why ›flattening the curve‹ may be the world's best bet to slow the coronavirus«, *Stat News*, 11. März 2020, https://www.statnews.com/2020/03/11/flattening-curve-coronavirus.

8   John M. Barry, *The Great Influenza: The Story of the Deadliest Pandemic in History*, New York: Penguin Books, 2018, S. 460-461.

9   Interview mit Dr. Jay Bhattacharya, geführt von Peter Robinson von der Hoover Institution, »Uncommon Knowledge with Peter Robinson«, 11. Mai 2020, https://www.youtube.com/watch?v=289NWm85eas&feature=youtu.be.

10 Jo Kahn, »We've never made a successful vaccine for a coronavirus before. This is why it's so difficult«, ABC News, 16. April 2020, https://www.abc.net.au/news/health/2020-04-17/coronavirus-vaccine-ian-frazer/12146616.

11 Siehe »Covid-19 Pandemic Planning Scenarios«, Centers for Disease Control and Prevention, 20. Mai 2020, https://www.cdc.gov/coronavirus/2019-ncov/hcp/planning-scenarios.html, sowie Daniel Horowitz, »The CDC confirms remarkable low coronavirus death rate. Where is the media?«, *Conservative Revue*, 22. Mai 2020, https://www.conservativereview.com/news/horowitz-cdc-confirms-remarkably-low-coronavirus-death-rate-media.

12 Audrey Redford und Thomas K. Duncan, »Drugs, Suicide and Crime: Empirical Estimates of the Human Toll of the Shutdown«, American Institute for Economic Research, 28. März 2020, https://www.aier.org/article/drugs-suicide-and-crime-empirical-estimates-of-the-human-toll-of-the-shut-down.

13 Andrew Mark Miller, »California doctors say they've seen more deaths from suicide than coronavirus since lockdowns«, *Washington Examiner*, 21. Mai 2020, https://www.washingtonexaminer.com/news/california-doctors-say-they-ve-seen-more-deaths-from-suicide-than-coronavirus-since-lockdowns.

14 Alexandra Kelley, »Fauci: why the public wasn't told to wear masks when the coronavirus pandemic began«, *The Hill*, 16. Juni 2020, https://thehill.com/changing-america/well-being/prevention-cures/502890-fauci-why-the-public-wasnt-told-to-wear-masks.

15 Lisa Lerer, »It's a Pandemic, Stupid«, *The New York Times*, 25. Juni 2020, https://www.nytimes.com/2020/06/25/us/politics/tom-frieden-coronavirus.html.

16 Paul Krugman, »How Many Will Die for the Dow?« *The New York Times*, 21. Mai 2020, https://www.nytimes.com/2020/05/21/opinion/trump-coronavirus-dow.html.

17 Robert J. Glass, Laura M. Glass, Walter E. Beyeler und H. Jason Min, »Targeted Social Distancing Designs for Pandemic Influenza«, Centers for Disease Control and Prevention, *Emerging Infectious Diseases Journal*, Vol. 12, No. 11, November 2006, https://wwwnc.cdc.gov/eid/article/12/11/06-0255_article.

18 »Coronavirus: Prof. Neil Ferguson quits government role after ›undermining‹ lockdown«, BBC News, 6. Mai 2020, https://www.bbc.com/news/uk-politics-52553229.

19 »Interim Pre-pandemic Planning Guidance: Community Strategy for Pandemic Influenza Mitigation in the United States. Early, Targeted, Layered Use of Nonpharmaceutical Interventions«, Centers for Disease Control and Prevention,

Februar 2007, https://www.cdc.gov/flu/pandemic-resources/pdf/community_mitigation-sm.pdf.

20 Eric Lipton und Jennifer Steinhauer, »The Untold Story of the Birth of Social Distancing«, *The New York Times*, 22. April 2020, https://www.nytimes.com/2020/04/22/us/politics/social-distancing-coronavirus.html.

21 Noreen Qualls et al., »Community Mitigation Guidelines to Prevent Pandemic Influenza: United States, 2017«, Centers for Disease Control and Prevention, *Morbidity and Mortality Weekly Report*, 21. April 2017, https://www.cdc.gov/mmwr/volumes/66/rr/rr6601a1.htm.

22 »Frequently Asked Questions: Pandemic Flu and the Updated Community Mitigation Guidelines«, Centers for Disease Control and Prevention, Nonpharmaceutical Interventions (NPIs), 3. August 2017, https://www.cdc.gov/nonpharmaceutical-interventions/tools-resources/faq-pandemic-flu.html.

23 Thomas V. Inglesby, Jennifer B. Nuzzo, Tara O'Toole und D. A. Henderson, »Disease Mitigation Measures in the Control of Pandemic Influenza«, *Biosecurity and Bioterrorism: Biodefense Strategy, Practice, and Science*, Vol. 4, No. 4, 2006, https://pubmed.ncbi.nlm.nih.gov/17238820.

24 Laura Spinney, *Pale Rider: The Spanish Flu of 1918 and How It Changed the World*, New York: Public Affairs, 2017. [Deutsche Ausgabe: *1918 – Die Welt im Fieber: Wie die Spanische Grippe die Gesellschaft veränderte*, München: Hanser, 2018.]

Kapitel drei: Die neue Große Depression

1 Mohamed A. El-Erian, »Why Are Stocks Soaring in the Middle of a Pandemic«, *Foreign Policy*, 29. Mai 2020, https://foreignpolicy.com/2020/05/29/stock-market-rally-coronavirus-pandemic.

2 Hannah Miller und Christina Cheddar Berk, »JC Penney could join a growing list of bankruptcies during the coronavirus pandemic«, CNBC, 15. Mai 2020, https://www.cnbc.com/2020/05/15/these-companies-have-filed-for-bankruptcy-since-the-coronavirus-pandemic.html.

3 »U.S. Entered a Recession in February: Live Updates«, *The New York Times*, 8. Juni 2020, https://www.nytimes.com/2020/06/08/business/stock-market-today-coronavirus.html.

4 Martin Crutsinger, »IMF downgrades outlook for global economy in face of virus«, Associated Press, 24. Juni 2020, https://apnews.com/2be55cbdf-80ca8049655570c6f756027.

5   Dana Rubinstein und Christina Goldbaum, »Pandemic May Force New York
     City to Lay off 22,000 Workers«, *The New York Times*, 24. Juni 2020, https://
     www.nytimes.com/2020/06/24/nyregion/budget-layoffs-nyc-mta-coronavirus.
     html.

6   Kimberly Amadeo, »U.S. GDP by Year Compared to Recessions and Events«,
     The Balance, 13. März 2020, https://www.thebalance.com/us-gdp-by-ye-
     ar-3305543, sowie »Annual Gross Domestic Product and Real GDP in the
     United States from 1930 to 2020«, 2. Juni 2020, https://www.statista.com/
     statistics/1031678/gdp-and-real-gdp-united-states-1930-2019.

7   »UCLA Anderson Forecast says U.S. economy is in ›Depression-like crisis‹ and
     will not return to pre-recession peak until 2023«, UCLA Anderson Forecast,
     24. Juni 2020, https://www.prnewswire.com/news-releases/ucla-anderson-fo-
     recast-says-us-economy-is-in-depression-like-crisis-and-will-not-return-to-pre-
     recession-peak-until-2023-301082577.html.

8   Òscar Jordà, Sanjay R. Singh und Alan M. Taylor, »Longer-Run Economic
     Consequences of Pandemics«, Federal Reserve Bank of San Francisco Working
     Paper 2020-09, März 2020, https://www.frbsf.org/economic-research/files/
     wp2020-09.pdf.

Kapitel vier: Staatsverschuldung und Deflation vereiteln einen Aufschwung

1   Stephanie Kelton, *The Deficit Myth: Modern Monetary Theory and the Birth of
     the People's Economy*, New York: Public Affairs, 2020.

2   Georg Friedrich Knapp, *Staatliche Theorie des Geldes*, München: Duncker &
     Humblot, 1905.

3   Stephanie Kelton, *The Deficit Myth*, S. 161.

4   Stephanie Kelton, »Why I'm Not Worried About America's Trillion-Dollar
     Deficits«, *The New York Times*, 9. Juni 2020, https://www.nytimes.
     com/2020/06/09/opinion/us-deficit-coronavirus.html.

5   Kelsey Snell, »Here's How Much Congress Has Approved for Coronavirus Relief
     So Far and What It's For«, NPR, 15. Mai 2020, https://www.npr.
     org/2020/05/15/854774681/congress-has-approved-3-trillion-for-coronavi-
     rus-relief-so-far-heres-a-breakdown.

6   John Maynard Keynes, *The General Theory of Employment, Interest, and Money*,
     New York: Harvest/Harcourt, 1964. [Deutsche Ausgabe: *Allgemeine Theorie der*

Beschäftigung, des Zinses und des Geldes, 11. Aufl., Berlin: Duncker & Humblot, 2009.]

7   Carmen Reinhart und Kenneth Rogoff, »Debt and growth revisited«, VOX CEPR Policy Portal, 11. August 2010, https://voxeu.org/article/ debt-and-growth-revisited.

Kapitel 5: Der dünne Lack der Zivilisation

1   Katherine Anne Porter, *Porter: Collected Stories and Other Writings*, New York: The Library of America, 2008, S. 282. [Deutsche Ausgabe: *Die Leiden unsrer Sterblichkeit*, Stuttgart: Reclam, 1952, S. 55.]

2   Für eine ausführliche Darstellung der Auswirkungen der Spanischen Grippe auf die Künste und Literatur von damals siehe Laura Spinney, *Pale Rider: The Spanish Flu of 1918 and How It Changed the World*, New York: Public Affairs, 2017, S. 261-271. [Deutsche Ausgabe: *1918 – Die Welt im Fieber: Wie die Spanische Grippe die Gesellschaft veränderte*, München: Hanser, 2018.] Siehe auch Patricia Clifford, »Why Did So Few Novels Tackle the 1918 Pandemic«, *Smithsonian Magazine*, November 2017, https://www.smithsonianmag.com/ arts-culture/flu-novels-great-pandemic-180965205.

3   Laura Spinney, *Pale Rider: The Spanish Flu of 1918 and How It Changed the World*, New York: Public Affairs, 2017 [deutsche Ausgabe: *1918 – Die Welt im Fieber: Wie die Spanische Grippe die Gesellschaft veränderte*, München: Hanser, 2018], sowie Catharine Arnold, *Pandemic 1918*, New York: St. Martin's Griffin, 2018.

4   John M. Barry, *The Great Influenza: The Story of the Deadliest Pandemic in History*, New York: Penguin Books, 2018, S. 378-388.

5   Karl A. Menninger, »Influenza and Schizophrenia: An Analysis of Post-Influen-zal ›Dementia Precox‹, as of 1918 and Five Years Later«, *American Journal of Psychiatry*, Vol. V, No. 4, April 1926, S. 31, https://ajp.psychiatryonline.org/doi/ pdf/10.1176/ajp.82.4.469.

6   Laura Spinney, *Pale Rider: The Spanish Flu of 1918 and How It Changed the World*, New York: Public Affairs, 2017, S. 265. [Deutsche Ausgabe: *1918 – Die Welt im Fieber: Wie die Spanische Grippe die Gesellschaft veränderte*, München: Hanser, 2018.]

7   Neo Poyiadji, Gassan Shahin, Daniel Nourjaim, Michael Stone, Suresh Patel und Brent Griffith, »Covid-19-Associated Acute Hemorrhagic Necrotizing Encepha-

lopathy: CT and MRI Features«, *Radiology*, 31. März 2020, https://pubs.rsna.org/doi/10.1148/radiol.2020201187.

8   Eugene Rubin, M.D., Ph.D., »Effects of Covid-19 on the Brain«, *Psychology Today*, 30. April 2020, https://www.psychologytoday.com/us/blog/demystifying-psychiatry/202004/effects- Covid-19-the-brain.

9   Nicole LaNeve (Hrsg.), »Drug and Alcohol Use Increase During Covid-19«, The Recovery Village, 29. Mai 2020, https://www.therecoveryvillage.com/drug-addiction/news/drug-alcohol-use-rising-during-covid.

10 Sarah L. Hagerty und Leanne M. Williams, »The impact of Covid-19 on mental health: The interactive roles of brain biotypes and human connection«, US National Library of Medicine, National Institutes of Health, 5. Mai 2020, https://www.ncbi.nlm.nih.gov/pmc/articles/PMC7204757.

11 Christine Vestal, »Fear, Isolation, Depression: The Mental Health Fallout of a Worldwide Pandemic«, Stateline, The Pew Charitable Trusts, 12. Mai 2020, https://www.pewtrusts.org/en/research-and-analysis/blogs/stateline/2020/05/12/fear-isolation-depression-the-mental-health-fallout-of-a-worldwide-pandemic.

12 Für einen guten Überblick über Studien zu neurologischen Auswirkungen von SARS-CoV-2 siehe Megan Molteni, »What Does Covid-19 Do to Your Brain?«, *Wired*, 15. April 2020, https://www.wired.com/story/what-does-covid-19-do-to-your-brain.

13 Douglas Ernst, »Coronavirus USA: States explore house arrest technology to enforce quarantines«, *The Washington Times*, 7. Mai 2020, https://www.washingtontimes.com/news/2020/may/7/coronavirus-usa-states-explore-house-arrest-techno.

14 Victor Davis Hanson, »Not-So-Retiring Retired Military Leaders«, *National Review*, 7. Juni 2020, https://www.nationalreview.com/2020/06/not-so-retiring-retired-military-leaders.

15 Bill Gertz, »Antifa planned anti-government insurgency for months, law enforcement official says«, *The Washington Times*, 3. Juni 2020, https://www.washingtontimes.com/news/2020/jun/3/antifa-planned-anti-government-insurgency-george-f.

16 Branko Milanović, »The Real Pandemic Danger Is Social Collapse«, *Foreign Affairs*, 19. März 2020, https://www.foreignaffairs.com/print/node/1125708.

17 James Rickards, *Aftermath: Seven Secrets of Wealth Preservation in the Coming Chaos*, New York: Portfolio, 2019, S. 289-291. [Deutsche Ausgabe: *Nach dem*

Kollaps: Die sieben Geheimnisse des Vermögenserhalts im kommenden Chaos, München: FinanzBuch Verlag, 2019, S. 336-338.]

Kapitel sechs: Investieren in einer post-pandemischen Welt

1   H. G. Wells, *The War of the Worlds*, New York: Signet Classics, 2007, S. 38. [Deutsche Ausgabe: *Der Krieg der Welten*, Norderstedt: Books on Demand, 2017.]

2   Ebenda, S. 184-185. [Deutsche Ausgabe: *Der Krieg der Welten*, Norderstedt: Books on Demand, 2017.]

3   Gregory Zuckerman und Mischa Frankl-Duval, »Individuals Roll the Dice on Stocks as Veterans Fret«, *The Wall Street Journal*, 9. Juni 2020, https://www.wsj.com/articles/individuals-roll-the-dice-on-stocks-as-veterans-fret-11591732784.

4   Siehe Graham Allison, *Destined for War: Can America and China Escape Thucydides' Trap?*, Boston: Mariner Books, 2018.

5   Priscilla DeGregory, »Valentino sues NYC landlord to get out of 5th Ave lease amid pandemic«, *New York Post*, 22. Juni 2020, https://nypost.com/2020/06/22/valentino-sues-nyc-landlord-to-get-out-of-5th-ave-lease.

Schlussbemerkungen

1   Victor Davis Hanson, »Losing Our Fears, in War and Plague«, *Townhall*, 14. Mai 2020, https://townhall.com/columnists/victordavishanson/2020/05/14/losing-our-fears-in-war-and-plague-n2568733.

2   Amity Shlaes, *The Forgotten Man: A New History of the Great Depression*, New York: Harper Perennial, 2008, S. 148. [Deutsche Ausgabe: Der vergessene Mann: Eine neue Sicht auf Roosevelt, den New Deal und den Staat als Retter, Weinheim: Wiley-VCH, 2011, S. 153.]

Ausgewählte Quellen

Artikel

»Advisory: Hospital Discharges and Admissions to Nursing Homes«, New York State Department of Health, 25. März 2020.

»Advisory: Hospital Discharges and Admissions to ACFs«, New York State Department of Health, 7. April 2020.

Amadeo, Kimberly, »U.S. GDP by Year Compared to Recessions and Events«, *The Balance*, 13. März 2020.

Andersen, Kristian G., Andrew Rambault, W. Ian Lipkin, Edward C. Holmes und Robert F. Garry, »The proximal origin of SARS-CoV-2«, *Nature Medicine*, April 2020.

Anderson, Roy M., Hans Heesterbeek, Don Klinkenberg und T. Déirdre Hollingsworth, »How will country-based mitigation measures influence the course of the Covid-19 epidemic?«, *Lancet*, 21.-27. März 2020, S. 395.

Begley, Sharon, »New analysis recommends less reliance on ventilators to treat coronavirus patients«, *Stat News*, 21. April 2020.

Bell, Stephanie, »The Role of the State and the Hierarchy of Money«, *Cambridge Journal of Economics*, 2001, abgerufen am 9. Januar 2016.

Ben-Israel, Isaac, »The end of exponential growth: The decline in the spread of coronavirus«, *Times of Israel*, 19. April 2020.

Branswell, Helen, »Why ›flattening the curve‹ may be the world's best bet to slow the coronavirus«, *Stat News*, 11. März 2020.

Brown, Lee, »Wuhan lab admits to having three live strains of bat coronavirus on site«, *New York Post*, 24. Mai 2020.

Butler, Declan, »Engineered bat virus stirs debate over risky research«, *Nature*, 12. November 2015.

Chan, Minnie und William Zheng, »Meet the major general on China's coronavirus scientific front line«, *South China Morning Post*, 3. März 2020.

Chen, Sharon, Claire und Jason Gale, »China's New Outbreak Shows Signs the Virus Could Be Changing«, *Bloomberg News*, 20. Mai 2020.

Clifford, Patricia, »Why Did So Few Novels Tackle the 1918 Pandemic«, *Smithsonian Magazine*, November 2017.

Condon, Bernard, Jennifer Peltz und Jim Mustian, »AP count: Over 4,500 virus patients sent to NY nursing homes«, ABC News, 22. Mai 2020.

Corcoran, Kiernan, »An infamous WHO tweet saying there was ›no clear evidence‹ Covid-19 could spread between humans was posted for ›balance‹ to reflect findings from China«, *Business Insider*, 18. April 2020.

»Coronavirus: Prof. Neil Ferguson quits government role after ›undermining‹ lockdown«, BBC News, 6. Mai 2020.

»Coronavirus: US to halt funding to WHO, says Trump«, BBC News, 15. April 2020.

Cotton, Tom, »Coronavirus and the Laboratories in Wuhan«, *The Wall Street Journal*, 21. April 2020.

Davis, William, »How China's Coronavirus Cover-Up Happened«, *The Daily Caller*, 19. April 2020.

Dondorp, Arjen N., Muhammad Hayat, Diptesh Aryal, Abi Beane und Marcus J. Schultz, »Respiratory Support in Novel Coronavirus Disease (Covid-19) Patients, with a Focus on Resource-Limited Settings«, *The American Society of Tropical Medicine and Hygiene*, 21. April 2020.

Du Toit, Pieter, »Inside SA's frightening Covid-19 projections and why transparency is important«, news24, 20. Mai 2020.

El-Erian, Mohamed A., »Why Are Stocks Soaring in the Middle of a Pandemic«, *Foreign Policy*, 29. Mai 2020.

Ernst, Douglas, »Coronavirus USA: States explore house arrest technology to enforce quarantines«, *The Washington Times*, 7. Mai 2020.

Fink, Sheri, »Hospitals Move into Next Phase as New York Passes Viral Peak«, *The New York Times*, 20. Mai 2020.

»Frequently Asked Questions: Pandemic Flu and the Updated Community Mitigation Guidelines«, Centers for Disease Control and Prevention, Nonpharmaceutical Interventions (NPIs), 3. August 2017.

Gertz, Bill, »Antifa planned anti-government insurgency for months, law enforcement official says«, *The Washington Times*, 3. Juni 2020.

Gertz, Bill, »Coronavirus origins in lab not ruled out by scientific studies«, *The Washington Times*, 21. April 2020.

Gertz, Bill, »Wuhan lab ›most likely‹ coronavirus source, U.S. government analysis finds«, *The Washington Times*, 28. April 2020.

Glass, Robert J., Laura M. Glass, Walter E. Beyeler und H. Jason Min, »Targeted Social Distancing Designs for Pandemic Influenza«, Centers for Disease Control and Prevention, *Emerging Infectious Diseases Journal*, Vol. 12, No. 11, November 2006.

Hagemann, Hannah, »U.K.'s Boris Johnson Says His Battle with Coronavirus ›Could Have Gone Either Way‹«, *NPR*, 3. Mai 2020.

Hagerty, Sarah L. und Leanne M. Williams, »The impact of Covid-19 on mental health: The interactive roles of brain biotypes and human connection«, U.S. National Library of Medicine, National Institutes of Health, 5. Mai 2020.

Hanson, Victor Davis, »Losing Our Fears, in War and Plague«, *Townhall*, 14. Mai 2020.

Hanson, Victor Davis, »Not-So-Retiring Retired Military Leaders«, *National Review*, 7. Juni 2020.

Hegarty, Stephanie, »The Chinese doctor who tried to warn others about coronavirus«, BBC News, 6. Februar 2020.

Horowitz, Daniel, »The CDC confirms remarkable low coronavirus death rate. Where is the media?«, *Conservative Revue*, 22. Mai 2020.

Howell, Tom und Dave Boyer, »Trump pulls U.S. out of World Health Organization, slaps penalties on China over Hong Kong action«, *The Washington Times*, 29. Mai 2020.

Huang, Chaolin et al., »Clinical features of patients infected with 2019 novel coronavirus in Wuhan, China«, *Lancet*, 24. Januar 2020.

Ignatius, David, »How did Covid-19 begin? Its initial origin story is shaky«, *The Washington Post*, 2. April 2020.

Inglesby, Thomas V., Jennifer B. Nuzzo, Tara O'Toole und D. A. Henderson, »Disease Mitigation Measures in the Control of Pandemic Influenza«, *Biosecurity and Bioterrorism: Biodefense Strategy, Practice, and Science*, Vol. 4, No. 4, 2006.

»Interim Pre-pandemic Planning Guidance: Community Strategy for Pandemic Influenza Mitigation in the United States. Early, Targeted, Layered Use of Nonpharmaceutical Interventions«, Centers for Disease Control and Prevention, Februar 2007.

Kahn, Jo, »We've never made a successful vaccine for a coronavirus before. This is why it's so difficult«, ABC News, 16. April 2020.

Kelton, Stephanie, »Why I'm Not Worried About America's Trillion-Dollar Deficits«, *The New York Times*, 9. Juni 2020.

Korber, B., W. M. Fischer, S. Gnanakaran, H. Yoon, J. Theiler, W. Abfalterer, B. Foley, E. E. Giorgi, T. Bhattacharya, M. D. Parker, D. G. Partridge, C. M. Evans und T. I. de Silva, »Spike mutation pipeline reveals the emergence of a more transmissible form of SARS-CoV-2«, bioRxiv, 30. April 2020.

Krugman, Paul, »How Many Will Die for the Dow?«, *The New York Times*, 21. Mai 2020.

LaNeve, Nicole, »Drug and Alcohol Use Increase During Covid-19«, The Recovery Village, 29. Mai 2020.

Liping, Gu, »Official: Wuhan seafood market may be the victim of coronavirus«, Ecns.com, 26. Mai 2020.

Lipton, Eric und Jennifer Steinhauer, »The Untold Story of the Birth of Social Distancing«, *The New York Times*, 22. April 2020.

Ma, Josephine, »Coronavirus: China's first confirmed Covid-19 case traced back to November 17«, *South China Morning Post*, 13. März 2020.

Markson, Sharri, »Coronavirus may have been a ›cell-culture experiment‹ gone wrong«, Sky News, 24. Mai 2020.

Markson, Sharri, »Coronavirus NSW: Dossier lays out case against China bat virus program«, *The Daily Telegraph*, 3. Mai 2020.

McKay, Betsey und Daniela Hernandez, »Coronavirus Hijacks the Body from Head to Toe, Perplexing Doctors«, *The Wall Street Journal*, 7. Mai 2020.

Medvin, Marina, »Israeli Professor Shows Virus Follows Fixed Pattern«, *Townhall*, 15. April 2020.

Menninger, Karl A., »Influenza and Schizophrenia: An Analysis of Post-Influenzal ›Dementia Precox‹, as of 1918 and Five Years Later«, *American Journal of Psychiatry*, Vol. V, No. 4, April 1926.

Milanović, Branko, »The Real Pandemic Danger Is Social Collapse«, *Foreign Affairs*, 19. März 2020.

Miller, Andrew Mark, »California doctors say they've seen more deaths from suicide than coronavirus since lockdowns«, *Washington Examiner*, 21. Mai 2020.

Miller, Hannah und Christina Cheddar Berk, »JC Penney could join a growing list of bankruptcies during the coronavirus pandemic«, CNBC, 15. Mai 2020.

Molteni, Megan, »What Does Covid-19 Do to Your Brain?«, *Wired*, 15. April 2020.

Moore, Kristine A., Marc Lipsitch, John M. Barry und Michael T. Osterholm, »The Future of the Covid-19 Pandemic: Lessons Learned from Pandemic Influenza«, Center for Infectious Disease Research and Policy, University of Minnesota, 30. April 2020.

Nikel, David, »Norway Scientist Claims Report Proves Coronavirus Was Lab-Made«, *Forbes*, 7. Juni 2020.

Poyiadji, Neo, Gassan Shahin, Daniel Nourjaim, Michael Stone, Suresh Patel und Brent Griffith, »Covid-19-Associated Acute Hemorrhagic Necrotizing Encephalopathy: CT and MRI Features«, *Radiology*, 31. März 2020.

Qualls, Noreen et al., »Community Mitigation Guidelines to Prevent Pandemic Influenza: United States, 2017«, Centers for Disease Control and Prevention, *Morbidity and Mortality Weekly Report*, 21. April 2017.

Redford, Audrey und Thomas K. Duncan, »Drugs, Suicide and Crime: Empirical Estimates of the Human Toll of the Shutdown«, American Institute for Economic Research, 28. März 2020.

Reinhart, Carmen und Kenneth Rogoff, »Debt and growth revisited«, VOX CEPR Policy Portal, 11. August 2010.

Reitz, Michael J., »What's Wrong with Gov. Whitmer's Stay-at-Home Order«, Mackinac Center for Public Policy, 15. April 2020.

Rettner, Rachael, »Up to 25% of people with Covid-19 may not show symptoms«, *Live Science*, 1. April 2020.

Rettner, Rachael, »Coronavirus outbreak is ›public health emergency of international concern‹, WHO declares«, *Live Science*, 30. Januar 2020.

Rogin, Josh, »State Department cables warned of safety issues at Wuhan lab studying bat coronaviruses«, *The Washington Post*, 14. April 2020.

Rubin, Eugene, »Effects of Covid-19 on the Brain«, *Psychology Today*, 30. April 2020.

Scissors, Derek, »Estimating the True Number of China's Covid-19 Cases«, The American Enterprise Institute, April 2020.

Sherfinski, David und Stephan Dinan, »Unemployment more lucrative than work for most would-be recipients in extension: CBO«, *The Washington Times*, 4. Juni 2020.

Sino Biological Research, »Hong Kong Flu (1968 Influenza Pandemic)«.

Snell, Kelsey, »Here's How Much Congress Has Approved for Coronavirus Relief So Far and What It's For«, NPR, 15. Mai 2020.

Sørensen, B., A. Susrud und A. G. Dalgleish, »Biovacc-19: A Candidate Vaccine for Covid-19 (SARS-CoV-2) Developed from Analysis of Its General Method of Action for Infectivity«, *Quarterly Review of Biophysics*, 28. Mai 2020.

Spitznagel, Eric, »Why American life went on as normal during the killer pandemic of 1969«, *New York Post*, 16. Mai 2020

»U.S. Entered a Recession in February: Live Updates«, *The New York Times*, 8. Juni 2020.

Vartabedian, Ralph, »Scientists say a now-dominant strain of the coronavirus appears to be more contagious than original«, *Los Angeles Times*, 5. Mai 2020.

Vestal, Christine, »Fear, Isolation, Depression: The Mental Health Fallout of a Worldwide Pandemic«, Stateline, The Pew Charitable Trusts, 12. Mai 2020.

Watson, Steve, »US Intel Officials Believe 45,000 Corpses Were Incinerated in One Fortnight in Wuhan«, Summit News, 28. April 2020.

Webster, Robert G., »Wet markets: A continuing source of severe acute respiratory syndrome and influenza?« *Lancet*, 17. Januar 2004.

»What do you like most about working from home?«, Pioneer Institute, 11. Juni 2020.

Ying, Fu, »Shape global narratives for telling China's stories«, *China Daily*, 4. April 2020.

Zhengli-Li, Shi et al., »A SARS-like cluster of circulating bat coronaviruses shows potential for human emergence«, *Nature Medicine*, 9. November 2015.

Zuckerman, Gregory und Mischa Frankl-Duval, »Individuals Roll the Dice on Stocks as Veterans Fret«, *The Wall Street Journal*, 9. Juni 2020.

Bücher

Allison, Graham, *Destined for War: Can America and China Escape Thucydides' Trap?*, Boston: Mariner Books, 2018.

Arnold, Catharine, *Pandemic 1918*, New York: St. Martin's Griffin, 2018.

Barry, John M., *The Great Influenza: The Story of the Deadliest Pandemic in History*, New York: Penguin Books, 2018.

Berenson, Alex, *Unreported Truths about Covid-19 and Lockdowns: Part 1. Introduction and Death Counts and Estimates*, New Providence: Bowker, 2020.

Boccaccio, Giovanni, *The Decameron*, New York: W. W. Norton & Company, 2013.

Camus, Albert, *The Plague*, New York: Vintage International, 1991.

Crosby, Alfred W., *America's Forgotten Pandemic*, New York: Cambridge University Press, 2010.

Davies, Pete, *The Devil's Flu: The World's Deadliest Influenza Epidemic and the Scientific Hunt for the Virus That Caused It*, New York: Henry Holt and Company, 2000.

Fang, Fang, *Wuhan Diary*, New York: HarperCollins, 2020.

Garrett, Garet, *A Bubble That Broke the World*, Boston: Little, Brown, and Company, 1932.

Grant, James, *The Forgotten Depression – 1921: The Crash That Cured Itself*, New York: Simon & Schuster, 2014.

Kelton, Stephanie, *The Deficit Myth: Modern Monetary Theory and the Birth of the People's Economy*, New York: Public Affairs, 2020.

Keynes, John Maynard, *The General Theory of Employment, Interest, and Money*, New York: Harvest/Harcourt, 1964. [Deutsche Ausgabe: *Allgemeine Theorie der Beschäftigung, des Zinses und des Geldes*, 11. Aufl., Berlin: Duncker & Humblot, 2009.]

Knapp, Georg Friedrich, *The State Theory of Money*, Eastford, CT: Martino Fine Books, 2013. [Deutsche Ausgabe: *Staatliche Theorie des Geldes*, München/Leipzig: Duncker & Humblot, 1905.]

Porter, Katherine Anne, *Porter: Collected Stories and Other Writings*, New York: The Library of America, 2008. [Deutsche Ausgabe: *Die Leiden unsrer Sterblichkeit*, Stuttgart: Reclam, 1952.]

Rappleye, Charles, *Herbert Hoover in the White House: The Ordeal of the Presidency*, New York: Simon & Schuster, 2016.

Reinhart, Carmen und Kenneth Rogoff, *This Time Is Different: Eight Centuries of Financial Folly*, Princeton: Princeton University Press, 2009.

Rickards, James, *Aftermath: Seven Secrets of Wealth Preservation in the Coming Chaos*, New York: Portfolio, 2019. [Deutsche Ausgabe: *Nach dem Kollaps: Die sieben Geheimnisse des Vermögenserhalts im kommenden Chaos*, München: FinanzBuch Verlag, 2019.]

Shlaes, Amity, *Coolidge*, New York: HarperCollins, 2013.

Shlaes, Amity, *The Forgotten Man: A New History of the Great Depression*, New York: Harper Perennial, 2008. [Deutsche Ausgabe: *Der vergessene Mann: Eine neue Sicht auf Roosevelt, den New Deal und den Staat als Retter*, Weinheim: Wiley-VCH, 2011.]

Spinney, Laura, *Pale Rider: The Spanish Flu of 1918 and How It Changed the World*, New York: Public Affairs, 2017. [Deutsche Ausgabe: *1918 – Die Welt im Fieber: Wie die Spanische Grippe die Gesellschaft veränderte*, München: Hanser, 2018.]

Taylor, Frederick, *The Downfall of Money: Germany's Hyperinflation and the Destruction of the Middle Class*, New York: Bloomsbury Press, 2013.

Wells, H. G., *The War of the Worlds*, New York: Signet Classics, 2007. [Deutsche Ausgabe: *Der Krieg der Welten*, Norderstedt: Books on Demand, 2017.]

Gold

James Rickards

GOLD! Nicht nur in Zeiten extremer politischer Instabilität das einzig sichere Mittel zur Wertbewahrung und alleiniger Stabilitätsanker für Währungen.

James Rickards, weltweit bekannter Ökonom und Bestsellerautor von *Währungskrieg* und *Die Geldapokalypse*, weiß: Eine Golddeckung unserer Währungen würde eine Vielzahl der aktuellen wirtschaftlichen Probleme lösen. Die Märkte würden beruhigt und die Gefahr einer Inflation deutlich gesenkt. Doch dazu müssten Zentralbanken und Politik endlich einsehen, dass das Loslösen der Währung von einem Goldanker ein Irrweg ist. Rickards zeigt praktikable Wege auf, die Fehlentwicklungen in unseren Währungssystemen umzukehren, und hält zudem Strategien für Sie als Privatanleger vor, um sich vor der nächsten schweren Krise von ungedecktem Geld zu schützen.

208 Seiten, Hardcover, 19, 99 € (D), 20,60 € (A), ISBN 978-3-95972-000-7

Der Weg ins Verderben

James Rickards

Die weltweite Konjunktur hat sich nach der Finanzkrise unglaublich schnell erholt. Die tönernen Füße, auf denen diese unnatürlich schnelle Erholung steht, haben Namen: künstliche Niedrigstzinsen und eine epische Geldschwemme durch die Zentralbanken. Doch es ist nur eine Frage der Zeit, bis diese wegbrechen. Danach werden uns die Zentralbanken dieser Welt nicht mehr retten können.

Die Regierungen haben bereits einen neuen Plan für die kommende Wirtschaftskrise und der heißt »Lockdown«: Statt frisches Geld drucken zu lassen, bereiten Staaten die Schließung von Banken und Börsen vor, damit die mächtigsten Finanzmarktakteure keine Transaktionen mehr tätigen können. Die globalen Eliten bereiten sich schon jetzt darauf vor, indem sie Bargeldreserven und Sachwerte horten. Doch für den Durchschnittsanleger sieht die Sache anders aus, wenn die Pforten ins Verderben erst einmal geöffnet sind.

384 Seiten, Hardcover, 24, 99 € (D), 25,70 € (A), ISBN 978-3-95972-024-3

Crashkurs Geld

Andreas Marquart

Warum verliert unser Geld stetig an Kaufkraft? Wieso schlittern wir von einer Wirtschaftskrise in die nächste? Und würde besseres Geld gar unsere Umwelt schonen und Kriege verhindern? Andreas Marquart liefert die Antworten auf diese und weitere Fragen, bei denen sich Politik und vermeintliche Experten immer wieder aufs Neue im Kreis drehen.

Unabhängig von der betrachteten Währung, ob Euro, US-Dollar, Schweizer Franken oder chinesischer Yen, die Probleme reiner Papiergeldwährungen sind überall auf der Welt gleich. Warum wird dennoch an einem solch nachteiligen System festgehalten? Diesen und anderen Sachverhalten rund ums Papiergeld geht Andreas Marquart auf den Grund. Er legt den Finger in die Wunde und serviert Argumente, bei denen der gesunde Menschenverstand sagt: »Ja, logisch!« Dabei zeigt er auch Wege, wie es besser geht, getreu dem Prinzip: Gutes Geld – schöne Welt.

176 Seiten, Hardcover, 16,99 € (D), 17,50 € (A), ISBN 978-3-95972-233-9

Von Tulpen zu Bitcoins

Torsten Dennin

»Je höher man steigt, umso tiefer der Fall« – auf wohl kein Phänomen trifft dieser Ausspruch so gut zu wie auf Finanzkrisen. Steigen die Preise für ein Spekulationsobjekt in immer größere Höhen und erhitzt sich der Markt immer mehr, ist die Folge meist ein abrupter Fall: Die Blase platzt!

Von Tulpen zu Bitcoins erzählt von den spektakulärsten Ereignissen auf den Rohstoff- und Kryptomärkten, von der Tulpenmanie im 17. Jahrhundert bis zu Bitcoins heute. Der Autor verknüpft Marktbewegungen mit individuellen Schicksalen berühmter Händler, die während einer Blase ein Vermögen anhäuften oder verloren. Beispiele sind die Silberspekulation der Brüder Hunt, das Schicksal von Amaranth Advisors und Brian Hunter, Kupfer und der Kongo, Gold, Seltene Erden, Energiemetalle und Bitcoins. Lassen Sie sich mitnehmen auf eine Zeitreise der größten Spekulationsblasen der letzten vier Jahrhunderte ...

352 Seiten, Hardcover, 24,99 € (D), 25,70 € (A), ISBN 978-3-95972-253-7

Die Nullzinsfalle

Ronald Stöferle, Rahim Taghizadegan, Gregor Hochreiter

Sehenden Auges sind die Zentralbanken in ihrem Kampf gegen die Folgen der großen Finanzkrise und der Schuldenkrise in die Falle getappt – die Nullzinsfalle. Im Augenblick versuchen die Zentralbanken verzweifelt, aus dieser Falle zu entkommen, doch es wird ihnen nicht gelingen. Denn bereits bei den ersten Schritten der geldpolitischen Normalisierung wird kein Stein auf dem anderen bleiben.

Welche Wege führen für die Politik, die Anleger und die Gesellschaft möglichst unbeschadet aus der Nullzinsfalle? Worauf müssen Bürger und Anleger gefasst sein?

Die Nullzinsfalle zeigt erstmals alle wirtschaftlichen und gesellschaftlichen Folgen der Nullzinspolitik auf – Gänsehaut garantiert, denn in Wirtschaft und Gesellschaft gehen Zombies um. Lassen Sie sich überraschen, wie viele aktuelle Phänomene nach dieser tiefgehenden und tabulosen Analyse verständlich werden.

272 Seiten, Softcover, 16,99 € (D), 17,50 € (A), ISBN 978-3-95972-019-9